Josef Krammer/ Franz Rohrmoser
IM KAMPF UM IHRE RECHTE

Druck gefördert vom Bundesministerium für Wissenschaft und Forschung, Wien

Bibliografische Information der Deutschen Bibliothek:

Die Deutsche Bibliothek verzeichnet diese Publikation in der Deutschen Nationalbibliografie; detaillierte bibliografische Daten sind im Internet über http://dnb.ddb.de abrufbar.

© 2012 Promedia Druck- und Verlagsgesellschaft m.b.H., Wien
Alle Rechte vorbehalten
Lektorat: Hannes Hofbauer
Gestaltung: Stefan Kraft
Druck: AZ Druck und Datentechnik GmbH
Printed in Germany
ISBN: 978-3-85371-342-6

Fordern Sie einen Gesamtprospekt des Verlages an:

Promedia Verlag
Wickenburggasse 5/12
A-1080 Wien

E-Mail: promedia@mediashop.at

Internet: www.mediashop.at
                www.verlag-promedia.de

Josef Krammer/
Franz Rohrmoser

IM KAMPF UM IHRE RECHTE

Geschichte der Bauern und Bäuerinnen in Österreich

ÜBER DIE AUTOREN

Josef Krammer, Jahrgang 1945, ist auf einem weststeirischen Bergbauernhof aufgewachsen. Nach dem Studium der Politikwissenschaften in Wien war er Assistent am Institut für Höhere Studien. Von 1979 bis 2007 leitete er die Bundesanstalt für Bergbauernfragen und lehrte zeitgleich an der Universität für Bodenkultur in Wien.

Franz Rohrmoser, Jahrgang 1943, stammt von einem Salzburger Bergbauernhof. Von 1975 bis 1980 war er erster Geschäftsführer der Österreichischen Bergbauernvereinigung (ÖBV).

INHALTSVERZEICHNIS

Vorwort 7

1. TEIL:
BAUERN IM VORKAPITALISMUS

1. Kolonisation und Fronhofverfassung (ca. 450 bis 1000) 12
2. Der Aufstieg der Bauern (ca. 1000 bis 1300)
   Übergang von der Fronhofverfassung zum Zinsgütersystem 17
3. Der Niedergang der Bauernwirtschaften (ca. 1300 bis 1650) 20
4. Die Gutsherrschaft (ca. 1500 bis 1848) 30
5. Der Konflikt zwischen gutsherrlicher und
   kapitalistischer Produktionsweise (ca. 1750 bis 1868) 35

2. TEIL:
BAUERN UND LANDWIRTSCHAFT IM KAPITALISMUS

1. Allgemeiner Überblick 48
2. Liberalismus und Landwirtschaft 51
3. Die Agrarkrise im letzten Drittel des 19. Jahrhunderts
   und zu Beginn des 20. Jahrhunderts. 59
4. Agrarschutzzollpolitik und
   die Interessengegensätze in der Landwirtschaft 65
5. Die soziale und materielle Lage der Agrarbevölkerung um 1900 67
6. Die Agrarfrage in der österreichischen
   und internationalen Sozialdemokratie. 90
7. Entstehung und Entwicklung
   der landwirtschaftlichen Interessenvertretungen 108
8. Das landwirtschaftliche Genossenschaftswesen,
   seine Entstehung, seine Funktion und seine Grenzen 121
9. Die Folgen des Zerfalls der Monarchie
   für die österreichische Landwirtschaft 128
10. „Bauernschutzpolitik" in der Ersten Republik:
    Hintergründe, Wirksamkeit und Grenzen 131

11. Die österreichische Landwirtschaft
    in der Zeit des Nationalsozialismus 138
12. Landwirtschaft und Bauern in der Zweiten Republik 140
13. Zusammenfassung 150

3. TEIL:
KAMPF DER BAUERN UND BÄUERINNEN
UM SELBSTBESTIMMUNG HEUTE

1. Das Sittenbild der Agrarpolitik 154
2. Bauern und Bäuerinnen im Kampf um Selbstbestimmung 180

Literaturverzeichnis 193

VORWORT

Die Geschichte der Bauern und Bäuerinnen ist eine Geschichte der Unterdrückung, Ausbeutung und Fremdbestimmung. Aber sie ist auch eine Geschichte des Verweigerns, des Aufbegehrens, des Widerstandes und des Kampfes der Entrechteten um Selbstbestimmung und Selbstorganisation. Getragen wird dieser Kampf von der Sehnsucht nach einer gerechten Gesellschaftsordnung. Wann begann die Geschichte der Bauern und Bäuerinnen? Wie weit reicht sie zurück? Eine umfassende Geschichtsdarstellung müsste mit der Sesshaftwerdung der Menschen beginnen und die damit einhergehende Verfügungsmacht über Grund und Boden beinhalten. In diesem Buch wollen wir uns auf den Raum des heutigen Österreich beschränken. Unsere „Geschichte der Bauern und Bäuerinnen" lassen wir mit der Kolonisation dieses Raumes nach Abzug der Römer im 5. Jahrhundert beginnen.

Den Schwerpunkt der Analyse legen wir einerseits auf die Entstehung und Entwicklung von sozialen Ungleichheiten und andererseits auf den Widerstand und das Aufbegehren der bäuerlichen Menschen um Selbstbestimmung. Die soziale Ungleichheit befindet sich dabei im Fokus unserer Aufmerksamkeit. Damit liegt das Buch quer zum üblichen Erkenntnisinteresse österreichischer Agrarhistoriker, für die konkrete Abhängigkeits- und Ausbeutungsverhältnisse in der Landwirtschaft meist kein wesentlicher Gegenstand der Untersuchung waren und sind. So drückt beispielsweise Karl Dinklage, ein bekannter österreichischer Agrarhistoriker des 19. Jahrhunderts, sein Erkenntnisinteresse recht ungeschminkt aus, wenn er in seiner Darstellung der landwirtschaftlichen Entwicklung der Habsburgermonarchie 1848-1918 schreibt: *„Mit der Landarbeiterfrage, die wir hier nur gelegentlich streifen können, da sie die Haupttatsachen der landwirtschaftlichen Produktion Österreich-Ungarns ebenso wenig zu beeinflussen vermag wie die kurze Zucker- und die längere Getreidekrise im letzten Viertel des 19. Jahrhunderts, beschäftigt sich Tibor Kolossa[1]. Die gleichen Gründe sind es, warum von uns nicht in subtiler Weise auf Betriebsgrößen und ihre Verbreitung eingegangen wird oder auf die Probleme der Armbauern. Denn nur so kann das Wesentliche erkannt und herausgestellt werden, während eine auf Einzelheiten hin orientierte moderne Auswertung der qualitativ verschiedenen statistischen Unterlagen im allgemeinen heterogene Ergebnisse zeitigt.[2]"*

---

1   Tibor Kolossa ist ein bekannter ungarischer Historiker
2   K. Dinklage, Die landwirtschaftliche Entwicklung, in: Die Habsburgermonarchie 1848 - 1918 (Hg. von A. Brusatti). 1. Band: Die wirtschaftliche Entwicklung. Wien 1973, S: 425

Genau das von Dinklage als unwesentlich Gekennzeichnete, die Landarbeiterproblematik und Kleinbauernfrage, das Betriebsgrößenproblem, die konkreten Ausbeutungsverhältnisse im agrarischen Sektor sowie die vielfachen Interessengegensätze stehen im Mittelpunkt unserer Arbeit, die sich als kritische historische Aufarbeitung versteht.

Das vorrangige Ziel dieser Publikation ist es, einen Überblick über die geschichtliche Entwicklung der ökonomischen, politischen und sozialen Strukturen in der österreichischen Landwirtschaft zu geben und Determinanten dieser Entwicklung zu skizzieren. Dazu gehört es auch, die subjektiven Kräfte in den unterschiedlichen Epochen zu behandeln. Bauernaufstände und Bauernbewegungen werden dabei sowohl als Produkt wie auch als Produzent historischer Veränderungen am Land analysiert.

Die Fragestellung und die Zielsetzung der vorliegenden Arbeit bestimmen auch ihren Aufbau. In den ersten zwei Teilen setzen wir uns mit der Entwicklung der ökonomischen, politischen und sozialen Struktur des österreichischen Agrarsektors auseinander. Die Kapiteleinteilung folgt den jeweils dominanten Produktionsweisen einer Periode. Dazu ist zu bemerken, dass es sich um eine idealtypische Gliederung handelt, da niemals eine Produktionsweise allein in Reinform existiert hat. Die historischen Gesellschaften sind Formationen, die immer verschiedene Produktionsweisen kombiniert haben.[3] Regelmäßig sind dabei Ungleichzeitigkeiten feststellbar. Neben der dominanten Produktionsweise existierten in jeder historischen Epoche Elemente anderer, unterschiedlicher Produktionsstrukturen.

Das Schwergewicht der historischen Analyse liegt auf der Untersuchung der Landwirtschaft im sich entwickelnden und um sich greifenden Kapitalismus. Dem 1. Teil unter dem Titel *„Bauern im Vorkapitalismus"* folgt ein 2. Teil: *„Bauern und Landwirtschaft im Kapitalismus"*. Die historischen Kapitel orientieren sich an folgenden Fragestellungen:

1. Wie entstand und entwickelte sich soziale und ökonomische Ungleichheit im Agrarsektor?
2. Wer sind die objektiven Kräfte gesellschaftlicher Entwicklung im Agrarsektor?
3. Welchen Einfluss haben subjektive Kräfte wie beispielsweise Bauernbewegungen auf die Entwicklung?

---

3   A. Samir, Die ungleiche Entwicklung. Hamburg 1975, S. 13; N. Poulantzas, Politische Macht und gesellschaftliche Klassen. Frankfurt/Main 1974, S. 157f.

Im 3. Teil mit der Überschrift *„Kampf der Bauern und Bäuerinnen um Selbst-bestimmung heute"* gehen wir unter anderem der Frage nach, wie die kleineren und mittleren Bauern und Bäuerinnen seit Jahrzehnten im sogenannten „Vor-spannmechanismus" für die Interessen der Großagrarier missbraucht und wie sie von Handel und der Agrarindustrie bevormundet werden. Wir fragen uns weiter: Welche Faktoren und Bedingungen sind für einen erfolgreichen Kampf um Selbstbestimmung entscheidend? Was können wir aus der Geschichte, aus einem mehr als Tausend Jahre währenden Kampf der Bauern und Bäuerinnen um ihre Rechte lernen? Und existieren Ereignisse, die in der Vergangenheit in sehr ähnlicher Weise schon einmal stattgefunden haben? Präziser gefragt: Un-ter welchen Umständen kann sich Geschichte wiederholen?

Die ersten beiden Kapitel des Buches speisen sich aus überarbeiteten Texten von Josef Krammer, die im Jahre 1976 unter dem Titel „Analyse einer Aus-beutung, Geschichte der Bauern in Österreich" in der sozialwissenschaftlichen Reihe „In Sachen" publiziert wurden. Diese Publikation hatte damals eine äu-ßerst rege Diskussion, nicht nur in Historikerkreisen, sondern auch bei den betroffenen Bauern und Bäuerinnen ausgelöst. Im wissenschaftlichen und uni-versitären Bereich hatte die ursprünglich als Dissertation verfasste Arbeit eine ganze Reihe von Folgeuntersuchungen eingeleitet und beeinflusst. Josef Kram-mer hielt viele Jahre lang an der Universität für Bodenkultur auf dieser Basis eine Vorlesungsreihe über die Geschichte der Bauern und Bäuerinnen in Öster-reich. Das dritte Kapitel des Buches, namentlich die Beiträge *„Das Sittenbild der Agrarpolitik"* und *„Bauern und Bäuerinnen im Kampf um Selbstbestimmung"* spiegeln die Erfahrung von Franz Rohrmoser bei der Gründung der „Öster-reichischen Bergbauern- und Bergbäuerinnen-Vereinigung" (ÖBV) wider und erzählen von seiner langjährigen Arbeit mit innovativen und widerständigen Bauern und Bäuerinnen sowie Nichtregierungsorganisationen. Das letzte Ka-pitel unter der Überschrift *„Was können wir aus der Geschichte lernen?"* beruht auf den von Josef Krammer gemachten Erfahrungen in der Agrarverwaltung.

Mit einem ausführlichen Datenmaterial wollen wir die vorliegende Arbeit zu einer Fundgrube für all jene machen, die an der Landwirtschaft interessiert sind.

Josef Krammer/Franz Rohrmoser
Wien, im Jänner 2012

1.TEIL
BAUERN IM VORKAPITALISMUS

1. KOLONISATION UND FRONHOFVERFASSUNG
(CA. 450 BIS 1000)

Historischer Überblick[1]

Nach dem Abzug der Römer im 5. Jahrhundert war der Raum des heutigen Österreich nicht menschenleer, er war aber sehr dünn besiedelt. Zuvor waren Alemannen in die westlichen, alpinen Landstriche eingedrungen. Ende des 6. Jahrhundert besetzten die Baiern das Gebiet zwischen Lech und Enns und breiteten sich über Tirol, Salzburg und Oberösterreich aus. Ein weiteres Vordringen nach Südosten wurde durch die Slawen, die sich (nach dem Abzug der Langobarden in Richtung Italien) im Alpenraum niedergelassen hatten, verhindert. Slawen standen in der Zeit der Einwanderung unter der Herrschaft der Awaren, die um Wien, im östlichen Niederösterreich und im nördlichen Burgenland einen geschlossenen Siedlungsraum innehatten. Sie konnten sich von der Awarenherrschaft befreien und schufen ein eigenes Reich. Als das Großmährische Reich zerfiel, bildeten sie das Herzogtum Karantanien, das die Steiermark, Kärnten, Osttirol und das südliche Burgenland umfasste. Im 8. Jahrhundert (740) kamen slawische Stämme unter bairische und Ende des 8. Jahrhunderts (788) unter fränkische Herrschaft. Ende des 8. Jahrhunderts wurde das Awarenreich von den Franken (Karl der Große) zerstört und die Marken im Osten gegründet. Diese wurden zu Beginn des 10. Jahrhunderts von den Magyaren überrollt, aber nach dem Sieg auf dem Lechfeld im Jahre 955 und der Zurückdrängung des Magyaren in den Karpatenbogen wieder errichtet.

Fronhofverfassung

Die Geschichte der Kolonisation durch die Baiern und Alemannen hat wesentlich die Entwicklung der Grundeigentumsverhältnisse bestimmt. Als Baiern und Alemannen in unseren Raum eindrangen, fanden sie die Grundherrschaft[2] zum Teil schon vor. Sie ist keine Erfindung der Baiern oder Franken.

---

1   In den historischen Überblicken über die einzelnen Perioden sollen nur die wesentlichen Daten und Geschehnisse, die insbesondere für die Entwicklung der Landwirtschaft von Bedeutung sind, dargestellt werden.

2   Zum Wesen der Grundherrschaft gehört: die Verfügungsgewalt des Grundherrn über Grund und Boden, über Höfe und Hütten, wobei diese Objekte nicht selbst bewirtschaftet, sondern gegen Zins (Natural- oder Geldzins) und /oder Arbeits- und sonstige Leistungen zur Bewirtschaftung an andere Personen vergeben wurden sowie ein daraus resultierendes Abhängigkeitsverhältnis des

Die Grundherrschaft gab es schon bei den Römern, und es wird angenommen, dass sie auch den Illyrern im österreichischen Raum nicht fremd war.[3] Die Alemannen und Baiern vertrieben zwar die römischen Grundherren, setzten sich aber an ihre Stelle. Das eroberte Gebiet wurde von bairischen Herzögen an ihr kriegerisches Gefolge, an ihren Amtsadel und an Kirchen (Klöster) vergeben. Die Bauern, die auf diesem Boden bereits siedelten oder, in der Mehrzahl, im Zuge der Kolonisation angesiedelt worden waren, wurden dem Grundherrn fron- und zinspflichtig. Die Masse der Baiern, die sich im heutigen Österreich niederließen, waren Bauern, die einer Grundherrschaft unterstanden. Die Grundherrschaft hatte entlang der Hauptverkehrsstraßen große „Herrenhöfe" errichtet, auch „curtes" oder „Fronhöfe"[4] genannt. Diese wurden von unfreien Knechten und abhängigen Bauern bewirtschaftet. Die Fronhöfe waren Verwaltungsmittelpunkte, die befestigt waren und Schutz gegen Feinde boten. Nicht selten aber gewährten sie der Grundherrschaft Schutz gegen Aufstände der Untertanen. Die Fronhöfe waren also nicht nur „Schutzburgen für Untertanen", sondern auch „Trutzburgen der Herren".

Eigentums- und Besitzverhältnisse an Grund und Boden

Eine spezifische private Eigentumsform war in den von den Baiern kolonialisierten Gebieten voll entwickelt. Dieser Eigentumsbegriff ist aber nicht mit dem des römischen Rechtes vergleichbar. Dem alten deutschen Recht ist der Begriff des Eigentums an Grund und Boden, wie ihn das römische Recht kennt, fremd. „Die ‚Gewere', der Besitz des Bodens, bestand in seiner Nutzung. Da es von demselben Boden vielerlei Nutzungen gibt, konnte auch die Gewere an demselben Boden mehreren gleichzeitig zustehen."[5] Dies bedeutet also, dass die Gewere derjenige besaß, der den Boden (in welcher Form auch immer) nutzte. „Der Grundherr hatte die ‚Gewere', weil er die Abgaben bezog, die die Bauern leisten mussten; die Bauern hatten die ‚Gewere', weil ihnen der Boden

Landnehmers vom Besitzer. Der Landnehmer musste sich gewissen Herrschaftsrechten (schutz-, leib- oder gerichtsherrlicher Natur) des Grundherrn unterwerfen. Dies ist ein wesentlicher Unterschied zum Pachtverhältnis. Vgl. R. Krzymowski, Geschichte der deutschen Landwirtschaft, 3. Aufl. Berlin 1961, S. 177/178

3   Über den Beginn der Grundherrschaft ist man sich in der Literatur nicht einig. Vgl. F. Tremel, Wirtschafts- und Sozialgeschichte Österreichs. Wien 1969, S. 55

4   Zum Fronhof (Curtis dominicalis oder salica) gehörten neben den Gebäudeeinrichtungen auch die in Eigenwirtschaft bewirtschafteten Felder, welche „Salland" hießen. Wurde die Eigenwirtschaft des Grundherrn durch einen Verwalter, der Meier hieß, geführt, dann nannte man die Eigenwirtschaft des Grundherrn „Meierhof" (curtis villicalis).

5   Otto Bauer, Der Kampf um Wald und Weide. Wien 1925, S. 13; ebenda, S. 17

die Ernte trug."[6] Anders ausgedrückt: Das Obereigentum am Boden gehörte dem Grundherrn, das Nutzungseigentum dem Bauern. Landesrechtlich gesehen war der Boden im Besitz des Grundherrn und hofrechtlich im Besitz des Bauern.[7] Zu Beginn der Kolonisation wurde den unfreien Bauern das Nutzungsrecht am Boden in der Regel auf Zeit gegeben, d. h. das Nutzungsrecht konnte jederzeit vom Grundherrn wieder abgestiftet (eingezogen) werden. Daher nannte man diese Güter der unfreien Bauern auch „Freistifte". Im Zuge der Kolonisation wurden dann die Nutzungsrechte vieler Güter auf Lebzeiten vergeben („Leibgedinggüter"), und auch die Erblichkeit des Nutzungsrechtes setzte sich durch („Erbzinsgüter"). Neben diesem Grundeigentumsverhältnis von Obereigentum des Grundherrn und Nutzungseigentum des Bauern gab es noch Böden, an denen Nutzungs- und Obereigentum zusammenfielen: dies waren die Bodenflächen der in Eigenwirtschaft stehenden Fronhöfe. Daneben existierte auch das Gemeineigentum, insbesondere an Wald und Weide. Dieses Gemeineigentum wurde in der Volkssprache als „gemain" oder „gmain" bezeichnet.[8] Diese „gemain" durften alle Dorfbewohner ohne Unterschied nutzen.[9] Die Entstehung der „gemein" kann aus der Ansiedelung mitten in unbesiedeltem Wildland erklärt werden.[10] Ursprünglich war das Umland (Wald) ums Dorf herum frei und konnte von jedem genutzt werden.[11] Durch vermehrte Neugründungen von Dörfern im Wildland stießen die Siedler verschiedener Dörfer aufeinander. Dies mag nach Streitigkeiten zur Aufteilung des Waldes auf die Dörfer geführt haben. Durch freie Vereinbarung zwischen den Dörfern oder Entscheidung durch den Grundherrn wurde jedem Dorf ein Teil

---

6   Ebenda, S. 17
7   Ebenda, S. 17
8   Der Begriff „gemain" bezeichnete einerseits die Gemeinde selbst, andererseits den im Gemeindebesitz befindlichen Boden (Wald, Weide). In der Literatur findet sich dafür meist der Ausdruck „Allmende", wie er in Schwaben, Franken und in der Schweiz verwendet wurde (vgl. O. Bauer. Der Kampf um Wald und Weide a.a.O., S. 9)
9   Die spätere Aufteilung der Nutzungsrechte bewirkte eine starke soziale Differenzierung.
10   A. Dopsch, Die wirtschaftliche Entwicklung der Karolingerzeit. Weimar 1912, Band 1, S. 357ff.
11   Das Gemeineigentum war in den von Slawen besiedelten Gebieten viel stärker ausgeprägt als in den durch die Baiern und Alemannen kolonialisierten. Das Privateigentum beschränkte sich auf Haus und Hof und auf wenige Felder. Das gesamte Weideland, Wald und Wasser lagen im Eigentum der Dorfgemeinschaft. Wenn die Zahl der Dorfbewohner zunahm, so wurde der angrenzende Wald gerodet und dadurch Grund für ein neues Hauswesen geschaffen. Die unterschiedlichen Hof- und Siedlungsformen von Baiern, Alemannen und Slawen kann man zum Teil heute noch erkennen. In den von Slawen besiedelten Gebieten herrschte als Siedlungsform der Weiler, als Hofform der Haufenhof, sowie Trennung von Wohnhaus, Stallung und Scheune vor. Die Alemannen und Baiern siedelten in kleinen Dörfern oder Einzelhöfen. Der Hof bestand aus dem Einheitshaus. Dieses vereinte Wohnräume, Stallungen und Scheune unter einem Dach.

des Waldes und der Weidefläche zur Nutzung zugeteilt. Es wurde jedoch bei weitem nicht die ganze Waldfläche auf die Gemeinden aufgeteilt, sondern nur die die Siedlungen umgebenden Wälder („gemain höltzer"). Der übrige Wald, insbesondere im Gebirge, blieb herrenlos. Auf den Bergen wurden diese besitzlosen Waldflächen „Hoch- und Schwarzwälder" genannt, sonst bezeichnete man das freie, nicht aufgeteilte Wildland als „Frei". Die „Frei" und die „Hoch- und Schwarzwälder" konnte jeder nutzen. Hier wird der Unterschied des alten deutschen Eigentumsbegriffs zum römisch-rechtlichen sehr deutlich: das alte deutsche Recht blieb in Bezug auf das Eigentum an Grund und Boden an der Nutzung orientiert. Was nicht genutzt wurde, war besitzlos.

Soziale Differenzierung und rechtliche Stellung der Bauern

Die rechtliche und soziale Stellung der Bauern in der Zeit der Kolonisation unterschied sich stark voneinander. Freie Bauern in dem Sinne, dass sie nur dem Landesfürsten (König, Herzog) unterstanden, gab es, durch die Kolonisation bedingt, kaum. Mit der Vergabe des Landes und der Gebiete wurden die darauf lebenden Menschen mit vergeben, und damit kamen auch die ehemals freien Bauern unter die Grundherrschaft des „Beschenkten". Nicht das ganze Land war solchen Grundherrschaften unterworfen; es gab auch freie Grundbesitzer mit kleinen Eigenwirtschaften, die ihren Boden selbst gerodet hatten und oft mitten im wilden Ödland saßen. Ihre Zahl nahm aber nicht nur durch landesfürstliche Vergabe des Gebietes, sondern auch dadurch ab, dass sich diese freien Siedler nicht ohne waffenstarken Grundherrn in den kriegerischen Zeiten der Kolonisation halten konnten. Oftmals unterwarfen sie sich daher „freiwillig" einem Grundherrn. Die Mehrheit der Bauern waren Unfreie. Sie saßen auf einem von ihrem Herrn übertragenen Boden und mussten dafür Fronarbeit oder/und Zinse leisten. Die unfreien Bauern nannte man „mancipia". Aus dem sächlichen Geschlecht des Wortes kann geschlossen werden, dass die Unfreien als Sache und nicht als Personen galten.[12] Sie konnten daher verkauft, verschenkt und getauscht werden. (Wir werden weiter unten sehen, wie mit der Kolonisation der Wert und das Ansehen der Bauern stiegen und parallel dazu „mancipia" durch „homines" – Leute, Menschen – ersetzt wurde). Eine bestimmte Sonderstellung nahmen die „Barschalken" oder „Walchen" ein (vorgermanische Bevölkerung, die in unserem Raum bereits vor der ersten deutschen Landnahme siedelten und keiner Grundherrschaft unterstand): sie

---

12   F. Tremel, Wirtschafts- und Sozialgeschichte Österreichs, a.a.O., S. 48

wurden zwar auch der Grundherrschaft unterworfen, waren aber etwas besser gestellt als die unfreien Bauern (mancipia). Eine Stufe tiefer als die Mancipien und Barschalken stand das Gesinde (die unbehausten Leute); es war vermutlich nicht besonders zahlreich in bäuerlichen Wirtschaften, sicher zahlreicher auf den Herrenhöfen.[13]

Die soziale Differenzierung der Slawen war ursprünglich weit geringer als die der Germanen. Erst unter fränkischer Oberhoheit wurde den Slawen die Agrarverfassung der Germanen aufgezwungen. Dies bewirkte auch bei den Slawen eine starke soziale Differenzierung.

---

13 Über ihre Zahl liegen keine urkundlichen Nachrichten vor (vgl. F. Tremel, ebenda. S. 49), wohl vermutlich deswegen, weil sie nicht rechtsfähig waren und daher in keiner Rechtshandlung aufscheinen konnten.

2. DER AUFSTIEG DER BAUERN (CA. 1000 BIS 1300)

Übergang von der Fronhofverfassung zum Zinsgütersystem

Historischer Überblick

Nach der Niederwerfung der Magyaren in der Schlacht auf dem Lechfeld (955) begann die Neugründung der Marken. Damit setzte die „zweite deutsche Landnahme" ein, die bis gegen Ende des 13. Jahrhunderts dauerte. Die Kolonisation, die in der Zeit der zweiten deutschen Landnahme erfolgte, war ein Werk des Grundherrn. Die Grundherren holten Siedler aus Bayern oder aus schon früher kolonialisierten Gebieten Österreichs. Die Besiedelung erfolgte ausschließlich durch Rodungstätigkeit. Der Wald wurde gerodet und neue Höfe angelegt, dadurch entstanden neue Ortschaften.[14] Um 1300 war die Kolonisation beendet. Der Siedlungsraum hatte zu diesem Zeitpunkt die größte jemals erreichte Ausdehnung erfahren. Im Gebirge wurden Höfe bis in eine Höhe von 1500 m Seehöhe auf der Südseite und 1200 m Seehöhe auf der Nordseite angelegt. Im Ötztal lassen sich Höfe sogar bis auf 2000 m Seehöhe nachweisen.[15] Im allgemeinen hielten sich diese Höfe und Siedlungen bis auf Ausnahmen bis zur zweiten Hälfte des 19. Jahrhunderts.

Seit dem 12. Jahrhundert entstanden bereits Städte und Märkte in größerer Anzahl. Das Aufblühen der Städte und Märkte war durch das Anwachsen des Warenaustausches und die Ausweitung des städtischen Gewerbes bedingt. Determinanten, Ursachen und Zusammenhänge werden in einem eigenen Kapitel erläutert.

Ursachen und Folgen der Auflösung der Fronhofverfassung

Mit dem Fortschreiten der Kolonisation bekam die menschliche Arbeitskraft höheren Wert. Je mehr Land gerodet wurde, umso mehr Ansiedler waren nötig und umso wertvoller wurde die menschliche Arbeitskraft. Es musste den Ansiedlern entsprechender Anreiz geboten werden, um die für die Kolonisation erforderlichen Menschen zu bekommen. Ein solcher Anreiz war ein günstiges

---

14 Diese auf diese Weise gegründeten Ortschaften kann man heute oft an ihren Namen erkennen, die auf „-brand", „-schwend", „-reut", „-wald", „-schlag" etc. enden.

15 Vgl. F. Tremel, Wirtschafts- und Sozialgeschichte Österreichs a.a.O., S. 46 und 116

17

Besitzrecht an Grund und Boden. Der Grundherr musste dem Bauern größere Selbständigkeit und Sicherheit bieten. So wurden die Neusiedler mit längerem Nutzungsrecht ausgestattet. Das „Leibgedinge" kam in stärkerem Ausmaß auf. Leibgedinggüter wurden im Gegensatz zu „Freistiften" auf Lebensdauer verliehen und konnten nur nach dem Tod des „Leibrechters" eingezogen werden. Die Kolonisation förderte die Einführung und Durchsetzung der Erblichkeit („Erbzinsgüter"). Auch andere Faktoren begünstigten diese Formen des Besitzrechtes: Die aufblühenden Städte zogen Menschen an, und so kam es zur Abwanderung von Arbeitskräften aus den Grundherrschaften in die Städte. Diese Abwanderung der Unfreien war zwar verboten, konnte aber - wenn überhaupt - nur dadurch beeinflusst werden, dass die Unfreien mit besseren Nutzungsrechten ansiedelte wurden.

Das System der Fronhofwirtschaft stieß während der zweiten deutschen Landnahme an seine Grenzen. Durch die Kolonisation wuchs die Zahl der Ansiedler und damit vergrößerte sich auch das Einkommen, welches die Grundherren durch die Abgaben der Bauern erhielten. Die Grundherren waren daher auf eine Eigenwirtschaft nicht mehr angewiesen und die Vergabe der Äcker und Felder des Fronhofs bzw. die Zerschlagung der Eigenwirtschaft in Bauerngüter (Zinsgüter) vergrößerte das Einkommen zusätzlich. Die Eigenwirtschaften schrumpften oder wurden zerschlagen. Die Fronhofverfassung wurde aufgelöst und in ein Zinsgütersystem übergeführt.[16] Mit der Auflösung der Fronhofverfassung entstand ein selbständig wirtschaftendes Bauerntum. Die Kolonisation hatte eine eminent wichtige Auswirkung auf die soziale Stellung des Bauern. „Das große Kolonisationswerk des Hochmittelalters (hat) den Bauern Menschenwürde verliehen."[17] „Je mehr das Land gerodet wurde, umso mehr Menschen brauchte man, und umso wertvoller wurde der Bauer. Daher trat die Auffassung vom Bauer als eines mit Sprache begabten Haustieres zurück, die soziale Einschätzung des Bauern wuchs. Das zeigte sich auch in der Sprache der Urkunden; das Wort ‚mancipia' verschwand nach und nach, und an seine Stelle trat die Bezeichnung ‚homines', Leute."[18]

Soziale und rechtliche Angleichung der Bauern

Der Übergang der Grundherrschaft von der Eigenwirtschaft (Fronhofver-

---

16 Dies war die allgemeine Entwicklungstendenz; ein Teil der Fronhöfe blieb allerdings auch bestehen.
17 F. Tremel, Wirtschafts- und Sozialgeschichte Österreichs a.a.O., S. 62
18 Ebenda, S. 61

fassung) zum Zinsgütersystem bewirkte eine wirtschaftliche Angleichung innerhalb der Bauernschaft. War früher das Ausmaß der Fronarbeit und das der Abgaben je nach Stellung des Bauern (freier Bauer, Freigelassener, Halbfreier, Unfreier oder unfreier Hintersasse) recht unterschiedlich, so kam es jetzt zu einer wirtschaftlichen Angleichung, denn nun mussten sie alle (wie früher nur der freie Siedler) Abgaben[19] entrichten. Die früher recht ungleich verteilte Last der Fronarbeit fiel weg. Die wirtschaftliche Angleichung führte allmählich zu einer rechtlichen Angleichung innerhalb der Bauernschaft, so dass es bedeutungslos wurde, ob der eine einst ein Unfreier, der andere einst ein Freier gewesen war. Allmählich gingen sie alle in einer rechtlich gleichgestellten Klasse von Bauern auf.[20]

Übergang zu einer neuen landwirtschaftlichen Produktionstechnik in der Zeit der Kolonisation

Als die Baiern und Alemannen zum ersten Mal in unseren Raum eindrangen, betrieben sie den Ackerbau noch in Form der Feldgraswirtschaft. Der Boden wurde solange bebaut, bis er im Ertrag nachließ und blieb dann brach liegen, bis er sich wieder genügend erholt hatte.

Die Slawen waren überwiegend Viehzüchter, aber sie bewirtschafteten – noch bevor sie von den Baiern unterworfen wurden – bereits Ackerfelder. Die bei ihnen vorherrschende Produktionstechnik war die Brandwirtschaft.

Im Zuge der Kolonisation kam es in großen Teilen Österreichs zur Einführung einer neuen landwirtschaftlichen Produktionstechnik, zur „Dreifelderwirtschaft." Die Dreifelderwirtschaft erfolgte nach einem strengen dreijährigen Zyklus. Im ersten Jahr wurde Winterung, im zweiten Jahr Sommerung gebaut und im dritten Jahr folgte Brache. In der Regel besaß jeder Bauer der Gemeinde ein oder mehrere Lose in jedem der drei Felder. Diese Form der Bewirtschaftung konnte nur durch Flurzwang[21] betrieben werden.

---

19 Die Abgaben bestanden hauptsächlich in Naturalabgaben (Naturalzins), aber schon im 12. Jahrhundert überwogen in Niederösterreich die Geldzinse.

20 Vgl. O. Bauer, Der Kampf um Wald und Weide a.a.O., S. 16 und A. Fuchs, Die Urbare des Benediktinerstiftes Göttweig 1302 bis 1536. Wien 1906, S, XXIII, zit. in ebenda, S. 16

21 Alle Bauern, die ein oder mehrere Lose innerhalb eines Feldes besaßen, mussten dasselbe bebauen bzw. ihr Los brach liegen lassen. In klimatisch ungünstigen Gebieten wie in Alpentälern und auf hoch gelegenen Berghängen blieb die Feldgraswirtschaft in Form der Egartwirtschaft – zum Teil bis heute – erhalten. Bei der Egartwirtschaft wird das Feld einige Jahre als Acker genutzt und bleibt dann mehrere Jahre brach liegen, und das Gras der Brache wird in Form von Heu und/ oder Weide genutzt.

3. DER NIEDERGANG DER BAUERNWIRTSCHAFTEN[22] (CA. 1300 BIS 1650)

Historischer Überblick

Um 1300 war die Kolonisation in unserem Raum abgeschlossen. Der Siedlungsraum hatte seine größte je da gewesene Ausdehnung erreicht. Ab ca. 1350 begann die Abnahme des Siedlungsraumes bei gleichzeitiger Zunahme der Siedlungsdichte. Die Bevölkerung war bis ins 14. Jahrhundert stark angewachsen, ohne dass größere Rückschläge eintraten. Das Bevölkerungswachstum erfolgte einerseits durch Zuwanderung, andererseits wird angenommen, dass die Geburtenfreudigkeit besonders groß war.[23] Der Bevölkerungsstand stagnierte dann bis ins 17. Jahrhundert (in bestimmten Regionen nahm er sogar ab). Für die Stagnation des Bevölkerungswachstums gibt es viele Gründe. Als wesentliche Ursachen galten Seuchen wie das „große Sterben" in den Jahren 1348/49, als die Pest praktisch keinen Teil des heutigen Österreich verschont ließ.[24] Weitere Ursachen waren die Begrenzung der Ausdehnungsmöglichkeit des landwirtschaftlich genutzten Bodens durch den „Waldraub der Fürsten,"[25] sowie Kriege und Fehden, die insbesondere in den östlichen Teilen Österreichs die Bevölkerung dezimierten. Das Ende dieser Epoche bildeten die Bauernkriege, die ihre Ursachen in der Verschlechterung der Situation der Bauern hatten. Die Niederlage der Bauern führte zu ihrem sozialen und wirtschaftlichen Abstieg, von dem sie sich bis ins 19. Jahrhundert nicht mehr erholen sollten. „Im 16. Jahrhundert fiel die Entscheidung gegen die Bauern."[26] Die Bezeichnung „homines" – Leute – für die Bauern verschwand nach den Bauernkriegen und wurde durch „Untertan" ersetzt.[27]

---

22   Diese Zeit wird in der wirtschaftsgeschichtlichen Literatur z.B. bei Tremel das Zeitalter des Frühkapitalismus genannt. Der Frühkapitalismus umfasst aber eine kürzere Zeitspanne (15. Jahrhundert und ca. zwei Drittel des 16. Jahrhunderts). Die frühkapitalistische Entwicklung kam im letzten Drittel des 16. Jahrhunderts und im 17. Jahrhundert fast völlig zum Erliegen (vgl. W. Brassloff, Zum Problem des Übergangs vom Feudalismus zum Kapitalismus in Österreich, in: Studien zur Geschichte der österreichisch-ungarischen Monarchie. Budapest 1961, S. 25ff.)

23   Vgl. F. Tremel, Wirtschafts- und Sozialgeschichte Österreichs a.a.O., S. 46

24   Dieser Bevölkerungsverlust wurde in den Städten rascher, auf dem Lande langsamer oder nie mehr aufgeholt.

25   O. Bauer, Der Kampf um Wald und Weide a.a.O., S. 23ff.

26   K. Kautsky, Die Agrarfrage, 2. Aufl. Stuttgart 1902, S. 24

27   Vgl. F. Tremel, Wirtschafts- und Sozialgeschichte Österreichs a.a.O., S. 233

Der Übergang von der Natural- zur Geldwirtschaft und die Folgen für die Bauern

Mit der fortschreitenden Ausdehnung der landwirtschaftlichen Bodennutzung im Zuge der Kolonisation und durch die Verbesserung der Produktionstechnik (Einführung der Dreifelderwirtschaft) wuchs jener Teil der landwirtschaftlichen Produktion, der nun nicht mehr zur Reproduktion der landwirtschaftlichen Arbeitskraft (Selbstversorgung) verwendet werden musste, sondern gegen gewerbliche Erzeugnisse ausgetauscht werden konnte (landwirtschaftliche Mehrproduktion). Mit dem Wachstum der landwirtschaftlichen Mehrproduktion entwickelten sich der Handel und das Gewerbe, und mit ihnen wuchsen die Städte. Das Wachstum der Städte, des Handels und des Gewerbes forcierte die Geldwirtschaft und verdrängte die Naturalwirtschaft. Damit änderte sich die staatliche Organisation.[28] In der Zeit der Naturalwirtschaft gab der König den Boden seinen Vasallen zu Lehen und verpflichtete sie dafür, ihm an seinem Hofe Dienst zu leisten und mit ihrer ritterlichen Gefolgschaft sein Heer zu unterstützen. Die Geldwirtschaft ermöglichte es den Landesfürsten, Geldeinnahmen aus Grundbesitz, Steuern, Bergbau etc. zu ziehen und diese Geldeinnahmen für die Anstellung von Beamten und Söldnern zu verwenden. Durch den Übergang vom Vasallen- zum Söldnerheer erfolgte die Loslösung des Landesfürsten von seinen Vasallen; damit erstarkte seine Macht, und er konnte nun rascher und gewalttätiger die bestehende Rechtsordnung umgestalten.[29]

Mit dem verstärkten Übergang von der Natural- zur Geldwirtschaft erfolgte die Umwandlung der Naturalabgaben der Bauern in Geldabgaben, wobei auch Dienstleistungen, wie Fuhrwerksdienste, in Geldabgaben umgewandelt werden konnten. Bereits im 13. Jahrhundert überwogen in Niederösterreich die Geldzinse, während in Oberösterreich noch die Naturalabgaben vorherrschten[30]. Bis zum 16. Jahrhundert war die Umwandlung fast vollständig vollzogen. Der Übergang von Natural- zu Geldabgaben erfolgte in den in der Nähe größerer Orte gelegenen Gütern früher als bei jenen in abgelegenen Gegenden. Die Marktnähe spielte also in diesem Prozess eine wichtige Rolle. Für die Situation

---

28 Vgl. O. Bauer, Der Kampf um Wald und Weide a.a.O., S. 23
29 Vgl. O. Bauer, Der Kampf um Wald und Weide a.a.O., S. 23. Am schwersten wurden die Bauern durch die Einschränkung des Nutzungsrechtes am Wald getroffen. Die Landesfürsten betrieben diese rigorose Einschränkung, um den Bergwerken und Salinen, welche für sie die größten Geldeinnahmen lieferten, das benötigte Holz als Energie- und Bauträger zu sichern.
30 Vgl. A. Dopsch, Die landesfürstlichen Urbare Nieder- und Oberösterreichs aus dem 13. und 14. Jahrhundert, Wien 1904, S. CLIII, in: O. Bauer, Der Kampf um Wald und Weide a.a.O., S.23

der Bauern war ausschlaggebend, ob es ihnen gelang, die erzeugten Produkte auf einem Markt absetzen zu können oder nicht.

Die Geldwirtschaft löste die selbstgenügsame Wirtschaftsform der Bauern auf. Im Allgemeinen war noch die mittelalterliche Bauernfamilie eine selbstgenügsame Wirtschaftsgenossenschaft,[31] die die notwendigen Lebens- und Produktionsmittel (Haus, Einrichtungen, Geräte etc.) selbst erzeugte. Der Bauer verkaufte auf dem Markt nur den Überschuss bzw. kaufte nur Güter, die er entbehren konnte. Der wesentliche Unterschied zu späteren Zeiten bestand nun darin, dass bei Ausfall des Marktes nur sein Luxus, nicht aber seine Existenz bedroht war. Diese Wirtschaftsform war unverwüstlich. Nicht einmal Missernte, Feuer oder Einfall von Feinden waren unbedingt Existenz bedrohend für den Bauern, denn sie gingen vorüber. Gegen Missernten konnte man sich durch Vorräte schützen, bei Feuerkatastrophen lieferte der Wald, der uneingeschränkt für jedermann nutzbar war, das nötige Bauholz, und vor dem Feind konnte man fliehen bzw. sich verstecken. Mit der Geldwirtschaft wuchs das Geldbedürfnis des Bauern. Er brauchte nun Geld nicht mehr, um nur Entbehrliches, sondern auch, um Notwendiges zu kaufen. Gleichzeitig stieg das Geldbedürfnis der Feudalherrn und Fürsten, die den Bauern ausbeuteten. Je mehr der Bauer vom Markt abhängig wurde und das produzierte, was er auf dem Markt absetzen konnte, umso mehr wurde der Bauer zu einem Warenproduzenten. Er wurde „zum bloßen Landwirt."[32] Der Bauer wurde abhängig vom Markt, er konnte das Sinken der Preise nicht verhindern, er konnte Unverkäufliches nicht verkäuflich machen „und gerade das, was ehedem ein Segen für ihn gewesen, wurde zum Fluch für ihn: eine gute Ernte"[33]. Konnte das Geldbedürfnis des Bauern durch den Verkauf seiner Erzeugnisse nicht gedeckt werden, so musste er Schulden machen. Verkalkulierte er sich und fielen die Preise am Markt mehr als einkalkuliert, so verloren viele ihre Wirtschaften. Was früher Feuer, Missernte und Feind nicht vermochten, nämlich die Existenz des Bauern zu gefährden, erreichten nun die Krisen auf den Korn- und Viehmärkten.[34]

Die Ausbreitung der Märkte (der Geldwirtschaft) bewirkte auch eine neue Herrschaftsform, nämlich die Gutsherrschaft.[35]

---

31 Vgl. K. Kautsky, Die Agrarfrage a.a.O., S. 7
32 Ebenda, S. 10
33 Ebenda
34 Um den Gedankengang zu Ende zu führen, sind wir über die besprochene Zeltperiode des „Niedergangs der Bauernwirtschalten" schon weit hinausgegangen.
35 Die Entstehung der Gutsherrschaft und deren Folgen für die Bauern werden weiter unten analysiert.

Der Frühkapitalismus und die Feudalkrise und deren Bewältigung durch den aufsteigenden Absolutismus

Die Bauernkriege: Ursachen, Verlauf und Folgen

Im vorigen Abschnitt wurde dargestellt, dass Ausdehnung der Bodennutzung und Einführung einer neuen Produktionstechnik eine gewaltige Steigerung der Agrarproduktivität bewirkten und über diese Produktivitätssteigerung in der Landwirtschaft die Waren- und Geldwirtschaft, der Handel und die Städte einen Aufschwung erfuhren. Mit Ende des 14. Jahrhunderts setzte eine Agrar-Depression ein, die bis zum Ende des 15. Jahrhunderts andauerte[36]. Was waren deren Ursachen? Der Übergang zur Geldwirtschaft hatte zur Folge, dass der Markt nicht nur für den Bauern, sondern auch für den Grundherrn Bedeutung erhielt. Durch den Markt konnte der Grundherr seine Bodenrente steigern. Diese Steigerung der Bodenrente wurde im Allgemeinen durch zwei verschiedene Wege erreicht:

a. durch Ausdehnung oder Wiedereinführung der Eigenwirtschaft
b. durch Monopolisierung der Marktbelieferung

Die Eigenwirtschaften (Salland) wurden auf Kosten des Bauernlandes (Rustikalland) ausgedehnt. Die besitzrechtliche Unterscheidung zwischen Freistiften, Leibgedingegütern und Erbzinsgütern, welche im Laufe der Kolonisation ihre Bedeutung immer mehr einbüßte (d. h. Bauern, die auf Freistiften saßen, wurden in der Regel nicht abgestiftet und das Nutzungsrecht ging auf die Kinder der Bauern über),[37] bekam nun auf einmal eminente Wichtigkeit. Der Grundherr sah und hatte in dieser rechtlichen Unterscheidung nun eine Möglichkeit, seine Eigenwirtschaft auf Kosten des Bauernlandes auszudehnen. Eine andere Form der Ausdehnung der Eigenwirtschaft war die Ein-

---

36   Vgl. A. Wilhelm, Agrarkrisen und Agrarkonjunktur in Mitteleuropa vom 13. bis zum 19. Jahrhundert. Berlin 1935, S.31ff. Die Agrar-Depression des 15. Jahrhunderts fand ihren Ausdruck auch im Siedlungsrückgang.

37   Das Besitzrecht wurde im Laufe der Zeit erblich, ohne als solches erklärt worden zu sein. Mit ausgehendem Mittelalter war die Lage der kleinen Grundherrschaften schlecht und so versuchten sie, dem Bauern, der sein Gut zu Leibrecht oder zu Freistift inne hatte (welches aber praktisch erblich war), dieses gegen eine bestimmte Summe zu „Erbrecht" zu verleihen. Daher nannte man dieses Erbrecht auch „Kaufrecht." Diese Verkäufe der Erbrechte waren keine Verbesserung der Lage der Bauern, ganz im Gegenteil. Daher sträubten sich die Bauern auch gegen diese Käufe des Erbrechts (vgl. F. Tremel, Wirtschafts- und Sozialgeschichte Österreichs a.a.O., S. 129).

23

ziehung des Gemeindelandes (gemain), auch das ging auf Kosten der Bauern. Bearbeitet wurden die Eigenwirtschaften nämlich durch Zwangsarbeit. Die Fronarbeit wurde wieder eingeführt oder gewaltig ausgedehnt, denn je mehr Bauern- und Gemeindeland eingezogen wurde, desto mehr wurden die Robotleistungen der verbliebenen Bauern ausgedehnt. Dieser Weg der Ausdehnung der Eigenwirtschaften war nicht überall gangbar; insbesondere im Gebirge war es nicht möglich, das System der Eigenwirtschaft mit Frondienst (Gutswirtschaftssystem) zu installieren. Daher wurde dort durch die Monopolisierung der Marktbelieferung die Steigerung der Bodenrente zu erreichen versucht. Die Bauern wurden gezwungen, alle für den Markt erzeugten Produkte zuerst dem Grundherrn zum Kauf anzubieten („Anfailzwang"). Dadurch konnte der Grundherr gegenüber den Bauern den Preis diktieren und damit das Mehrprodukt der Arbeit der Bauern abschöpfen. Die Monopolisierung der Marktbelieferung wurde oftmals zusätzlich zur Ausdehnung der Eigenwirtschaft eingeführt. Beide Wege (Ausdehnung der Eigenwirtschaften und Monopolisierung der Marktbelieferung) führten zu einer Verschlechterung der Lage der Bauern und waren eine der wesentlichsten Ursachen für die Bauernaufstände.

Es gab aber noch weitere Ursachen, wie z. B. die Umwälzung der Eigentums- und Nutzungsrechte der Bauern am Wald im Zuge der Entwicklung des Bergbaues und der Städte. Die größten Geldeinnahmen zogen die Landesfürsten aus dem Bergbau. Mit der starken Abbausteigerung von Salz, Kupfer und Eisen wuchs der Holzbedarf des Bergbaus. Um diesen zu decken und auch um den Wert des nun hoch begehrten Holzes einzustreichen, rissen die Landesfürsten das Eigentumsrecht an den Wäldern an sich und/oder schränkten die bestehenden Nutzungsrechte ein. „So führte die Entwicklung des Bergbaues und des Städtewesens zu einer Umwälzung der Eigentums- und der Nutzungsrechte an den Wäldern."[38] Bewerkstelligt wurde diese Umwälzung der Rechtsverhältnisse an den Wäldern durch die zahlreichen Wald- und Bergordnungen der Landesfürsten.[39] Die ehemals herrenlosen „Hoch- und Schwarzwälder" und die „Frei" eignete sich nun der Landesfürst an, und die Nutzungsrechte der Bauern wurden eingeschränkt („geregelt"). Diese bäuerlichen Nutzungsrechte wurden nach römischem Recht zu Servituten auf fremdem Eigentum erklärt.[40] Auch

---

38 O. Bauer, Der Kampf um Wald und Weide a.a.O., S. 25
39 Die Zurücknahme dieser Waldordnungen kommt in den Forderungen der aufständischen Bauern an den Landesfürsten immer wieder vor.
40 Die neu geschaffene Beamtenschaft hat sich bei der Durchsetzung des römischen Rechts verdient gemacht.

fand eine teilweise Umwandlung von Gemain-Wäldern in landesfürstliches Eigentum statt, wie überhaupt alle nicht in individuelle Nutzung übergegangenen Bodenflächen in der Regel zum Eigentum der Landesfürsten erklärt wurden. Dazu gehört auch die Einschränkung an den Nutzungsrechten der „Gemain", was im Dorf zu einem Kampf um die „gemaine" Wald- und Weidefläche führte. Die Einschränkung der bäuerlichen Nutzungsrechte bewirkte eine grundsätzliche Verschlechterung der Lage der Bauern, aber auch eine starke soziale Differenzierung im Dorf.[41]

Als weitere Ursachen der Verschlechterung der Lage der Bauern sind die finanziellen Lasten zu nennen, die den Bauern auferlegt wurden. Die Grundherren versuchten meist, die finanziellen Lasten, die ihnen der Landesfürst aufbürdete, auf die Bauern abzuwälzen. Zum Teil verpflichtete der Landesfürst selbst die Bauern direkt zu Abgaben.[42]

All diese Verschlechterungen der Lage der Bauern führten zu den Bauernaufständen. Die erste Bauernerhebung erfolgte im Erzbistum Salzburg, als im Jahre 1458 der Erzbischof eine neue Viehsteuer vorschrieb.[43] Bemerkenswert ist, dass die aufständischen Bauern oftmals von den Bergknappen unterstützt wurden, wie etwa im Bauernaufstand in Krain (1515),[44] Tirol,[45] Obersteiermark, Oberösterreich, Salzburg (1525). Häufig waren die Anführer der Aufständischen Arbeiter.

---

41 Siehe ausführlich weiter unten.

42 Die Besteuerung hat sich historisch wie folgt entwickelt: Ursprünglich musste nur der Grundherr Steuern an den Landesfürsten zahlen. Mit diesen Steuern lösten die Grundherren ihre Pflicht zur Heerfolge ab und trugen indirekt zum Aufbaue eines Söldnerheeres bei. 1518 erlaubte Maximilian I. den Landständen die Einhebung eines Teiles ihrer Steuern von den auf ihrem Grund sitzenden Bauern, Keuschlern und Inleuten. Die Herrschaften wälzten bald den größten Teil der "Kontribution" auf die Untertanen ab, zusätzlich verlangten die Grundherrn für sich immer größere Abgaben von den Bauern. Um die Ausbeutung der Bauern begann ein zähes Ringen zwischen Grundherrn und Landesfürsten, wobei bis Mitte des 18. Jahrhunderts der Grundherr dominierte. Der Landesfürst musste die Steuerbewilligung von den Landständen einholen. Dies war auch die wesentliche Funktion der „Landtage". Ab der Mitte des 18. Jahrhunderts war die Macht der Landstände völlig gebrochen, sodass sich der Landesfürst über die Steuerbewilligung der Landstände hinwegsetzen konnte. So verdoppelte Maria Theresia 1748 ohne Zustimmung der Landstände den Militärbeitrag in Kärnten.

43 Zu den einzelnen Bauernaufständen siehe die „Zeittafel: Bauernaufstände und Bauernkriege in Österreich" weiter unten.

44 Der Aufstand in Krain war der erste, an dem nachweislich Bergleute teilnahmen. Die Forderungen der Aufständischen in Krain gingen über das bestehende Herrschaftssystem nicht hinaus.

45 Der Führer des Aufstandes in Brixen hieß Michael Gaismair, Sohn einer Bergknappenfamilie. Er hat später eine Landesordnung einer demokratisch-sozialistischen Bauernrepublik entworfen, die revolutionären Charakter hatte und sich nicht an der Vergangenheit oder am Status quo orientierte.

Es ist wichtig, in den Bauernaufständen zwei Richtungen zu unterscheiden: Die eine Richtung ist an der Wiederherstellung der alten Zustände (Zurückdrängen der Grundherrschaft) interessiert und kann daher als vergangenheitsorientiert bezeichnet werden. In ihr sammeln sich vornehmlich katholische Bauern. Die andere Richtung stellt das bestehende kirchlich-feudale Herrschaftssystem grundsätzlich in Frage. Vorstellungen von einem demokratischen, sozialistischen Bauernstaat sind die Inhalte, für die gekämpft wird. Die Forderungen dieser Richtung können als „revolutionär" bezeichnet werden. Ihre Vertreter sind in der Regel protestantische Bauern.

Alle Bauernaufstände wurden mit äußerster Brutalität mit Hilfe des kaiserlichen Militärs niedergeschlagen. 1626 beendete die Soldateska den letzten größeren Bauernaufstand in Österreich gewaltsam, womit die Geschichte der beispiellosen Knechtung des Bauernstandes beginnen konnte. „Die Entscheidung war gegen die Bauern gefallen", wie sich Karl Kautsky ausdrückt. Die Söldnerheere (= militärische Zentralgewalt) des aufsteigenden absolutistischen Staates bewahrten das Feudalsystem vor dem Zusammenbruch.[46] Die Niederlage der Bauern war ein wesentlicher Faktor für den Niedergang der gesamten Wirtschaft im 16. Jahrhundert.

Der Sieg der Bauern hätte eine größere Verfügungsgewalt über ihr Mehrprodukt bedeutet, und die frühkapitalistische Entwicklung hätte sich bruchlos zum Kapitalismus fortgesetzt. „Die Entwicklung zu der fortgeschritteneren Gesellschaftsordnung verbindet sich eindeutig mit dem Sieg und nicht mit der Niederlage der Bauern ... Die Bauernkriege waren also jedenfalls revolutionär, fortschrittlich, unabhängig von der Formulierung der Forderungen der Bauern."[47]

---

46 Die Niederlage der Bauern und die Festigung des Feudalsystems bewirkten den Niedergang des österreichischen Frühkapitalismus (vgl. W. Brassloff, Zum Problem des Übergangs vom Feudalismus zum Kapitalismus in Österreich, in: Studien zur Geschichte der österreichisch-ungarischen Monarchie, Budapest 1961). Der Frühkapitalismus zeichnete sich durch die Dominanz des Handelskapitals aus. Das Handelskapital hatte einen wesentlichen Beitrag zur Feudalkrise geliefert, da es die kapitalistische Produktion nicht ankurbelte.

47 W. Brassloff, Zum Problem des Übergangs vom Feudalismus zum Kapitalismus in Österreich a.a.O., S. 51

Zeittafel: Bauernaufstände und Bauernkriege in Österreich[48]

1458   Erste österreichische Bauernerhebung im Erzbistum Salzburg (im Gebiet von Werfen). Der aktuelle Anlass war die Vorschreibung einer neuen Viehsteuer. Der Aufstand brachte Erfolg: der Erzbischof verzichtete auf die neue Steuer.

1462   Neuerliche Bauernerhebung im Erzbistum Salzburg. Auslösungsfaktor war die Vorschreibung einer neuen Weinsteuer. Die Unruhen breiteten sich über das ganze salzburgische Gebiet aus. Es kommt zum Vergleich, die Bauern werden beschwichtigt und betrogen, denn die neue Weinsteuer wurde trotzdem eingehoben. Dies führt zum nächsten Aufstand.

1463   Nochmalige Erhebung der Salzburger Bauern. Der Aufstand bricht aber rasch zusammen.

1469   Arge Verheerungen, die der Aufstand eines Teils des steirischen Adels gegen den Kaiser Friedrich III. verursacht hatte und die Abwälzung der Kriegskosten führten zum Aufstand der obersteirischen Bauern (Bauerntag in Knittelfeld).

1478   Bauerntage und Bauernerhebungen in der Obersteiermark und in Kärnten wegen der drohenden Türkenangriffe und den geringen Vorkehrungen des Adels. Der aktuelle Anlass ist die Münzentwertung des in Südkärnten verbreiteten Aquileier Pfennings. Die Forderungen der Aufständischen (verfasst von Peter Wunderlich) beinhalten eine innerstaatliche Gesamtreform, wie freie Gerichte, Abschaffung der Grundherrschaft, Errichtung eines Bauernstaates unter kaiserlicher Oberhoheit. Die aufständischen Bauern wurden von den Türken bei Goggau besiegt. So wurden die Türken zu Rettern des Kärntner Adels und der alten sozialen Ordnung.

1514   Bauernaufstand in Mittelungarn, der blutig niedergeschlagen wird und zur gänzlichen Entmachtung und Knechtung der Bauern führt. Im Raum Burgenland blieb der Bauernaufstand auf eine Erhebung gegen die Stiftsherrschaft Marienberg beschränkt. Trotzdem wurden die Bauern von den königlichen (König Wladislaw II.) Strafmaßnahmen nicht verschont.

---

48   Zusammengestellt nach folgenden Quellen: G. Franz, Der deutsche Bauernkrieg. München, Berlin 1933; G. Franz, Geschichte des deutschen Bauernstandes, Stuttgart 1970, S. 140 f.; F. Tremel, Wirtschafts- und Sozialgeschichte Österreichs a.a.O. S. 132 f.

1514   Bauernaufstand in Krain, der auf die Untersteiermark und auf von
        Slowenen besiedelte Gebiete Kärntens übergreift. Aktueller Anlass
        war der korrupte Pfandinhaber der Herrschaft Gottschee. Dieser
        Aufstand wurde nachweislich vom Bündnis Bauern und Arbeiter
        (Bergleute) getragen. Die Forderungen des Bauerntages von Gonob-
        litz gingen nicht über den Status quo bzw. Status quo ante hinaus; so
        wurde unter anderem die Rückkehr zum „alten Recht" gefordert.

1523   Widersetzlichkeiten der Bauern in Tirol gegen ungerechte und über-
        triebene Steuerforderungen.

1524   Unzählige lokale Bauernaufstände in Deutschland, die sich im Früh-
        jahr 1525 über ganz Deutschland, Teile der Schweiz, Vorarlberg, Ti-
        rol, Salzburg, Kärnten, Oberösterreich und die Steiermark ausbrei-
        ten.

1525   Das Jahr der großen Bauernkriege: Bauernaufstand in Tirol, der
        vom Bistum Brixen ausgeht. Der Aufstand wurde von Bauern und
        Bergknappen getragen und stand unter der Führung des Berg-
        knappensohns Michael Gaismair. Die Forderungen des Landtages
        der Aufständischen in Meran wurden in 64 Punkte gefasst. Dieses
        Programm ging weit über herkömmliche Forderungen hinaus, so
        wurde gefordert, eine einheitliche Rechtsstellung von Bauern und
        Grundherrn, Abschaffung der grundherrschaftlichen Gewalt und
        die Errichtung eines Bauernstaates mit gewählten Bauernräten zu
        garantieren. Michael Gaismair entwarf eine Landesordnung für ei-
        nen „sozialistischen Bauernstaat". Von Tirol breitete sich der Auf-
        stand über Salzburg, Obersteiermark, Kärnten und Oberösterreich
        aus. Auch in Salzburg und in der Obersteiermark kämpften Bauern
        und Bergknappen gemeinsam gegen die herrschende Klasse. Der
        Anschluss der Bergleute, insbesondere der Gasteiner Gold- und Sil-
        bergruben unter Führung des Gewerken Weitmoser war für die
        Aufständischen von allergrößter Bedeutung, um das für die Kriegs-
        führung nötige Kapital zur Verfügung zu haben. Trotzdem unterla-
        gen die Bauern, da die Söldnerheere der Landesfürsten besser ge-
        drillt und bewaffnet waren, und das Bürgertum der Städte sich im
        kritischen Augenblick auf die Seite der Fürsten stellte. Den verei-
        nigten Streitkräften des Erzbischofs und des Schwäbischen Bundes
        mussten auch die Bauern und Knappen in Salzburg weichen. „So
        endete der größte soziale Kampf der frühkapitalistischen Epoche

mit einem Sieg der herrschenden Klasse."[49] In der Steiermark und in Kärnten kam es im 16. und 17. Jahrhundert zu keinen größeren Aufständen mehr.

1539, 1548, 1550, 1554   Bauernunruhen in Oberösterreich, die durch übermäßige Forderungen an Steuern und Diensten ausgelöst wurden. Die Unruhen blieben jedoch auf engen Raum begrenzt.

1564 und 1565   Erneuter Bauernaufstand in Salzburg (Gasteiner Tal).

1567 und 1572   Größter Bauernaufstand des 16. Jahrhunderts in Oberösterreich.

1573   Bauernaufstand in Kroatien, der durch die maßlose Ausbeutung und Unterdrückung der Bauern durch einen ungarischen Grundherrn entstand. Der Aufstand griff auf die südliche Steiermark über, wurde aber rasch und brutal niedergeschlagen.

1595   Bauernunruhen in Niederösterreich.

1597   Bauernaufstand im Waldviertel. Andreas Schrembser aus Dobersberg versammelt 30.000 Bauern in Grafenschlag.

1597   Bauernaufstand in Niederösterreich südlich der Donau, der durch kaiserliche Reiterei und Landsknechte niedergeworfen wurde.

1626   Größter Bauernaufstand in Oberösterreich. Die Aufständischen wandten sich gegen die bayrische Fremdherrschaft. Sie scheiterten aber am Bündnis der oberösterreichischen Grundherrn mit den Bayern und dem österreichischen Kaiser, bei dem die Klasseninteressen des Adels höher standen als die Interessen des Landes und seiner Untertanen. Allein 12.000 Bauern fielen auf dem Schlachtfeld, eine unbekannt große Zahl wurde hingerichtet und Tausende verwundet und verkrüppelt.

1650 bis 1848   Bis zur Grundentlastung kam es immer wieder zu Bauernunruhen und Auflehnungen gegen die Grundherrschaft. Auch in der Zeit der „Befriedung" unter Maria Theresia gab es Robotaufstände (insbesondere im Mühlviertel). Die Bauernaufstände dieser Zeitspanne äußerten sich mehr in passiver Resistenz gegen Zins- und Robotleistungen als im offenen, gewaltsamen Aufstand.

---

49   F. Tremel, Wirtschafts- und Sozialgeschichte Österreichs a.a.O., S. 146

4. DIE GUTSHERRSCHAFT (CA. 1500 BIS 1848)

Historischer Überblick[50]

Die politisch-militärische Geschichte dieser Zeit ist geprägt durch den Aufstieg Österreichs zur Großmacht, indem Österreich sich siegreich gegen Frankreich und das Osmanische Reich durchsetzen konnte. Die erste Hälfte dieser Periode wird daher das „Heldenzeitalter" genannt, die zweite Hälfte, die Periode der Reformen, daher auch als „Reformzeitalter". Im wirtschaftlichen Bereich ist diese Periode äußerst bedeutsam, denn in ihr vollzieht sich der Übergang von der feudalen zur kapitalistischen Produktionsweise. Neue Produktionsformen, wie Verlagssystem und Manufakturen, beginnen dem zünftlerischen Gewerbe Konkurrenz zu machen und genießen den Schutz und die Förderung durch Privilegien des absolutistischen Herrschers.

Der absolutistische Staat wird zur wesentlichen Triebkraft wirtschaftlicher Entwicklung: einerseits aus fiskalischen Gründen und andererseits dadurch, dass er Waren fürs Heer, für Kriege und für den Hof in einem Ausmaß und einer Uniformität benötigt, wie sie das zünftlerische Gewerbe herzustellen nicht imstande war. Der Staat griff reglementierend in die Wirtschaft ein: „die Entwicklung des österreichischen Kapitalismus war bereits in seiner frühesten Entwicklungsphase eng mit einem bürokratischen Staatsinterventionismus verknüpft."[51] Dieser Staatseinfluss auf wirtschaftlichem Gebiet wird als Merkantilismus bezeichnet.[52] Weiters wichtig für die wirtschaftliche Entwicklung Österreichs ist die Latenzperiode durch die Kontinentalsperre, eine von Napoleon verhängte Wirtschaftsblocke, die gegen Großbritannien gerichtet war. Dadurch wurde auch der österreichische Markt geschützt, und neue Technologien in der Produktion konnten eingeführt werden.

Fiskalische Interessen waren es auch, die Maria Theresia und Joseph II.

---

50   Dieser geschichtliche Überblick über die Zeit der Gutsherrschaft deckt große Teile des Konflikts zwischen gutsherrlicher und kapitalistischer Produktionsweise ab. Im geschichtlichen Überblick wird die Zeit der Gutsherrschaft ganz und die des Konflikts zwischen gutsherrlicher und kapitalistischer Produktionsweise bis zur Revolution 1848 berücksichtigt.

51   E. Kreisky, Zur Genesis der politischen und sozialen Funktion der Bürokratie, in: H. Fischer (Hrg.), Das politische System Österreichs. Wien 1974, S. 191

52   Siehe H. Kellenbenz, Der Merkantilismus in Europa und die soziale Mobilität, Institut für europäische Geschichte, Mainz. Wiesbaden 1965 und H. Gerstenberger, Zur Theorie der historischen Konstitution des bürgerlichen Staates, in: Probleme des Klassenkampfes Nr. 8/9, S. 207). Wesentlich für das merkantilistische Wirtschaftssystem ist der Einfluss des Staates. Vgl. auch: Immanuel Wallerstein, Das moderne Weltsystem II - Der Merkantilismus. Wien 1998

zu Beschützern der Bauern gegenüber dem Landadel (Gutsherrn) werden ließen.[53] Aber auch die Grundherren spielten sich als Beschützer der Bauern gegen die Steuerbelastung durch die Landesfürsten auf. Beide, Landesfürst und Grundherr, konkurrierten miteinander in der Beschützerrolle des Bauern, damit jeder das Produkt der Ausbeutung für sich sichern konnte.

Die gutsherrlich-feudale Arbeitsverfassung

Grundherrschaft und Gutsherrschaft[54]

Die einzelnen Länder der österreichisch-ungarischen Monarchie machten nicht die gleiche Entwicklung durch, insbesondere ist die agrarische Verfassung niemals eine einheitliche gewesen. Ein einheitliches und sehr wesentliches Merkmal der Agrarverfassung in allen Ländern der Monarchie und auch in anderen Ländern war aber das Untertänigkeitsverhältnis. Das Wesen des Untertänigkeitsverhältnisses ist die Unterordnung der bäuerlichen Bevölkerung unter die Grund- oder Gutsherrschaft. Die Grund- oder Gutsherrschaft hatte Herrschaftsbefugnisse öffentlich-rechtlichen Charakters (Patrimonialherrlichkeit), d. h. sie übte das Justiz- und Polizeirecht aus und führte verschiedene administrative Aufgaben für den Staat durch. Nur in Tirol gab es keine Patrimonialherrlichkeit. Es gab zwar überall auch Freibauern, aber ihre Anzahl war nirgends bedeutend und trat hinter der Masse der „Untertanen" vollständig zurück.[55] Grund- oder Gutsherrschaft muss in ihrem Wesen als Herrschaft auf Grund von Verfügungsmacht über Grund und Boden als dem wichtigsten feudalistischen Produktionsfaktor gesehen werden. Das Gutsherrschaftssystem hat sich erst nach der Niederlage der Bauern in den Bauernkriegen in verstärktem Ausmaß ausgebildet und konnte sich ausweiten, bis die Reformen Maria Theresias um 1750 endlich wirksam die Umwandlung von Bauern- in Herrenland unterbanden.

53 Vgl. K. Grünberg, Die Bauernbefreiung in Österreich-Ungarn, in: Handwörterbuch der Staatswissenschaften, 2. Bd. 3., Aufl. Jena 1908, S. 565ff

54 Den Unterschied zwischen Grund- und Gutsherrschaft hat G. F. Knapp (Die Bauernbefreiung und der Ursprung der freien Landarbeiter in den älteren Teilen Preußens, 2. Bd., Leipzig 1887) herausgearbeitet. Weiters siehe: K. Grünberg, Die Grundentlastung. Wien 1899, S. 3; K. Grünberg, Die Bauernbefreiung in Österreich-Ungarn, in: Handwörterbuch der Staatswissenschaften, 2. Bd., 3. Aufl., Jena 1908, S.563ff; R. Krzymowski Die Geschichte der deutschen Landwirtschaft, 3. Aufl. Berlin 1961, S. 175ff. und S. 190ff.; F. Tremel, Wirtschafts- und Sozialgeschichte Österreichs a.a.O., S. 124ff. und S. 232

55 Vgl. K. Grünberg, Die Bauernbefreiung in Österreich-Ungarn a.a.O., S. 562

Der Unterschied zwischen Grundherrschaft und Gutsherrschaft ist folgendermaßen charakterisierbar:[56]

Gutsherrschaft liegt dann vor, wenn die Frondienste der Bauern auf dem Gutshof die Verpflichtungen zu Natural- und Geldabgaben weit übersteigen. In der Gutsherrschaft sind die durch Zwangsarbeit (Fronarbeit, Robot) auf dem Gutshof erzeugten landwirtschaftlichen Produkte, die auf dem Markt verkauft werden, die Haupteinnahmequellen der Herrschaft.

Bei der Grundherrschaft überwiegen die Natural- und Geldabgaben gegenüber der Fronarbeit. Die Haupteinnahmequelle des Grundherrn sind die von Bauern zu entrichtenden Geld- und Naturalabgaben sowie Zinsungen.[57] Regional gesehen überwog im Osten der Monarchie, also in Böhmen, Mähren, Schlesien, Niederösterreich, Krain sowie weit im Osten in Galizien und in der Bukowina die gutsherrliche Agrarverfassung, während Salzburg und Tirol Länder mit ausgeprägter Grundherrschaft waren. Oberösterreich, Steiermark, Kärnten und auch Ungarn nahmen eine Mittelstellung ein: sie wiesen beide Typen wirtschaftlicher Ausbeutung der Bauern durch den Großgrundbesitzer auf. Das Küstenland hatte eine grundsätzlich andere Form der Agrarverfassung, nämlich das Kolonensystem. Das wesentliche Merkmal des Colonates liegt in der Teilung des erzeugten landwirtschaftlichen Produkts zwischen den Colonen und dem Besitzer des Bodens, der oft in einer fernen Stadt lebte. Die Wirtschaftsführung und die Durchführung aller Arbeiten blieben den Colonen überlassen. Die Colonenfamilie lebte vom Naturaleinkommen, das ihr als Anteil an der Ernte verblieb. Es war dies eine Wirtschaftsform, in der die Geldwirtschaft noch keinen wesentlichen Einfluss gewonnen hatte.[58]

Formen und Intensität des Untertänigkeitsverhältnisses
(Rechtsstellung der Bauern, Häusler und Inleute)

Die Intensität des Untertänigkeitsverhältnisses drückt sich einerseits im Besitz-

---

56 Wir folgen hier im wesentlichen der Unterschiedscharakteristik von K. Grünberg, Die Bauernbefreiung a.a.O. S. 562ff.; siehe auch: K. Grünberg, Die Grundentlastung a.a.O., S. 3ff.

57 Der Aussage von F. Tremel (Wirtschafts- und Sozialgeschichte Österreichs a.a.O., S.232), dass die Gutsherrschaft nur eine spezielle Form der Grundherrschaft sei, kann nicht zugestimmt werden, denn bei der Grundherrschaft verfügt die Herrschaft - auf Grund des Obereigentums über das Bauernland - über einen Anteil des Arbeitsproduktes der Bauern, bei der Gutsherrschaft verfügt der Gutsherr über die Arbeitskraft (Fuß- und Handrobot) oder/und über die Produktionsmittel (Zugrobot) der Bauern.

58 Vgl. H. v. Schullern-Schrattenhofen, Die Lohnarbeit in der österreichischen Landwirtschaft und ihre Verhältnisse, in: Zeitschrift für Volkswirtschaft, Sozialpolitik und Verwaltung. Wien, Prag, Leipzig 1896, Bd. 5, S. 51ff.

recht und andererseits in der persönlichen Rechtsstellung der Bauern, Häusler und Inleute aus. Grundsätzlich kann zwischen „Rustikalisten" und „Dominikalisten" unterschieden werden.[59] Die Rustikalisten besaßen ein unterschiedliches Besitzrecht auf „Bauernland", die Dominikalisten waren auf „Herrenland" angesiedelt. Den Dominikalisten wurde von der Grundobrigkeit Herrenland gegen bestimmte Dienste und Abgaben vertragsmäßig überlassen. Rustikalgründe (Bauernland) waren in den Steuerkatastern verzeichnet und der Kontribution unterworfen, hingegen war Herrenland steuerfrei. Der Staat war daher daran interessiert, dass das Herrenland nicht auf Kosten des Bauernlandes ausgedehnt wurde, damit die Basis für die Steuereinnahmen nicht geschmälert werde. Aus diesem Grund wurden in der zweiten Hälfte des 17. Jahrhunderts sämtliche Bauernstellen in Katastern verzeichnet. Dieser Versuch des Staates (Landesfürsten), das Bauernland zu erhalten, verhinderte weder, dass die Bauern weiter „gelegt" wurden, noch konnte die Überwälzung der Steuerlast auf die restlichen Rustikalisten hintan gehalten werden, denn das Recht der Repartierung und Einhebung der Steuern lag bei der Gutsherrschaft (Grundherrschaft).

Bei den Rustikalisten kann weiters zwischen „eingekauften" und „uneingekauften" unterschieden werden. Der uneingekaufte „Rustikalist" war nur „Wirt bis weiter", d. h. er war jederzeit abstiftbar, er war der Willkür der Herrschaft völlig ausgesetzt. Der eingekaufte Rustikalist besaß ein lebenslanges oder vererbbares Nutzungsrecht. Die persönliche Rechtsstellung der agrarischen untertänigen Bevölkerung war durch Einschränkung der Handlungsfähigkeit gekennzeichnet. Die Personeneigenschaft war de jure nicht aufgehoben, denn es bestand Rechtsschutz gegenüber der Obrigkeit, untertäniges Armenrecht, und es gab Untertanenadvokaten. De facto existierte allerdings kein echter Rechtsschutz: Die Rechtssprechung war parteiisch, das Verfahren sehr lange und die erste Instanz war die Obrigkeit selbst. Da die Personeneigenschaft nicht aufgehoben war, spricht Grünberg[60] von Erbuntertänigkeit und nicht von Leibeigenschaft. Die Einschränkung der Handlungsfähigkeit war aber sehr weit reichend: Es bestand keine Freizügigkeit, d. h. es gab keine freie Berufswahl, Verehelichung, Verschuldung, Verbürgerung, Testierung etc. und auch die Bewegungsfreiheit war aufgehoben, d. h. der Untertan war an die Scholle (Schollenpflicht), an einen bestimmten Grund (Guts- bzw. Grundobrigkeit) gebunden. Er durf-

---

59 Vgl. K. Grünberg, Die Bauernbefreiung in Österreich-Ungarn, a a.O., S. 563 und K. Grünberg, Die Grundentlastung, a.a.O., S. 4

60 Vgl. K. Grünberg. Die Bauernbefreiung in Österreich-Ungarn, a.a.O., S. 563 sowie K. Grünberg, Die Bauernbefreiung und die Auflösung des gutsherrlich-bäuerlichen Verhältnisses in Böhmen. Mähren und Schlesien. Leipzig 1894, 1.Bd., S. 1 und S. 87ff.

te das Gelände der Grundherrschaft nur mit schriftlicher Genehmigung des Grundherrn verlassen. Der Untertan konnte aber umgekehrt auch nicht verkauft werden. Er war Zubehör der Scholle und konnte von dieser nicht getrennt werden (Schollenrecht). Der Untertan war landwirtschaftlicher Zwangsarbeiter, aber nicht Sklave. Dem Sklaven fehlt das Personenrecht, er wird wie eine Sache betrachtet und behandelt (verkauft etc.). Die Untertänigkeit ging als Standeseigenschaft auch auf die Nachkommen der Untertanen über, was im Begriff der Erbuntertänigkeit zum Ausdruck kommt.[61] Weiters waren die Untertanen durch die „Zwangsgesindedienste" verpflichtet, ihre Kinder auf Verlangen der Herrschaft in deren Dienst zu stellen. Diese Pflicht bestand auch dann, wenn die Kinder Unterkunft und Verpflegung von den Eltern erhielten.[62]

Untertanen durfte nur besitzen, wer auch Besitzer landtäflicher Güter sein durfte.[63] Nichtadelige Personen waren vom Erwerb und Besitz herrschaftlichen Grundbesitzes ausgeschlossen. Herrschaftlichen Grund durften daher nur „Herren" und Ritter und auch Geistliche (Orden) besitzen. Zahlenmäßig überwog aber der Herrenstand bei weitem. Fürsten, Grafen und Barone, die zumeist im kaiserlichen Dienst standen, bildeten den Herrenstand.

---

61 Vgl. K. Grünberg, Die Bauernbefreiung in Österreich-Ungarn a. a.O., S. 3. Auf die Umstände, wie eine freie Person in die Erbuntertänigkeit absinken konnte, kann hier nicht eingegangen werden. Dazu vgl. K. Grünberg, Die Bauernbefreiung in Österreich-Ungarn a.a.O., 1.Bd., S. 5

62 Ein analoges Element wie die Verpflichtung zu Zwangsgesindediensten findet man noch viel später, nach der so genannten Bauernbefreiung und der Grundentlastung in den Dienstbotenordnungen der einzelnen Länder. Z. B. besagt Z. 13 L.G.Bl § 40 der Tiroler Dienstbotenordnung vom 22. Jänner 1879, dass unbeschäftigte Dienstboten zum Dienst gezwungen werden können, selbst dann, wenn sie bei ihren Eltern oder anderen Leuten Unterstand finden.

63 Hier wird das Wesen der Grundherrschaft sehr deutlich: es war eine Herrschaft über Land *und* Leute.

5. DER KONFLIKT ZWISCHEN GUTSHERRLICHER UND KAPITALISTISCHER PRODUKTIONSWEISE (CA. 1750 BIS 1868)

Geschichtlicher Überblick

Die Reformen des „aufgeklärten" Absolutismus fanden ihre Grenzen im Widerstand der Landstände und in der Angst vor der Revolution. „Der Absolutismus streifte das Merkmal der Aufgeklärtheit ab und verwandelte sich in eine konservative Macht, die aus Furcht vor der Revolution alles Bestehende zu erhalten suchte."[64] Die Reformen schufen, indem die Macht der Landstände eingeschränkt, die Manufakturbetriebe durch Privilegien geschützt bzw. finanziell gefördert und das zünftlerische Gewerbe beschränkt wurde, bereits die Vorbedingungen der kapitalistischen Produktionsweise. Am wesentlichsten war es aber, dass der Absolutismus die Erbuntertänigkeit einschränkte und dem „Landproletariat" die Freizügigkeit (freie Berufswahl und freie Mobilität) gab. Er schuf damit die Voraussetzung für die kapitalistische Produktionsweise, nämlich den „freien" Lohnarbeiter. Mit der Aufteilung des Gemeinbesitzes in den Dörfern unter Ausschluss der ärmeren Schichten (Häusler, Inleute) wurden diese gezwungen, ihre Arbeitskraft in den neu entstehenden Manufakturen und Fabriken zu verkaufen.

Die Kontinentalsperre und die lange Friedensperiode (1819-1848) gaben der kapitalistischen Entwicklung in Österreich kräftigen Auftrieb. Fabriken und erste Eisenbahnen wurden gebaut, der Verkehr wurde dichter, aber es gab in dieser Zeit keine größeren politischen Reformen; der Absolutismus war zur Reform unfähig geworden. Die rasche wirtschaftliche Entwicklung machte es aber immer dringender, die Gesellschaftsordnung zu ändern. So kam es 1848 zur Revolution. Die Träger der Revolution waren Arbeiter, Bauern, Studenten und radikales Bürgertum, gekämpft wurde um die Erringung demokratischer Freiheiten. Es zeigte sich aber bald, dass den Arbeitern die Erreichung formaler demokratischer Freiheiten nicht genügte. Sie wandten sich gegen die kapitalistische Ausbeutung,[65] und damit war auch das Kampfbündnis von Bürgertum und Arbeitern beendet. Die Revolution scheiterte einerseits an der Angst des

---

64 O. Bauer, Der Kampf um Wald und Weide a.a.O., S. 98,
65 Vgl. H. Hautmann, R. Kropf, Die österreichische Arbeiterbewegung vom Vormärz bis 1945. Linz 1974, S. 31

Bürgertums vor den Forderungen der Arbeiter und andererseits am Abfall der Bauern, der durch die in Aussicht gestellte Beseitigung des Untertänigkeitsverbandes und der Grundentlastung bedingt war. Durch die zersplitterte revolutionäre Bewegung endete die Revolution in politischer Hinsicht auch für das Bürgertum mit einer Niederlage.

Der Neoabsolutismus förderte die Entwicklung des nationalen Kapitals und versuchte durch Repressionen gegen die Arbeiter den inneren Frieden zu sichern. Die errungenen Freiheiten der bäuerlichen Landbevölkerung wurden allerdings nicht mehr angetastet. Die Grundentlastung wurde zwar in der Revolution initiiert, die Durchführung oblag aber der Konterrevolution. Daher konnte sich die Grundherrschaft in der Entschädigungsfrage und insbesondere beim neuen Jagdrecht und der Servitutenregelung zum Nachteil der Bauern durchsetzen.

Widersprüche zwischen gutsherrlich-feudaler und kapitalistischer Produktionsweise

Die gutsherrlich-feudale Produktionsweise ließ neue Produktionstechniken nicht zu: Die Dreifelderwirtschaft war die herrschende Produktionstechnik, und die Einführung der Fruchtwechselwirtschaft mit Klee-Einsaat konnte sich deshalb in großem Ausmaß nicht durchsetzen, da die Grundherrn den Anbau anderer als abgabepflichtiger Früchte unterbanden. So war es nicht die Unwissenheit der Bauern, die der Einführung neuer Produktionstechniken entgegenstand, als vielmehr die gutsherrlich-bäuerliche Verfassung. Selbst auf den Eigenwirtschaften der Grundherrn (Gutshöfe) konnte nur mit Schwierigkeiten zu einer neuen Produktionstechnik übergegangen werden, weil die Frondienste genau festgelegt waren. Auch machte sich bei den Bauern ein zunehmender passiver Widerstand gegen die Fronarbeit bemerkbar.[66] So kam es dazu, dass die gutsherrlich-feudale Produktionsweise durch ihre Ineffizienz in Widerspruch zur kapitalistischen Produktionsweise geriet.[67]

---

66 Vgl. V. Bibel, Die niederösterreichischen Stände im Vormärz, Wien 1911, S. 194. Viktor Bibel berichtet von den Klagen der Stände über die schlechte Arbeitsmoral der Bauern. Die Robot sei nur eine Schule für Knechte und Kinder, wie man unter den bloßen Schein der Arbeit möglichst wenig zu leisten vermöge. Vergleiche auch: H. Hofbauer, A. Komlosy, Das andere Österreich. Da riss den Bauern die Geduld. Widerstand gegen Herrschaftsrechte im niederösterreichischen Vormärz. Wien 1987, S.98ff.

67 So hat ein Vertreter der Grundherrn, Graf Harrach, schon 1769 die Befreiung des bäuerlichen Eigentums als Voraussetzung für die Leistungssteigerung in der Landwirtschaft gefordert (vgl. H.

Einen weiteren grundlegenden Widerspruch zwischen feudaler und kapitalistischer Produktionsweise stellt das Wesen bestimmende Merkmal am Feudalismus, nämlich das Untertänigkeitsverhältnis, dar. Die „freie" Arbeitskraft ist Vorbedingung kapitalistischer Produktion. Deren Durchsetzung war erst nach Aufhebung des feudalistischen Untertänigkeitsverhältnisses möglich.

Als dritter grundlegender Widerspruch wären die Erfordernisse des absolutistischen Staates zu nennen.[68] Der absolutistische Staat benötigte Geld für Heer, Krieg und Aufbau sowie zur Erhaltung der Bürokratie. Daher griff der absolutistische Staat in die gutsherrlich-feudalen Verhältnisse ein, um das Steuerobjekt (Bauer) zu sichern, bzw. förderte er die steuerkräftigeren, kapitalistischen Betriebe (Manufakturen, Fabriken).

Staatliche Eingriffe in die gutsherrlich-feudalen Verhältnisse (Der Absolutismus als Übergangsstaat von der feudalen zur kapitalistischen Produktionsweise)

Zu Beginn hatte der absolutistische Staat das Untertanenverhältnis nicht beeinflusst. Die Untertänigkeit wurde als wirtschaftliche Beziehung zwischen Grundherrn und Bauern betrachtet. Der Staat kümmerte sich z. B. nicht darum, ob und warum die in ihren Rechten arg verletzten Untertanen den Prozessweg in zweiter Instanz nicht beschritten. Die ersten schwachen Eingriffsversuche in das Untertanenverhältnis erfolgten aufgrund fiskalischer Überlegungen. Der Bauernschutz war notwendig, um die Kontributionsfähigkeit der Bauern zu erhalten. Die Gutsherren dehnten durch Abstiftung oder/und Legung der Bauern ihr Herrenland auf Kosten des Bauernlandes aus und überwälzten die Steuerlast der „gelegten" Gründe auf die verbleibenden Rustikalisten. Diese waren immer weniger in der Lage, die festgesetzten Steuern zu zahlen. Damit ergaben sich zunächst Steuerrückstände, und à la longue erfolgte ein Sinken der untertänigen Steuerkraft. Zur Erhaltung dieser Steuerkraft war es nur folgerichtig, dass die staatlichen Interventionen von der Anlegung des Steuerkatasters und Untersagung der Einziehung von Bauernland bis zu der gesetzlichen Regelung des Untertänigkeitsverhältnisses immer massiver und damit auch wirksamer wurden. Nicht die Bauernbefreiung (d. h. die völlige Auflösung des Untertanenverhältnisses), sondern lediglich Bauernschutz war das Ziel der staatlichen Interventionen des Absolutismus.

Kallbrunner, Der Väter Saat, Wien 1963, S. 44).
68 Vgl. auch: G. Scheer, Entwicklung des österreichischen Agrarsystems. Manuskript, Institut für höhere Studien und Wissenschaftliche Forschung. Wien 1974, S. 3

Die wesentlichen Maßnahmen des Absolutismus waren:[69]

- die Verwaltungsreform (u. a. war für den Schutz der bäuerlichen Bevölkerung gegen die Herrschaften die Einrichtung von Kreisämtern - 1747 bis 1756 - sehr wichtig)
- Steuerrektifikation (1748): Einbeziehung des Herrenlandes in die Steuerpflicht
- die Urbarialregelung (1769): Regulierung und Dokumentierung aller Untertanenschuldigkeiten und Ansprüche
- Maßnahmen gegen das Bauernlegen (Reskript 1750/1751)
- das Hutweidenteilungspatent (1768) und die Nachtragspatente (1770 bis 1775): Sie ordneten die Aufteilung aller in Gemeinschaftsbesitz befindlichen Hutweiden („gemaine Weide") an. Die „gemainen" Weiden wurden nach Grundbesitzgröße der Bauern aufgeteilt. Die Herrschaften bekamen grundsätzlich die Hälfte der Weide. Häusler und Inleute wurden ausgeschlossen.[70]
- die Umwandlung von uneingekauften Rustikalisten in eingekaufte Rustikalisten (1770, 1773)
- die Aufhebung der gutsherrlichen Arbeitsverfassung auf den Hofgütern (Domänen) ab 1775 (nach dem Domänendirektor Raab „Raabsches System" genannt).

Damit sind nur die wesentlichsten Maßnahmen unter Maria Theresia aufgezählt. „So wohltätig die theresianischen Reformen für die untertänige Bevölkerung gewesen sind, so darf man bei Ihrer Würdigung niemals außer Acht lassen, dass sie nicht die Aufhebung, sondern die Konservierung der alten ländlichen Verfassung unter Abmilderung und Beseitigung ihrer Auswüchse bezweckten."[71]

So wandelte das „Leibeigenschaftsaufhebungspatent" (1781) die Erbuntertänigkeit in eine gemäßigte Untertänigkeit um, d. h. Freizügigkeit in Bezug auf Verehelichung, Berufswahl und Niederlassung und Verschuldung; Aufhebung der Zwangsgesindedienste. In die öffentlichrechtliche Funktion der Obrigkeit wird durch das Leibeigenschaftsaufhebungspatent nicht eingegriffen, auch das Fronproblem wurde nicht angetastet.

69　Einen gut kommentierten Überblick der Maßnahmen des Absolutismus siehe in: K. Grünberg, Die Bauernbefreiung in Österreich-Ungarn a.a.O., S. 517ff.

70　Zu den eminenten Folgen dieses Patents für die Verschärfung der sozialen Differenzierung siehe weiter unten.

71　K. Grünberg, Die Bauernbefreiung in Österreich-Ungarn a.a.O., S. 569

Die Steuer- und Urbarialregelung (1789) sah folgendermaßen aus: 69 % des Grundertrages den Bauern, 13,33 % dem Staat (allgemeine Grundsteuer), 17,66 % maximal dem Grundherrn. Jeder darüber hinausgehende Prozentwert wurde abgestellt, ohne dass die Herrschaft irgendwelche Ablöse erhalten sollte. Weiters sah diese Regelung eine Zwangsverwandlung aller herrschaftlichen Ansprüche in eine einheitliche Geldleistung vor.

Diese letzte Maßnahme hätte die Beseitigung der „feudalen Verfassung" bedeutet. Sie stieß daher auch auf besonders harten Widerstand von Seiten der Herrschaften und Stände, insbesondere in Ungarn. Joseph II. musste daher wenige Tage vor seinem Tode alle Reformen, ausgenommen die „Leibeigenschaftsaufhebung" (mit Reskript vom 28. Jänner 1790) zurücknehmen. Nach seinem Tode wurde die Steuer- und Urbarialregelung auch für die übrigen Länder zurückgenommen. Von 1790 bis zur Revolution von 1848 stagnierten die reformerischen Eingriffe des Staates in die gutsherrlich-bäuerliche Verfassung.

Die Reformen des Absolutismus schufen die Grundvoraussetzung der kapitalistischen Produktionsweise: Die „Befreiung" der Bauern (freie Berufswahl und freie Niederlassungswahl) ist die Grundbedingung dafür, dass Arbeitskraft zur Ware werden kann. Die soziale Differenzierung und Pauperisierung der Bauern (Teilung des Gemeindeeigentums zwischen Bauern und Grundherrn unter Ausschluss der Häusler und Inleute)[72] produzierte die erste industrielle Reservearmee.

Die Aufhebung der gutsherrlich-feudalen Verhältnisse (Die Grundentlastung und ihre Folgen)

Durch die Grundentlastung wurden die Untertänigkeit und das schutzobrigkeitliche Verhältnis sowie alle mit dem Grund und der Grundherrschaft zusammenhängende Lasten aufgehoben. Die Grundentlastung wurde vom konstituierenden Reichstag beschlossen; ihre Durchführung lag dann allerdings in der Hand des gegen die Revolution siegreichen Absolutismus.

Es erfolgte die Ablöse (Entschädigung) der Grundlasten auf drei verschiedene Arten:[73]

a. ohne Entschädigung aufgehoben wurden Rechte der Grundherrschaft, die aus dem persönlichen Untertänigkeitsverhältnis über Personen herrühr-

---

72   Siehe nächster Abschnitt.
73   Vgl. K. Grünberg, Die Grundentlastung a.a.O., S. 53

ten, wie Robotleistung, Spinnschuldigkeiten etc. von Inleuten und unbefelderten Häuslern.

b. gegen billige Entschädigung wurden jene Rechte beseitigt, welche aus dem Obereigentum der Herrschaft über Grund und Boden herrührten, also alle Urbarialleistungen wie Frongelder, Zehentgelder und die Arbeitsleistungen (Robot) der Bauern. Die Ablöse gegen billige Entschädigung erfolgt in der Art, dass der Wert der Leistung berechnet wurde: Der Grundherr musste auf ein Drittel verzichten, der Bauer und der Staat bezahlten je ein Drittel an den Grundherrn.

c. voll abgelöst wurden alle Leistungen, die mit der Teilung des Eigentums zusammenhingen oder an Kirchen, Schulen, Pfarren etc. zu erbringen waren.

Mit der Grundentlastung[74] wurde das feudale Untertänigkeitssystem rechtlich beseitigt, d. h. die Grundentlastung wirkte:

d. auf die persönliche Rechtsstellung der Untertanen durch Aufhebung des Untertänigkeitsverhältnisses und

e. auf das Realverhältnis durch Beseitigung des grundherrlichen Obereigentums.[75]

Sozial gesehen entstand mit der Auflösung des gemäßigten Untertänigkeitsverhältnisses das Agrarproletariat. Erst jetzt waren die Landarbeiter frei in der Weise, dass sie ihre Arbeitskraft verkaufen konnten. Daher dürfte man, streng genommen, erst ab 1848 von einem Agrar- oder Landproletariat sprechen.

Die Entschädigungssummen, welche die Gutsherren kassierten, führten einerseits in der Landwirtschaft zur Einführung neuer Produktionstechniken, andererseits investierten die Grundherrn in die entstehende Industrie (insbesondere in die Agrarindustrie: Brauereien, Zuckerfabriken, Mühlen, Brennereien etc.). Sie kurbelten so die kapitalistische Entwicklung an. Für die Bauern war die Grundablösung eine schwere materielle Belastung. Insbesondere die Ablösung und/oder Regelung der Wald- und Weideservitute (1853) bewirkte eine noch schärfere soziale Differenzierung und eine Verarmung der Kleinbauern.[76]

---

74 Eine der Folgen der in Aussicht gestellten Grundentlastung auf politischem Gebiet war der Abfall der Bauern von der revolutionären Bewegung.

75 Vgl. K. Grünberg, Die Grundentlastung a.a.O., S. 52

76 Vgl. O. Bauer, Der Kampf um Wald und Weide a.a.O., S. 106

Exkurs: Hans Kudlich – ein Bauernbefreier?

Nach der Niederwerfung der letzten großen Bauernaufstände im 17. Jahrhundert haben die Bauern nicht resigniert. Es gab bis zur Grundentlastung 1848 laufend Unruhen, Zusammenrottungen und kleinere Aufstände der Bauern gegen die Ausbeutung durch die Grundherren. Neben diesem aktiven Widerstand wurden viele Formen des passiven Widerstands praktiziert, wie: Robot- und Zinsverweigerung, schlampiges und langsames Arbeiten bei der Robot am „Herrenhof" (heute würde gesagt werden: „sie machen Dienst nach Vorschrift").

Die Revolution von 1848 hat das feudale Abhängigkeitsverhältnis der Bauern vom Grundherrn gewaltsam gesprengt. Mit der Grundentlastung wurden die Bauern freie, persönlich unabhängige, auf ihrem eigenen Grund und Boden wirtschaftende Bauern. Solche „freie Bauern" hat es in einigen Alpenländern der Monarchie schon vor 1848 bzw. immer gegeben, so zum Beispiel in Tirol.

Wie kam es zur österreichischen Revolution und zur Grundentlastung? Die treibenden gesellschaftlichen Kräfte der Revolution waren das Bürgertum, die Bauern, die Studenten und die Arbeiter.

Der März 1848 sah den ersten großen Aufstand in Wien. Der Kaiser versprach den Aufständischen eine neue Verfassung, die dann aber abgelehnt wurde. Es kam im Mai 1848 zu einem neuen Aufstand mit dem Erfolg, dass ein verfassungsgebender (konstituierender) Reichstag gewählt werden sollte. Die Wahl zu diesem konstituierenden Reichstag war eine mittelbare Wahl, d.h. die Wahlberechtigten wählten in jedem Bezirk Wahlmänner und diese wählten dann Abgeordneten zum Reichstag. Bei dieser Wahl der Wahlmänner durfte nicht die gesamte Bevölkerung wählen, sondern nur die Adeligen, die Bauern und ein Teil der Arbeiter (Fabrikarbeiter). Nicht wählen durften die Frauen (einzige Ausnahme: ledige, adelige Gutsbesitzerinnen) sowie das große Heer der Landarbeiter, Taglöhner und Dienstboten.

Alle Bauern wählten durchwegs Bauern als ihre Wahlmänner und diese bäuerlichen Wahlmänner versuchten dann, einen Bauern in den Reichstag zu bringen. Die Bauern arbeiteten in vielen Wahlbezirken mit den Studenten zusammen, was für die damalige Zeit zu modernen Wahlwerbungsmethoden führte. So wurden zum Beispiel unter den Bauern Flugblätter folgenden Inhalts verteilt: „Wählt keinen Beamten, keinen Geistlichen und keinen Gutsbesitzer als eueren Vertreter, sondern nur einen Bauern aus euerer Mitte."

Es gelang den Bauern insgesamt 97 Bauernabgeordnete in den Reichstag zu senden. Alle Bauernabgeordneten setzten sich intensiv für die Interessen der Bauern ein; sie hatten aber bei weitem nicht die Mehrheit. Im Reichstag gab es vier Fraktionen: die „Linken", sie vertraten die Interessen des liberalen Bürgertums. Die Linken traten zwar für die Aufhebung der persönlichen und wirtschaftlichen Abhängigkeiten der Bauern ein, waren aber im Gegensatz zu den Bauernabgeordneten entschieden gegen eine tief greifende Agrar- und Bodenreform. Die „Rechten", diese Fraktion wurde vom konservativen feudalen Adel und der Geistlichkeit gebildet. Sie vertraten die Interessen der Gutsbesitzer und des Kaiserhauses. Die „Frackpolen", diese Fraktion bildete sich aus adelig-bürgerlichen Abgeordneten, welche das Kaiserhaus und die Rechten unterstützten; sie bildeten aber keinen einheitlichen Block. Die „Bauernabgeordneten" traten entschieden für die Interessen der Bauern ein und verlangten eine sofortige Grundentlastung, ohne dass die Bauern oder der Staat dafür etwas bezahlen sollten, ganz im Gegenteil, sie argumentierten, dass nicht die Bauern den Gutsherrn für die Aufhebung der Robot- und Zinsleistungen zu entschädigen habe, sondern der Gutsherr soll die Bauern für die Jahrhunderte lange Ausbeutung entschädigen.

Die Bauernabgeordneten wurden auf Grund ihrer einfachen Sprache und ihres unkonventionellen Verhaltens nicht nur von den konservativen sondern auch von den „linken" (liberalen) Fraktion verhöhnt und verspottet und es wurde versucht, sie und ihre Argumente nicht ernst zu nehmen. So hat sich auch die herrschende Geschichtsforschung in Österreich bis heute nicht wirklich mit den Bauernabgeordneten beschäftigt. In den Geschichtsbüchern und im Schulunterricht wird auch heute noch ganz zu Unrecht Hans Kudlich als österreichischer Bauernbefreier gefeiert.

Hans Kudlich war der jüngste Abgeordnete der „linken" Fraktion im Reichstag, und primär auf Grund seiner Jugend wurde er von seiner Fraktion bestimmt, am 26.Juli 1848 folgenden Antrag im Reichsrat zu stellen: „Von nun an ist das Untertänigkeitsverhältnis mit allen daraus entsprungenen Rechten und Pflichten aufgehoben, vorbehaltlich der Bestimmung, ob und wie eine Entschädigung zu leisten sei." Dieser Antrag zeigt deutlich, dass Kudlich nicht den ihm später von der liberalen Publizistik und Geschichtsschreibung zuerkannten Namen des „österreichischen Bauernbefreiers" verdient. Denn mit den Roboten, Zehenten und Zinsen wollte er auch alle Servitutsrechte der Bauern auf Nutzung der herrschaftlichen Wälder und Weiden aufheben. Weiters wollte er für die Aufhebung der Robot und Zinsen den Grundherrn eine Entschädigung durch die Bauern zukommen lassen. In vielen anderen Reden im Reichstag pries er sogar die „Hochherzigkeit" der ungarischen und galizischen Aristokratie, welche sich in Wirklichkeit als wahre Bauernschinder hervorgetan hatten. Er warnte immer wieder vor der „gefährlichen Stimmung in den Provinzen" und der „drohenden Anarchie" von Seiten der Bauern.

In Kudlich einen Kämpfer für die Rechte und Interessen der Bauern zu sehen ist einer der zahlreichen Irrtümer in unseren Geschichtsbüchern und im Schulunterricht. Die Bauernabgeordneten und einige Fraktionskollegen Kudlichs traten viel vehementer und zielstrebiger für die Interessen der Bauern ein. Der polnische Historiker Roman Rosdolsky hat die Rolle der Bauernabgeordneten im konstituierenden österreichischen Reichstag 1848-1849 analysiert und darüber ein äußerst lesenswertes Buch geschrieben.[77] Die Rolle Kudlichs in der österreichischen Revolution lag im Versuch, die Provinzen gegen das Kaiserhaus zu mobilisieren, was ihm auch eine massive politische Verfolgung eintrug, der er sich durch seine Flucht in die Schweiz und später nach Amerika entziehen konnte.[78]

Die soziale Differenzierung, der „Klassenkampf" im Dorf und die Entstehung des Landproletariats[79]

Wo in der Zeit der Kolonisation freie Ansiedler gemeinsam das Kolonisationswerk (Rodung, Urbarmachen, Siedlungsbau etc.) betrieben, waren sie bestrebt, eine möglichst gleiche Verteilung des Besitzes zu erreichen. Die Fluren wurden in Gewanne geteilt und jedem Hof (wahrscheinlich durch Auslosung) eine oder mehrere Parzellen zugeteilt. Bei Ansiedelung durch den Grundherrn kam es auf vollkommene Besitzgleichheit der Ansiedler nicht an, trotzdem hat sich

---

77   R. Rosdolsky, Die Bauernabgeordneten im konstituierenden österreichischen Reichstag 1848-1849. Wien 1976

78   Vgl. A. Zauner, Frei von Robot und Zehent, Hans Kudlich und die Bauernbefreiung 1848, in: Oberösterreichische Heimatblätter, Jhg. 32/1978

79   Hier wird der Begriff Landproletariat verwendet, ohne auf die Diskussion dieses Begriffes näher einzugehen. Die bürgerlichen Autoren verwenden den Begriff „unterbäuerliche Schichten" statt Landproletariat, so z. B. G. Franz, Geschichte des deutschen Bauernstandes, Stuttgart 1970, S. 214ff. E. Bruckmüller (Bäuerlicher Konservativismus in Oberösterreich, Sonderdruck aus Zeitschrift für bayrische Landesgeschichte, Bd.37, Heft 1, 1974. S. 126 und S. 137) kritisiert die Verwendung des Begriffes Landproletariat bei T. Kolossa (Beiträge zur Verteilung und Zusammensetzung des Agrarproletariats in der österreichisch-ungarischen Monarchie (Studia Historica Academiae Scientiarum Hungaricae 51). Budapest 1961, S. 239—265). Dieser Kritik kann nicht zugestimmt werden, denn der Hinweis, dass die Zusammenfassung von sehr verschiedenen Gruppen von Landarbeitern unter dem Begriff „Landproletariat" zu sehr die bestehenden Unterschiede verwische, übersieht, dass alle Gruppen ein wesentliches Merkmal gemeinsam haben, nämlich ihre Arbeitskraft verkaufen zu müssen, wenn auch noch nicht auf einem industriell-kapitalistischen Markt.

keine allzu große Besitzungleichheit unter den Bauern eines Dorfes oder Gebietes entwickelt, solange der Wald frei war und von jedermann gerodet werden konnte. „Erst als die Wälder gebannt waren, die Rodung verboten war, setzte der Prozess der sozialen Differenzierung innerhalb der Dörfer ein."[80]

Durch den im Zuge des Aufschwungs des Berg- und Hüttenwesens und des Städtebaus erfolgten „Waldraub der Fürsten" waren die Bauern gezwungen, ihre Besitzungen unter den Kindern zu teilen. Aus den Huben wurden Dreiviertel-, Halb- und Viertelhuben.[81] Zugleich entwickelten sich im Dorf Bevölkerungsschichten, die nicht mehr zu den Bauern gerechnet wurden, wie Keuschler, deren Grundbesitz zur Deckung des Lebensunterhalts nicht ausreichte, und die daher auf Lohnarbeit auf fremden Gütern angewiesen waren. Unter den Keuschlern standen die Häusler (auch Söllner, Sölleute, Söllhäusler genannt, da sie ein Sölde, d. h. ein Haus ohne Grund besaßen). Unter den Häuslern standen als unterste soziale Schicht der Landbevölkerung die Inleute. Sie besaßen kein eigenes Haus, sondern wohnten in den Bauernhäusern.

Als die Weidenutzung im Wald eingeschränkt wurde, entbrannte ein Kampf im Dorf um die „gemaine" Weide. Die reichen, besitzenden Bauern forderten, dass die Nutzung der „gemain" entsprechend dem Grundbesitz geregelt werde, die Armen des Dorfes (Keuschler, Häusler und Inleute) forderten, dass jedes Gemeindemitglied gleich viel von der Nutzung haben sollte, der Reiche nicht mehr als der Arme. Dieser „Klassenkampf" endete meist mit dem Sieg der Reichen. Es setzte sich allgemein der Grundsatz durch, dass jeder nur soviel Vieh auf die gemeine Weide treiben dürfe, als er im Winter mit dem auf eigenem Grund geernteten Futter ernähren könne. Das heißt, die Inleute und Häusler wurden von der Nutzung der freien, gemeinen Weide gänzlich ausgeschlossen, sie durften sie nur gegen Zahlung eines Zinses nutzen; das Nutzungsrecht der Keuschler wurde eingeschränkt. Ähnlich wurde auch die Nutzung des gemeinen Waldes geregelt: Der Grundsatz, dass die Weide nur nutzen dürfe, wer einen eigenen Stall hat, setzte sich auch bei der Waldnutzung durch. Auch den gemeinen Wald durfte nur nutzen, wer einen eigenen Herd hatte.[82] Je mehr der Landesfürst die Waldnutzung einengte und der Grundherr seine Eigenwirtschaft auf Kosten der gemeinen Weide ausdehnte, umso heftiger wurde der „Klassenkampf" im Dorf um die Nutzungsrechte an Gemain-Wald und Gemain-Weide. Der Kampf führte fast immer zum Ausschließen oder zumindest zur Einschränkung der Nutzungsrechte der Ärmsten (Inleute). „So entstand

---

80 O. Bauer, Der Kampf um Wald und Weide a.a.O., S. 64
81 Vgl. F. Tremel, Wirtschafts- und Sozialgeschichte Österreichs a.a.O., S. 117
82 Vgl. O. Bauer, Der Kampf um Wald und Weide a.a.O., S. 68

unterhalb der Bauernschaft ein Dorfproletariat, ... (das) von der Weide-, Holz- und Streunutzung ausgeschlossen (war und daher) keine selbständige Wirtschaft führen (konnte). Es stellte für die Bauern und Grundherrn die Taglöhner und das Gesinde, der entstehenden kapitalistischen Hausindustrie die Arbeitskräfte, kapitalistischen Manufakturen und Bergwerken die Lohnarbeiter. Auch die Geschichte des Klassenkampfes um die Nutzung der „Gemain" ist als ein Teil der Entstehungsgeschichte des ihres Eigentums an allen Produktionsmitteln beraubten, daher auf Lohnarbeit im Dienste der Eigentümer der Produktionsmittel angewiesenen Proletariats anzusehen, der Entstehungsgeschichte des Kapitalismus."[83]

Eine wesentliche Verschärfung der sozialen Differenzierung des Landvolkes brachten die Reformen des Absolutismus, insbesondere die Hutweidenteilungspatente (1768, 1770, 1775), die die Inleute und Häusler von der Teilung ausschlossen und die gemaine Weide nach Besitzgröße in Individualbesitz aufteilten. Der Herrschaft wurde die Hälfte des Grundes als ihr Eigentum zugerechnet, egal, ob sie früher die gemaine Weide mitbenutzte oder nicht. Hier zeigt sich deutlich, dass die These Otto Bauers, es sei eine Legende, dass der Absolutismus ein Befreier und Beschützer der Bauern gewesen wäre, richtig ist.[84]

Die soziale Differenzierung im Dorf setzte sich mit der Grundentlastung fort. Hatte der klassische Absolutismus unter Joseph II. die Nutzung der gemeinen Weide aufgeteilt und dabei wiederum die ärmeren Schichten des Dorfes von der Teilung ausgeschlossen, so setzte der Neoabsolutismus mit der Servitutenablöse bzw. Servitutenregelung (1849) diese Praxis des Ausschlusses der unteren Schichten fort. Den bereits viel Besitzenden wurde viel gegeben, den weniger Besitzenden wurde wenig gegeben, die „Habenichtse" gingen leer aus. Damit wurde die soziale Differenzierung nicht nur zwischen Bauern und Nichtbauern, sondern auch zwischen den Bauern selbst verstärkt. Walter Schiff schreibt über die Servitutenablöse und Servitutenregelung (1849), durch die den ärmeren Schichten des Dorfes die Berechtigung zur „kleinen Forstnutzung" entschädigungslos entzogen wurde: „Die weitaus größte ökonomische Bedeutung aber in dieser Beziehung hatte der unentgeltliche Wegfall der so genannten kleinen Forstnutzungen in den herrschaftlichen Waldungen, des Holzklaubens, Laubrechens, Stockrodens u. dgl. Das Recht zu diesen Nutzun-

---

83 Ebenda, S. 74
84 Vgl. O. Bauer, ebenda. S. 96. Otto Bauer arbeitet den Doppelcharakter des Absolutismus heraus: einerseits Förderung des Bauernschutzes (Festigung der individuellen Eigentumsrechte) und andererseits Ausbeutung der Bauern (Aufteilung des Gemeindebesitzes unter Berücksichtigung der Grundherrschaft des Landadels).

gen stand in allen Ländern den armen Hintersassen zu; indem dasselbe, soweit es sich nicht als eine auf privatrechtlichen Titel beruhende Servitute darstellte, ohne jedes Entgelt aufgehoben wurde, sind ganze Klassen der ländlichen Bevölkerung, und zwar gerade die ärmsten, arg geschädigt, ist ihnen eine wesentliche Grundlage ihrer wirtschaftlichen Existenz entzogen worden."[85]

Mit der Gemeindeordnung von 1849 wurden alle Realgemeinden in Einwohnergemeinden umgewandelt, ohne dass über das Gemeindegut nähere Bestimmungen erlassen wurden. Dies führte zu einem neuen, erbitterten „Klassenkampf" im Dorfe. Ging es bisher, im Jahrhunderte langen Kampf,[86] um die Nutzung des Gemeindegutes, so ging es nun um das Eigentum am Gemeindegut. Die Gemeindevertretungen wurden nach Wahlordnungen gewählt, die das Landproletariat von der Wahl ausschlossen. Daher verfügten die Privilegierten des Dorfes über die Mehrheit in der Gemeindevertretung. „Die Gemeindevertretungen, deren Aufgabe es gewesen wäre, das Gemeindegut, das die Privilegierten rauben wollten, zu verteidigen, waren selbst Organe der privilegierten Räuber. So ließen sie es widerstandslos geschehen, dass Wälder und Weiden, die seit unvordenklichen Zeiten der Gemeinde gehörten, in die Grundbücher als gemeinsames Privateigentum einiger Privatpersonen eingetragen wurden!"[87]

Damit war die Betriebsgrößenstruktur der land- und forstwirtschaftlichen Betriebe im Wesentlichen (wenn von den Bauernlegungen im letzten Drittel des 19. Jahrhunderts und zu Beginn des 20. Jahrhunderts abgesehen wird, die insbesondere die Betriebsgrößenstruktur in den österreichischen Bergbauerngebieten veränderten) vorgezeichnet, wie sie bis heute noch erhalten ist.[88]

---

85   W. Schiff, Die Regulierung und Ablöse der Wald- und Weideservituten, in: Geschichte der österreichischen Land- und Forstwirtschaft, I. Bd., S.111, zitiert in: K. Dinklage, Die landwirtschaftliche Entwicklung, in: A. Brusatti (Hrg.). Die Habsburgermonarchie 1848—1918, Bd. 1., S. 405

86   Vgl. O. Bauer, Der Kampf um Wald und Weide a.a.O., S. 115

87   Ebenda, S. 116

88   In Österreich hat es nie eine Bodenreform gegeben. Es hätte allerdings zwei historische Chancen gegeben: die eine war die Revolution von 1848. Damals war eine Bodenreform eher unwahrscheinlich. Hingegen 1918/19 wäre eine Bodenreform aufgrund des politischen Kräfteverhältnisses im Bereich des Möglichen gelegen, (eine genauere Begründung dieser These siehe nächster Teil). Der Auffassung, dass die österreichische Betriebsgrößenstruktur homogen sei und der Klein- und Mittelbetrieb dominiere und daher eine Bodenreform nicht notwendig sei, widerspricht eindeutig die extrem ungleiche Verteilung des Bodenbesitzes, vor allem beim Wald. Abgesehen von Gleichheitspostulaten wäre eine Bodenreform (Enteignung des Großgrundbesitzes) „moralisch" begründbar, wenn die Entstehungsgeschichte der Betriebsgrößenstruktur vom Beginn der Kolonisation bis heute berücksichtigt wird.

2.TEIL
BAUERN UND LANDWIRTSCHAFT
IM KAPITALISMUS

1. ALLGEMEINER ÜBERBLICK

Der Neoabsolutismus (1848-1867) wurde vom Heer, der Beamtenschaft, der Kirche, dem Großgrundbesitz und der Großbourgeoisie getragen. Schon im Neoabsolutismus begann das Bündnis zwischen Hochadel und Großbürgertum,[1] welches mit wechselnder Vormachtstellung die Zeit bis zum Untergang der Monarchie beherrschen sollte. War der Neoabsolutismus noch getragen von der Vorherrschaft des Hochadels (Großgrundbesitzes), so wurde mit der Verfassung von 1867 der Großbourgeoisie durch das Kurienwahlsystem der Einfluss auf politischem Gebiet gesichert. Das Wahlrecht wurde später auf weitere Gruppen, insbesondere das Kleinbürgertum und die Großbauernschaft, ausgedehnt. Erst mit Einführung des allgemeinen und gleichen Wahlrechts 1907 bekamen auch die Arbeiterklasse und die Kleinbauern formal Zutritt zur politischen Sphäre. Trotzdem blieb der Einfluss der Arbeiter auf das politische Geschehen sehr gering, „Großkapital und Großgrundbesitz beherrschten das politische Geschehen in der Monarchie bis zu ihrem Untergang."[2] Das Bündnis zwischen Bauern und Bourgeoisie bahnte sich in Österreich schon im letzten Viertel des 19. Jahrhunderts an. Je stärker die Arbeiterbewegung wurde, umso mehr war die Bourgeoisie gezwungen, sich um Bündnispartner umzusehen. Praktisch vollzogen wurde das Bündnis 1907 mit der Verschmelzung von Christlich-Sozialen und Konservativen (Kleinbürger, Bauern und Großgrundbesitzer). Dieses Bündnis war schon vor dem Weltkrieg gefährdet[3] und zerbrach im Ersten Weltkrieg, bzw. der Bruch wurde 1918/19 offensichtlich, als auch durch die Bauernschaft eine Bewegung ging, die nach einer Bodenreform verlangte.

Die Agrarpolitik ist, insgesamt gesehen, seit der ersten liberalen Phase (1867) bis heute von zwei wesentlichen, aber gegensätzlichen Strömungen bestimmt, die zwar meist gleichzeitig vorhanden sind, aber abwechselnd die Agrarpolitik bestimmen, nämlich (um es auf zwei Begriffe zu bringen) „Bauernschutz" (konservative Strömung der Agrarpolitik und Agrarökonomie) und „Anpassungsdoktrin" (liberale Agrarpolitik). Diese zwei konträren Strömungen kamen in der Monarchie einerseits in den Bestrebungen zum Abbau bzw. Aufbau von Agrarzöllen und andererseits dem Erschweren bzw. Erleichtern der Kommerzi-

---

1   Vgl. F. Tremel, Wirtschafts- und Sozialgeschichte Österreichs a.a.O., S. 324
2   Ebenda, S.320
3   So gründete Ferdinand Ritter v. Pantz 1911 eine eigene, unabhängige Partei zur Vertretung der Interessen der Viehzüchter.

alisierung des landwirtschaftlichen Bodens zum Ausdruck. In der Ersten Republik spielten die Agrarzölle noch eine bestimmte Rolle, insbesondere nach der Weltwirtschaftskrise. In der Zweiten Republik kommen diese Strömungen in den Bestrebungen zur größeren bzw. geringeren Reglementierung des Agrarmarktes zum Ausdruck.

Der „Klassenkampf" war 1848 zwischen Großgrundbesitzern und Bauern nicht beendet. Die Unterschiede zwischen Großgrundbesitz und Bauern traten insbesondere in der Agrarkrise des letzten Viertels des 19. Jahrhunderts sehr stark hervor. Die Bauern und der Großgrundbesitz hatten schon 1848 grundsätzlich verschiedene Ausgangsbedingungen. Die Gutswirtschaften konnten sich mit dem Kapital aus der Grundentlastung modernisieren, die Bauern mussten dieses Kapital erst aufbringen. Die Interessenvertretungen der Bauern wurden von Großgrundbesitzern dominiert, was zu einer Nichtberücksichtigung der Interessen der Klein- und Mittelbauern führte. Dies bewirkte u. a. den Interessenkonflikt zwischen Getreide bauenden Großgrundbesitzern und Vieh haltenden Kleinbauern um die Agrarschutzzölle von der Jahrhundertwende bis in den Ersten Weltkrieg. In der Zeit der „Bauernlegung"[4] in den österreichischen Berggebieten benutzten die Großgrundbesitzer die wirtschaftliche Abhängigkeit der Bauern dazu, sie aus der landwirtschaftlichen Produktion zu vertreiben und ihre Gründe aufzukaufen.

In der Ersten Republik spielten die Genossenschaften bei der Erhaltung der Bauern eine wesentliche Rolle. Die wesentlichste Ursache für die Duldung der Genossenschaften durch Großkapital und Großgrundbesitz war das Bedürfnis der Bourgeoisie, die Bauern als Stütze gegen eine mögliche Revolution der Arbeiter zu erhalten.

Nach dem Zusammenbruch der Monarchie befand sich die Lebensmittelversorgung Österreichs in einer prekären Lage, da große Teile der österreichischen Landwirtschaft nicht für den Markt produzierten. Diese wurden in kurzer Zeit auf Marktproduktion umgestellt. So war die österreichische Landwirtschaft in den 1920er Jahren durch eine ungeheure Intensivierung geprägt.

Die Landwirtschaft überstand die Wirtschaftskrise (1929) von allen Wirtschaftssektoren noch am besten, wenn auch an ihr die Krise nicht spurlos vorüberging. Die Wirtschaftskrise führte wieder zu einer verstärkten Handhabung des Schutzzolls, insbesondere für die Landwirtschaft (Zucker und Vieh). Am

---

4 Der Aufkauf von bäuerlichen Gütern durch Nichtbauern im letzten Viertel des 19. Jahrhunderts und in den ersten Jahrzehnten des 20. Jahrhunderts wird von uns als „zweite österreichische Bauernlegung" bezeichnet werden. Eine genauere Analyse der zweiten österreichischen Bauernlegung und eine nähere Bestimmung des Terminus „Bauernlegung" siehe im folgenden Kapitel.

schwersten wurde die Forstwirtschaft durch die Krise getroffen. In der Zeit der deutschen Besetzung („Anschluss") wurde die österreichische Landwirtschaft nicht intensiviert, sondern eher extensiviert. Die Produktion auf landwirtschaftlichem Gebiet lag 1945, unter anderem durch Arbeitskräftemangel während des Krieges bedingt, danieder.

2. LIBERALISMUS UND LANDWIRTSCHAFT

Die Neuregelung des Erbrechts und die Folgen

Mit der neuen, liberalen Erbrechtsgesetzgebung (1868) wurden die für die Erbteilung geltenden Bestimmungen einer behördlichen Genehmigung aufgehoben.[5] Die alte, noch in der Zeit der Grundherrschaft erlassene Erbrechtsgesetzgebung war auf zwei Prinzipien aufgebaut: Das bäuerliche Gut musste einem einzigen Erben übergeben und dieser durfte durch die Hinauszahlung der anderen Erben nicht überlastet werden.[6] Eine etwaige Erbteilung war an die behördliche Genehmigung gebunden und die Zersplitterung durch Abverkauf von Parzellen war verboten. Der Liberalismus hat diese Schranken beseitigt. Das Bauernland wurde mobilisiert,[7] der Boden wurde zur Ware. Jeder Eigentümer konnte frei über jede Parzelle verfügen. Der Boden wurde auf dem Markt dem „freien Spiel der Kräfte" überlassen. Dies entsprach der Idee des Liberalismus, denn „wer eine Parzelle am bestem bewirtschaften kann, werde für sie den höchsten Preis bieten können; bei voller Verkehrsfreiheit werde daher schließlich jede Parzelle in die Hand des besten Wirtes übergehen und dadurch die Produktivität der Land- und Forstwirtschaft aufs höchste entfaltet werden."[8] Diese neue Regelung des Bodenverkehrs hatte verheerende Auswirkungen für die Landwirtschaft. Die Folge war eine Zersplitterung des Besitzes und eine Überschuldung der Hoferben durch die Erbabfindungslasten.[9]

Der Liberalismus schuf mit der Neuregelung des Erbrechts die gesetzlichen Voraussetzungen für das Bauernlegen in den österreichischen Berggebieten.[10]

---

5   Über das bäuerliche Erbrecht vor 1868 siehe: K. Grünberg. Studien zur österreichischen Agrargeschichte, Leipzig 1901, 3.Teil: Bestiftungszwang und bäuerliches Erbrecht vor 1868, S.179ff.; M. Hainisch, Die Landflucht, ihr Wesen und ihre Bekämpfung im Rahmen einer Agrarreform. Jena 1924, S. 259-284

6   Vgl. M. Ertl, Geschichte der Land- und Forstwirtschaft, in: Geschichte der Land- und Forstwirtschaft. Hrg. K. Grünberg, Bd. I. Wien 1899, S. 474ff.

7   Die Fideikommisse des adeligen Großgrundbesitzes aber blieben bestehen!

8   O. Bauer. Der Kampf um Wald und Weide a.a.O., S. 120

9   In Tirol ist das liberale Erbfolgegesetz nie in Kraft getreten, das Anerbenrecht bestand weiter. Die Hypothekarverschuldung der Bauern Tirols war im Vergleich zu den anderen Ländern relativ gering, was Grabmayr auf das Anerbenrecht zurückführt (vgl. K. v. Grabmayr, Schuldnoth und Agrar-Reform. Meran 1894, S. 14)

10   Das 1889 als Rahmengesetz beschlossene „Höferecht" sah daher wieder Beschränkungen der freien Testierbarkeit und des Verkehrs von bäuerlichen Anwesen vor. Es stieß auf heftigen Widerstand der Großgrundbesitzer, der Industrie- und Finanzmagnaten und auch der Bauern (vgl. F. R. v. Pantz, Die Bauernlegung in den Alpentälern Niederösterreichs. Wien 1905, S. 21). Es trat daher

Der „beste Wirt" war nicht der Bauer, der den Boden bearbeitete, sondern der Großgrundbesitzer (Fürsten, Barone etc.) und die Industrie- und Finanzmagnaten.[11]

Tabelle 1:
Vom Großgrundbesitz gelegte Bauerngüter in einigen Bezirken der Steiermark und Niederösterreichs

Bezirk Gutsname (Zeitspanne)	Zahl der aufgekauften Bauerngüter	Fläche der aufgekauften Güter in ha ³	Vergrößerung des Gutsbesitzes durch den Ankauf in %	Anmerkung
Bezirk Liezen Stift Admont (1885-1913)	41	1.261	12,26	Ankauf insb. v. beim Stift servituts-berechtigten Gütern
Georg Plange (1890-1930)	11	3.156	712,41	f. Jagdzwecke
Bezirk Rottenmann M. R. v. Gutmann	20	6.525	389,18	
W. v. Oswald (1873-1913)	14	1.130	256,23	
versch. andere Groß-grundbesitzer (1873-1913)	94	11.779	122,94	
Bezirk Gutenstein Oskar Berl (1883-1905)	10	1.814		
Karl Wittgenstein (1893-1905)	4	1.777		

nur in Kärnten und in Tirol in Kraft und blieb, da es regional beschränkt war und die Idee des Rahmengesetzes arg verwässert wurde, ohne nennenswerte Wirkung. Das in diesem Gesetz vorgesehene Verbot des Hoferwerbes seitens von Großgrund- und Jagdgutbesitzern blieb daher ohne Auswirkung auf den Ankauf von Bauerngütern zu Jagdzwecken.

11 Vgl. O. Bauer. Der Kampf um Wald und Weide a.a.O., S. 139; F. R. v. Pantz, Die Bauernlegung a.a.O., S 9-13; K. Uitz, der Rückgang des bäuerlichen Besitztums in den Alpenländern, seine wichtigsten Ursachen und die Mittel zu seiner Bekämpfung, in: Zeitschrift für Volkswirtschaft, Sozialpolitik und Verwaltung, 24. Bd. Wien 1915, S. 233-236. Solche Industrie- und Finanzmagnaten waren in Niederösterreich: Rothschild, K. Wittgenstein, O. Berl, K. u. A. Goebl, K. Kuppelwieser und andere; in der Steiermark: M. R. v. Gutmann, P. R. v. Schoeller, R. v. Aichinger. G. Plange, W. v. Oswald und andere.

K. u. A. Goebl (1883-1905)	10	1.544		
Bezirk Gaming K. Kuppelwieser (1893-1905)	27	1.225		

Zusammengestellt und berechnet nach folgenden Quellen:
K. Uitz, Der Rückgang des bäuerlichen Besitztums in den Alpenländern, seine
wichtigsten Ursachen und die Mittel zu seiner Bekämpfung, in: Zeitschrift für
Volkswirtschaft, Sozialpolitik und Verwaltung, 24 Bd., Wien 1915, S. 233-236.
F. Ritter v. Pantz, Die Bauernlegung in den Alpentälern Niederösterreichs, Wien
1905

Im letzten Drittel des 19. Jahrhunderts machte sich eine ungeheure Verschuldung der landwirtschaftlichen Betriebe bemerkbar, die zu zahlreichen Zwangsexekutionen führte.[12]

---

12 Einen sehr guten Überblick über die Verschuldung und die Zwangsexekutionen in der österreichischen Landwirtschaft im Zeitraum von 1868 bis 1892 liefern K. v. Grabmayr, Schuldnoth und Agrar-Reform a.a.O.; siehe auch E. Bruckmüller, Wirtschaftsentwicklung und politisches Verhalten der agrarischen Bevölkerung in Österreich, 1867-1914, in: Vierteljahrschrift für Sozial- und Wirtschaftsgeschichte 59/1972, S. 504ff. (Bruckmüller stützt sich überwiegend auf die Daten und Berechnungen Grabmayrs).

Tabelle 2:
Zunahme der Verschuldung und Zwangsexekutionen 1868 – 1892

Land	Vermehrung der Schulden in %		Hypothekarverschuldung in % des Ertragswertes 1892	Anzahl der Zwangsexekutionen 1868–1892	durchschn. Erlös für ein Exekutionsobjekt in Gulden	von 100 Erbfällen führen zur Neubelastung	Neubelastungswert durch Erbgang in % vom Gesamtwert aller Erbfälle	auf 100 Erbfälle entfallen Zwangsexekutionen 1868–1892
	Groß-betriebe	sonst. Besitz						
Niederösterreich	50,0	65,5	29,5	28.742	1.613	21,9	16,3	17,8
Oberösterreich	210,0	50,1	29,5	8.009	3.034	41,3	20,6	13,8
Salzburg		30,4	47,0	2.060	2.763	41,5	20,5	21,3
Steiermark	54,5	21,7	48,0	15.973	1.982	74,3	22,4	17,5
Kärnten	12,4	8,5	50,0	4.002	2.152	55,4	14,2	26,0
Krain	4,8	35,0	48,0	10.116	835	78,9	32,4	33,2
Böhmen	61,0	67,0	45,0	73.777	2.265	70,8	36,2	20,5
Mähren	33,7	56,7	30,0	34.118	1.348	52,2	27,7	17,2
Schlesien	19,8	103,0	58,0	4.876	2.555	65,0	26,8	15,0
Küstenland			46,0					
Galizien			26,0					
Bukowina			25,3					
Tirol			108,0	28.052	1.033	33,0	22,0	45,7

Quelle:

K. Grabmayr, Schuldnoth und Agrarreform, Meran 1894, S. 4, 8, 14, 20, 23.

Eine der wesentlichsten Ursachen der Verschuldung der Landwirtschaft und insbesondere der bäuerlichen Betriebe war das 1868 eingeführte neue Erbrecht. Besonders schwer wurden dadurch Betriebe mit schlechtem Produktionsstandort getroffen, die entweder nur teuer oder, aufgrund ihrer Entfernung von den Städten und Verkehrsmitteln, praktisch noch nicht für den Markt produzierten. So waren es insbesondere diese Betriebe, die eine hohe Verschuldung aufwiesen[13], und demzufolge kam es gerade bei diesen Besitzkategorien zu zahlreichen Zwangsexekutionen. Hinzu kam noch, dass gerade bei diesen Betrieben die Nebenerwerbsmöglichkeiten, wie Fuhrdienste, Köhlerei, Gäuhandel und Gäuhandwerk etc., mit dem Aufkommen der Eisenbahn und durch die Industrialisierung (Umstellung von Holz- auf Braunkohle, Verschwinden der nichtbäuerlichen Anlagen wie kleine Hammerwerke etc.) wegfielen.[14] Weiters wurde vielen Bergbauern durch die Servitutenregulierung bzw. Servitutenablösung die Existenzgrundlage genommen[15] und Industrie- und Finanzbarone sowie Großgrundbesitzer kauften meist zur Jagd- und Forstnutzung die Bergbauernwirtschaften auf. Dies führte zu einer Steigerung des Bodenpreises weit über den Ertragswert. Beim Erbfall orientierten sich die Erben meist am Verkehrswert, was zu einer unbewältigbaren Belastung des Besitzers führte. Viele Besitzungen wurden daher verkauft oder kamen später, infolge der Überschuldung, ins Zwangsexekutionsverfahren. Die aufgenommenen Hypotheken wurden vor allem in der Zeit der Agrarkrise zu besonders drückenden Lasten.

---

13 Wie aus Tabelle 2 (Zunahme der Verschuldungen und Zwangsexekutionen 1868–1892) zu entnehmen ist, hat die Verschuldung kleinere und ertragsärmere Betriebe getroffen. (Der Neubelastungswert in Prozent vom Gesamtwert aller Erbfälle liegt in allen Ländern unter dem Prozentsatz der Neuverschuldungen durch Erbgang. Hätte die Verschuldung alle Besitzkategorien gleich getroffen, so müsste dies in annähernd gleichen Prozentzahlen zum Ausdruck kommen)
14 Vgl. F. Tremel, Wirtschafts- und Sozialgeschichte Österreichs a.a.O., S. 342
15 Vgl. E. Bruckmüller, Wirtschaftsentwicklung und politisches Verhalten der agrarischen Bevölkerung a.a.O., S. 506

Tabelle 3:
Zunahme der Zwangsexekutionen 1868 – 1892 *)

	Jährliche Durchschnittszahl an Exekutionen	Durchschnittlicher Erlös eines Exekutionsobjekts in Gulden
I. 1868 -1877 (Periode des wirtschaftlichen Aufschwungs und guter Ernten)	4.378	2.240
Minimum 1874	3.539	
II. 1878 -1887 (Periode der Missernten und der Konkurrenz)	9.058	1.879
Maximum 1880	10.808	
III. 1888 - 1892	9.460	1.721

) In den Ländern mit geordnetem Grundbuch (ohne Küstenland, Vorarlberg, Tirol, Dalmatien, Galizien und Bukowina).
Quelle: K. Grabmayr, Schuldnoth und Agrarreform, Meran 1894, S. 21

Der Handel mit landwirtschaftlichem Boden wurde auch durch das Finanzkapital angefacht, welches sich nach dem Börsenkrach (1873) von den riskanten industriellen Unternehmungen ab und der florierenden Landwirtschaft zuwandte.[16]

Neben diesen Gründen der Hypothekarverschuldung (Erbabfindung, Kaufschillingreste) bildete die Aufnahme von Darlehen verschiedenster Arten wie Meliorations-, Betriebs- und Ausstattungskredite etc. eine weitere Ursache der Verschuldung.[17]

Die statistischen Daten geben keine Auskunft darüber, auf welche ursächlichen Zwecke sich die Darlehensaufnahme verteilt. So kann nur angenommen werden, dass Darlehen aufgenommen wurden, um eine Notzeit zu überstehen, um Steuerrückstände zu begleichen, um Verbesserungen durchzuführen, um Wirtschaftsgebäude zu erneuern, um weichende Erben hinaus zu zahlen etc. Zur Darlehensvergabe muss noch angemerkt werden, dass sie oft durch Wucherer erfolgte, oft durch jene, die sich als Käufer für die Wirtschaft interessierten,

---

16 Ebenda, S. 504; vgl. auch H. v. Schullern-Schrattenhofen, Die Bewegung im bäuerlichen Grundbesitze Niederösterreichs, in: Statistische Monatsschrift, XXI. Jg., Wien 1895, S. 248ff.
17 Vgl. K. v. Grabmayr, Schuldnoth und Agrar-Reform a.a.O., S. 17

wie Vieh- und Holzhändler, die Gutsherrn, die Jagdbesitzer etc., die neben horrenden Zinssätzen bei Rückzahlungsschwierigkeiten rücksichtslos den Besitz des Schuldners „unter den Hammer" brachten.[18]

Forstpolitik im Liberalismus

Der Holzbedarf war durch die rasche Industrialisierung enorm gestiegen. Die Eisen- und Stahlindustrie kaufte Herrschafts-, aber auch zahlreiche Bauernwälder auf, um den Holzbedarf ganz oder zum Teil aus eigenen Wäldern decken zu können. Auf diese Weise entstand z. B. der enorme Waldbesitz der Alpine Montangesellschaft. Besonders in der Obersteiermark gingen in den 1860er- und 1870er Jahren große Waldflächen in den Besitz der Stahl- und Eisenindustrie über.[19]

Mit dem Einsatz von Braun- und Steinkohle, der sich mit dem Eisenbahnausbau steigerte, nahm der Bedarf an Brennholz ab, dagegen stieg der Bedarf an Nutzholz (Bau-, Werk-, Bergwerkholz) und an Holz als Rohstoff. Durch den Ausbau des Verkehrswesens wurden weite Waldgebiete für den Holzmarkt interessant. Die Wälder wurden in Form von Kahlschlägen rücksichtslos abgeholzt, die Aufforstung erfolgte mit Monokulturen. Die Aufschließung des Waldes rentierte sich nur, wenn entsprechende Waldflächen niedergeschlagen wurden. So wurde überall in Österreich die Plenter- durch die Kahlschlagwirtschaft verdrängt. Der Wald in den österreichischen Berggebieten war bald in einem fürchterlichen Zustand, einerseits durch die rücksichtslose Nutzung, andererseits wurde gerade in den Bauernwäldern die Aufforstung vernachlässigt und oft unterlassen. Nicht viel besser erging es den Staatsforsten. Wie in jeder Kriegs- und Nachkriegszeit, so wurden auch nach den Kriegen von 1859 und 1866 große Teile des staatlichen Forstbesitzes verkauft.[20] Wurde ansonsten aus der Not der Finanzlage gehandelt, so spielte in den 1860er-und 1870er Jahren noch die Idee des Liberalismus mit, „dass nur die Überantwortung aller Pro-

---

18 Ein interessantes Dokument über diese Praktiken ist der Roman von Peter Rosegger, Jakob der Letzte. O.O. 1888

19 Vgl. O. Bauer. Der Kampf um Wald und Weide a.a.O., S. 120

20 Es wäre äußerst interessant, die Geschichte der österreichischen Staatsforste näher zu untersuchen und herauszuarbeiten, wie nach jedem verlorenen Krieg die Staatsforste an Privatpersonen verkauft oder/und geplündert wurden. Die Praxis des Verschleuderns von Staatsforsten in Zeiten von Finanznot ist bis in die Zeit der Zweiten Republik zu verfolgen und wurde schon unter Maria Theresia praktiziert. Die Staatsforste werden dann wieder langsam, unter Aufwendung großer finanzieller Mittel vergrößert, um in der nächsten Finanznotzeit (nach einem Krieg) erneut verschleudert zu werden.

duktionsmittel an das Privatkapital die Entfaltung der Produktivkräfte des Landes verbürge."[21]

Die liberale Regierung hatte damals sogar weite Teile des Wienerwaldes durch Abstockungsverträge der Plünderung freigegeben und die Anninger Forste verkaufen wollen. Dies stieß aber auf den Widerstand der Bevölkerung; und so gelang es, den Verkauf und die Abholzung zu verhindern.[22] In den 1880er Jahren versuchte der Staat seine Forste durch Waldkäufe wieder zu vergrößern.

21 Vgl. O. Bauer. Der Kampf um Wald und Weide a.a.O., S. 123

22 Besondere Verdienste um die Rettung des Wienerwaldes erwarb sich Josef Schöffel, der einen wahren Pressefeldzug gegen die Absichten der liberalen Regierung führte. Über den Verkauf der Staatsforste vgl. Guttenberg, Die Entwicklung des forstlichen Betriebes und seiner Einrichtungen, in: Geschichte der österreichischen Land- und Forstwirtschaft, IV. Bd. , S. 28. Zur Verschleuderung von Staatsforsten siehe auch das Beispiel in J. Schöffel, Erinnerungen aus meinem Leben. Wien 1905, S. 106 (Schöffel berichtet davon, dass 1863 die Staatsforste von Waidhofen a. d. Ybbs und Gaming verkauft wurden. Der Käufer schlug den Kaufschilling aus den Forsten und verkaufte sie um 30 % teurer als er sie gekauft hatte. Der neue Käufer machte dasselbe und verkaufte die Forste um das Dreifache des Einkaufspreises.)

3. DIE AGRARKRISE IM LETZTEN DRITTEL DES 19. JAHRHUNDERTS UND ZU BEGINN DES 20. JAHRHUNDERTS

Einige Stichworte zur Agrarkrise

Im Allgemeinen wird als Agrarkrise der Preisverfall am Getreidemarkt, verursacht durch die Konkurrenz des amerikanischen und russischen Weizens Ende der 1870er Jahre angeführt. Werden die einzelnen Alpenländer Österreichs untersucht, so zeigt sich ein recht differenziertes Bild. Der Verfall des Getreidepreises traf insbesondere die Getreidebauern von Nieder- und Oberösterreich, zum Teil auch Bauern im steirischen Alpenvorland sowie im Klagenfurter und Grazer Becken. Im übrigen Gebiet der Alpenländer dominierte die Viehhaltung, und die Viehwirtschaft hatte einen anderen Konjunkturverlauf als die Getreidewirtschaft.[23] Weiters betrieben noch sehr viele Bauern der Alpenländer (insbesondere marktferne) die Selbstversorgungswirtschaft und verkauften nur den Überschuss auf den Märkten.[24]

Auf dem Getreidemarkt bildete das Jahr 1875 den Wendepunkt, von dem an amerikanisches und russisches Getreide das österreichische, ungarische, böhmische und galizische Getreide vom westeuropäischen Markt verdrängte. Der Getreidepreis sank rasant. Von 1874 bis 1896 fiel der Preisindex für Weizen von 14,3 auf 7,9.[25] Der Großgrundbesitz konnte die Krise viel besser umgehen als der Klein- und Mittelbetrieb. Viele Großbetriebe waren zum Anbau von Zuckerrüben übergegangen und versuchten weiters, Urproduktion und Weiterverarbeitung in einer Hand zu vereinen. So entstanden die wesentlichen landwirtschaftlichen Industrien wie Zuckerfabriken und Mühlen auf den Gutsbetrieben Ungarns und Böhmens; sie wurden zum Teil mit dem Kapital der Grundentlastung gebaut.

---

23 Vgl. E. Bruckmüller, Wirtschaftsentwicklung und politisches Verhalten der agrarischen Bevölkerung a.a.O. S. 502

24 Die Weinbauern waren schon vor dem Einsetzen der großen Agrardepression besonders gefährdet, durch den zunehmenden Konsum an Bier sowie die Konkurrenz durch den ungarischen Wein und durch das vermehrte Auftreten der Reblaus. So wurden allein in Niederösterreich von 1848 bis 1868 20.000 ha dem Weinbau entzogen (vgl. ebenda, S. 504/505).

25 Vgl. F. Tremel, Sozioökonomische Probleme nach dem Ausgleich, in: Österreich-Ungarn 1867-1967. Wien 1970, S. 162

Ausdruck der Krise: Abwanderung und Bauernlegen

Die Eingliederung der Landwirtschaft in die kapitalistische Wirtschaft brachte insbesondere für die Bauern, nicht aber für die Großgrundbesitzer, große Schwierigkeiten. Die Großgrundbesitzer waren in vieler Hinsicht im Vorteil:

1. Sie konnten den Markt besser beeinflussen bzw. „marktgerechter" produzieren. Sie erlangten aufgrund größerer Produktquantität und Homogenität meist höhere Preise.
2. Sie waren in der Lage, leichter auf bessere Produktionstechniken überzugehen, denn sie hatten aus der Grundentlastung genügend Kapital erhalten. Der Bauer hingegen litt unter enormem Geldmangel bzw. war Wucherern ausgeliefert.
3. Sie hatten bessere Produktionsvoraussetzungen, denn ihre Gründe waren arrondiert, hingegen bestand der Großteil der bäuerlichen Anwesen aus Gemengelagen.[26]
4. Der Großbetrieb konnte leichter Maßnahmen durchführen, um die Produktivität zu heben (z. B. Meliorationen), und zwar aufgrund seiner größeren Kapitalkraft.
5. Auch besaß der Großgrundbesitzer höhere Schulbildung bzw. er besaß qualifizierte Verwalter und Arbeitskräfte. Er konnte daher schneller und richtiger auf die Marktlage reagieren.

Zusammenfassend kann hervorgehoben werden, dass - als der Kapitalismus auch in die Landwirtschaft Eingang fand - der Großgrundbesitz eine grundsätzlich bessere Ausgangslage hatte als die Bauern.

„Der Niedergang des Bauerntums fand seinen sichtbaren Ausdruck in der Landflucht."[27] Diese These ist sehr allgemein und muss näher untersucht werden. Wenn sich die Abwanderung[28] auf Landarbeiter bezieht, so stimmt sie. Im 19. Jahrhundert waren in erster Linie Landarbeiter zur Industrie übergewechselt, aber gegen Ende des Jahrhunderts waren es auch Klein- und Mittelbauern, die ihren Betrieb aufgaben oder ihn durch Überschuldung verloren hatten. Vor

---

26 Vgl. Statistik der Gemengelage bei S. Starkosch, Grundfragen der Agrarwirtschaft in Österreich, 2. Aufl. Wien 1917, S. 166

27 F. Tremel, Wirtschafts- und Sozialgeschichte Österreichs a. a. O., S. 163

28 Der Ausdruck „Abwanderung" ist neutraler als der Ausdruck „Landflucht", da letzterer historisch belastet ist und nach „Fahnenflucht" klingt und dem Vorgang der Abwanderung einen schimpflichen Anstrich gibt.

allem im letzten Drittel des 19.Jahrhunderts und zu Beginn des 20. Jahrhunderts erfolgte eine starke Konzentration land- und forstwirtschaftlicher Güter. Viele Betriebe verschwanden, die ehemaligen Besitzer solcher Betriebe waren Knechte oder Taglöhner geworden, zum Teil gingen sie auch ins Ausgedinge, die Mehrheit aber wanderte in andere Berufszweige ab.[29]

Der Aufkauf von Bauerngütern durch Nichtbauern und die dadurch bedingte Auflassung der Bauernwirtschaft wird Bauernlegung genannt. „Unter Bauernlegung im weitesten Sinne des Wortes versteht man jede Besitzveränderung, welche zum Übergang einer als Ganzes bewirtschafteten bäuerlichen Besitzung an eine Person nichtbäuerlichen Standes führt und zur Folge hat, dass diese Besitzung nicht mehr nach bäuerlicher Wirtschaftsmethode weiter bewirtschaftet wird. Man unterscheidet des näheren die Güterschlächterei und die Bauernlegung im engeren Sinn. Bei ersterer erfolgt der Aufkauf des Bauerngutes zum Zwecke parzellenweisen Wiederverkaufs, bei letzterer zur Bildung oder Vergrößerung von Eigenjagd- und Forstgebieten."[30] Diese Bauernlegung nahm in manchen Bezirken Niederösterreichs (Aspang, Gutenstein und Gaming) ein solches Ausmaß an, dass innerhalb von zwölf Jahren (1893-1905) bis zu 23,5 % des gesamten Bauernlandes von Großgrundbesitzern aufgesogen wurden.[31]

---

29   Einen Überblick über die Abwanderung ehemaliger Besitzer in Niederösterreich im Zeitraum von 1883 bis 1893 gibt H. v. Schullern-Schratthofen, Die Bewegung a.a.O., S. 250
30   O. Wittschieben, Die Bauernlegungen in Steiermark 1903 bis 1912, in: Statistische Mittellungen über Steiermark, Heft 27. Graz 1916, Vorwort S. V.
31   Vgl. F. R. v. Pantz, Die Bauernlegung a.a.O., S. 8

Tabelle 4:
Bauernlegung in der Steiermark, Salzburg und in einigen Bezirken Niederösterreichs

Land/Bezirk	Verlust des bäuerlichen Grundbesitzes an Nichtbauern (1)		Von Nichtbauern aufgekaufte Bauerngüter	
	in ha	in % des bäuerlichen Grundbesitzes	Anzahl	in % aller Bauerngüter
Steiermark (1903-1912)	59.459	4,55	4.358	4,52
davon im Oberland	23.989 (2)	7,02	672	6,61
davon im Mittelland	22.296	4,28	2.244	5,00
davon im Unterland	13.174	2,91	1.442	3,65
Niederösterreich (1883 – 1905)				
Bezirk Aspang	999	4,36	24	
Bezirk Gutenstein	10.755	31,94	81	
Bezirk Gaming	5.011	14,99	111	
Salzburg (1869 – 1888)	39.200 (3)			

(1) Durch Verkauf oder Versteigerung von Bauerngütern von mehr als 1 ha Besitzfläche.
(2) Allein das Stift Admont hat von 1885 bis 1913 41 Bauerngüter (die meisten davon waren beim Stift servitutsberechtigt) in einem Ausmaß von 1.261 ha aufgekauft.
(3) Diese Zahl beinhaltet nur die von 36 „Jagdherren" zu Jagdzwecken aufgekaufte Fläche.

Zusammengestellt und berechnet nach folgenden Quellen:
D. Wittschieben, Die Bauernlegung in der Steiermark 1903-1912, Statistische Mitteilungen Steiermark, XVII Heft, Graz 1916; A. Gürtler, Verlorenes Bauernland, Graz und Leipzig 1917; K. Uitz, Der Rückgang des bäuerlichen Besitztums in den Alpenländern, seine wichtigsten Ursachen und die Mittel zu seiner Bekämpfung, in: Zeitschrift für Volkswirtschaft, Sozialpolitik und Verwaltung, 24. Bd., Wien 1915, S. 228-285; F. Ritter von Pantz, Die Bauernlegung in den Alpentälern Niederösterreichs. Wien 1905

Die wesentlichen Ursachen der Abwanderung der Bauern bzw. des Bauernlegens waren:

1. Zum Teil der Existenzverlust der Bergbauern durch die Servitutenregelung bzw. Servitutenablöse.
2. Der Verlust des bäuerlichen Nebenverdienstes durch die Auflassung der vielen kleinen Bergbau- und Hammerwerke. Weiters wurden durch den Ausbau der Eisenbahnen die bäuerlichen Fuhrdienste überflüssig. Mit der Umstellung auf mineralische Kohle verloren viele Bauern, insbesondere der Obersteiermark, Ober- und Niederösterreichs sowie Salzburgs ihren Nebenverdienst im Holzschlag, im Holztransport sowie in der Verkohlung. In einigen Gebieten verloren die Bäuerinnen und Bauern (insbesondere die Kleinbauern) die Möglichkeit eines Zuerwerbes in der bäuerlichen Hausindustrie, als diese von der industriellen Spinnerei und Weberei verdrängt wurde.
3. Die Verschuldung war ein weiterer wesentlicher Faktor
4. Der Einbruch des Kapitalismus in die Landwirtschaft verschärfte die Gegensätze zwischen Groß- und Kleinbetrieb. Die Agrarkrise traf in erster Linie den Kleinbetrieb.
5. Eine wesentliche Ursache waren die Praktiken des Bodenkaufs der Großgrundbesitzer, der Bodenspekulanten (Güterschlächter) und der Finanz- und Industriemagnaten. Zu diesen Praktiken gehörten:
   - Das Eindringen in die Alpgemeinschaften (Anteile von vereinzelten Bauern wurden teuer aufgekauft; waren sie im Besitz der Mehrheit der Anteile, brachten sie die ganze Alm in ihren Besitz).
   - Sukzessiver Aufkauf einzelner Güter eines Dorfes (waren viele Güter eines Dorfes in ihren Händen, so wurde die Lage der verbleibenden Bauern durch Wildüberhegung, durch Beschattung der Felder, bedingt durch die Aufforstung der aufgekauften Güter und durch das bewusste Nichtkooperieren bei der Wege-, Wasserleitungs- und Weidezauninstandhaltung immer schwieriger, bis die Bauern schließlich aufgaben und die restlichen Güter der Bodengier der Kapitalisten und Großgrundbesitzer erlagen.[32]
   - Indirekte Gewaltanwendung (so bekamen jene Bauern, die nicht verkaufen wollten, keine Nebenverdienstmöglichkeiten bei dem das Gebiet

---

32 Vgl. O. Bauer. Der Kampf um Wald und Weide a.a.O., S. 140

beherrschenden Großwaldbesitzer. Die Folge war nach einigen Jahren, dass der Bauer bereit war, seine Wirtschaft zu verkaufen).

6. Der enorme Konzentrationsprozess und das Bauernlegen neuen Stils wurden durch die Bodenverkehrsgesetzgebung des Liberalismus rechtlich ermöglicht.

Mit dem Aufstieg der Arbeiterbewegung versuchte die herrschende Bourgeoisie, die Zeichen der Zeit erkennend, die Bauern auf ihren Schollen zu erhalten. Die Instrumente dazu waren Schutzzollpolitik und Genossenschaftsförderung. Die Genossenschaftsbewegung widersprach zwar den liberalen Ideen der Bourgeoisie, trotzdem wurde sie gefördert, um die Bauern als Bündnispartner im Kampf gegen die Arbeiterbewegung zu gewinnen und zu erhalten.[33]

---

33 Belege für diese These versuchen wir im in den Kapiteln 6, 7, 8 und 10 zu erbringen.

4. AGRARSCHUTZZOLLPOLITIK UND DIE INTERESSENGEGENSÄTZE IN DER LANDWIRTSCHAFT

Als sich die Krise am Getreidesektor durch die Konkurrenz des russischen und amerikanischen Getreides abzuzeichnen begann, verlangten die Getreide bauenden Großgrundbesitzer nach einem wirksamen Zollschutz. Dieser kam anfangs nicht zustande, weil (um es mit einem Sprecher der Großgrundbesitzer zu sagen) „die österreichische Landwirtschaft selbst ... aber wegen des Einspruches der an niedrigen Lebensmittelpreisen interessierten Industrie - die sich schon seit dem Jahr 1869 eines Zollschutzes erfreute - ungeschützt (blieb)."[34] Erst 1882 setzten die Großgrundbesitzer einen Schutzzoll für Weizen und Mehl durch. Dieser wurde 1887 erhöht und 1906 mit dem Hochschutzzoll fortgeführt. Auf dem Viehsektor gab es abwechselnd Zölle von belangloser Höhe. Der Schutzzoll für Getreide kam insbesondere den Getreide bauenden Großgrundbesitzern Niederösterreichs, Böhmens, Mährens und Ungarns zugute. Die Schutzzollpolitik ging nicht nur auf Kosten der städtischen Konsumenten, sondern auch auf Kosten der kleinen Landwirte, was trotz Einheitsideologie zu Spaltungstendenzen auf politischer Ebene führte.

Die hohen Getreidepreise, bedingt durch den Schutzzoll, führten zu hohen Brot- und Mehlpreisen, die sich ihrerseits wiederum in einem Rückgang des Fleischkonsums bemerkbar machten.[35] Daher bewirkte der hohe Getreidepreis nicht den Anstieg der Viehpreise, hingegen hatte der hohe Getreidepreis sehr wohl eine Auswirkung auf den Futtermittelpreis. Wenn das Futtergetreide auch mit einer niedrigeren Zollspanne belegt war, so führte der hohe Zollsatz bei Brotgetreide doch zu einem Rückgang der Anbaufläche von Futtergetreide zugunsten des Brotgetreides. Daher wurden vor allem die Vieh züchtenden Bauern der Alpenländer durch den hohen Getreidepreis besonders benachteiligt.[36]

---

34 H. Kallbrunner, Der Väter Saat a.a.O., S. 86
35 Vgl. die Berechnungen von F. v. Pantz. Die Hochschutzzollpolitik Hohenblums und der österreichische Bauernstand. Wien 1910, S. 32
36 „Größen" auf wissenschaftlichem Gebiet von Rang und Namen wurden aufgeboten, um nachzuweisen, dass diese Schutzzollpolitik alle Bauern gleich begünstige. So hat Adolf Ostermayer von der k.k. Hochschule für Bodenkultur in Wien versucht nachzuweisen, dass es einen Interessenskonflikt zwischen einzelnen Betriebstypen und -größen nicht gäbe. Er kommt nach seinen Berechnungen zu dem Schluss, „man kann einen Interessenskonflikt zwischen Betriebstypen des Landgutsbetriebes nicht ableiten, so dass die Behauptung nicht aufrecht erhalten werden kann, dass unüberbrückbare Gegensätze zwischen den durch Betriebsgröße, Lage und Betriebseinrichtungen geschaffenen Interessen bestünden." (Vgl. A. Ostermayer, Untersuchungen über das

Auf politischem Gebiet zeigte sich der Abfall der Bauern von den konservativen Vertretern des altadeligen Großgrundbesitzes und die Zuwendung zu den Christlich-Sozialen deutlich.[37] Der Zusammenschluss der Konservativen und Christlich-Sozialen im Jahr 1907 als Gegengewicht zur Ausbreitung der Sozialdemokraten hatte auch für die Bauern, insbesondere für die Kleinbauern bzw. Viehwirtschaft treibenden Bauern der Alpenländer nachteilige Folgen. Die „feudale" Schutzpolitik des Jahres 1906 wurde beibehalten, d. h. die neue christlich-soziale Partei förderte den Getreide bauenden Großgrundbesitz Ungarns, der Sudetenländer sowie Ober- und Niederösterreichs. Die Vieh haltenden Alpenbauern blieben dagegen benachteiligt, was zu Spaltungstendenzen in der christlich-sozialen Partei führte. So gründete Freiherr Anton von Pantz 1911 eine unabhängige Partei zur Vertretung der Interessen der Viehzüchter.

Die Kämpfe zwischen Gruppen unterschiedlicher ökonomischer, sozialer und politischer Stellung innerhalb der Landwirtschaft haben eine lange Tradition: von den Gegensätzen zwischen Fronhof und Ansiedlern über die Gegensätze und Kämpfe zwischen Bauern und Gutsherrn bis zum Kampf zwischen Klein- und Großbauern um die Nutzungsrechte an und die Aufteilung der gemeinen Weide und des gemeinen Waldes. Dieser Kampf hat seine Fortsetzung nach der Grundentlastung zwischen Großagrariern und Kleinbauern im neuen Bauernlegen und bei der Schutzzollpolitik gefunden und - wie wir später sehen werden - hat sich dieser Interessengegensatz in der Ersten und Zweiten Republik fortgesetzt. Diese Kämpfe haben nie zu manifesten politischen Spaltungen geführt, sondern es ist bei oberflächlichen Anzeichen wie z. B. Spaltungstendenzen in der christlich-sozialen Partei geblieben.

Preisinteresse typischer Landgutsbetriebe, in: S. Starkosch, Die Grundlagen der Agrarwirtschaft in Österreich, Wien 1916, S. 416). Hingegen wurden Untersuchungen bzw. die Publikation der Ergebnisse von Untersuchungen, die die wahre Wirksamkeit der Agrarschutzzölle im Interesse des Großgrundbesitzes nachwiesen, unterbunden. So wurde die Studie über die Auswirkung der neuen Zolltarife von Ministerialsekretär K. Hoffmeister nie publiziert. Wie Pantz nachweist, wurde es Hoffmeister untersagt, das Erhebungsmaterial mit einer Interpretation zu publizieren. „Der Erklärungsgrund ... liegt darin, dass diese Erhebungen ... klar beweisen, dass für die ganz enorm überwiegenden Teil unseres österreichischen Bauernstandes die neue handelspolitische Ära nicht den geringsten Vorteil brachte, dass somit die ganzen ungeheuren Opfer, welche die gesamte konsumierende Bevölkerung für diese angeblich zur Erhaltung des Bauernstandes unumgänglich notwendige Handelspolitik bringen musste, völlig überflüssig waren." (F. v. Pantz, Die Hochschutzzoll a.a.O. S. 4)

37 Siehe Kapitel 7.

5. DIE SOZIALE UND MATERIELLE LAGE DER AGRARBEVÖLKERUNG UM 1900

Sozialstruktur der Agrarbevölkerung

Wie bei den meisten Modellen gesellschaftlicher Schichtung gibt es auch hier das Problem der Festlegung der Abgrenzungs- und Schicht bildenden Kriterien. Ein brauchbares Schichtungsmodell der Agrarbevölkerung müsste regionale Unterschiede, Eigentümlichkeiten der Entwicklung etc. in der Abgrenzungscharakterisierung und bei den Schicht bildenden Dimensionen berücksichtigen. Das vorhandene statistische Material lässt einerseits eine solche Differenzierung nicht zu, und andererseits mangelt es in der Literatur an differenzierten Agrargesellschaftsschichtmodellen. Tibor Kolossa hat ein Schichtungsmodell konstruiert, welches im Wesentlichen auf zwei Dimensionen aufgebaut ist.[38] Diese beiden Dimensionen sind die Größe des Besitzes und das Lohnarbeitsverhältnis (Annahme von Lohnarbeit bzw. Inanspruchnahme von Lohnarbeitern). Aufgrund dieser beiden Dimensionen unterscheidet Kolossa folgende sieben Schichten der Agrarbevölkerung:[39]

1. Agrarproletarier sind Dienstboten und Taglöhner ohne Grundbesitz.[40]
2. Halbproletarier sind arme Bauern, die zwar über einen Zwergbesitz verfügen, der ihnen aber keinen Lebensunterhalt ermöglicht. Sie sind daher systematisch auf landwirtschaftliche oder industrielle Lohnarbeit angewiesen.
3. Kleinbauern sind Bauern mit kleinem Grundbesitz (ca. 5 bis 10 ha), die von ihrem Grundstück leben und in der Regel weder Lohnarbeit annehmen noch solche in Anspruch nehmen.
4. Mittelbauern sind Bauern mit einem mittleren Besitz (ca. 10 bis 20 bzw. 50 ha). Die meisten von ihnen beschäftigen regelmäßig ein bis zwei Lohnarbeiter, aber der größte Teil der Arbeit im Betrieb wird mit familieneigenen Arbeitskräften verrichtet.
5. Großbauern sind Bauern mit einem großen Grundbesitz (ca. 20 bzw. 50

---

38 Vgl. T. Kolossa, Statistische Untersuchung der sozialen Struktur der Agrarbevölkerung in den Ländern der österreichisch-ungarischen Monarchie (um 1900), in: Die Agrarfrage in der österreichisch-ungarischen Monarchie 1900-1918. Bukarest 1965
39 Ebenda, S. 92
40 Diese Schicht ist in sich wieder geschichtet, siehe weiter unten.

bis 100 ha), die über die Arbeitskräfte ihrer Familie hinaus systematisch Lohnarbeiter beschäftigen, die den größeren Teil der Arbeit leisten.

6. Mittelgutsbesitzer sind solche Bauern mit einem Gut von ca. 100 - 1.000 ha, die ausschließlich mit Lohnarbeitern arbeiten und selbst nicht an der physischen Arbeit des Betriebes teilnehmen.

7. Großgrundbesitzer sind Besitzer von Domänen über 1.000 ha. Zur Leitung des Betriebes sind Beamte angestellt, und der Großgrundbesitzer beschäftigt sich selbst nicht direkt mit dem Betrieb.

Die Verteilung der agrarischen Bevölkerung auf die einzelnen Schichten um 1900 zeigt folgende Tabelle.[41]

Tabelle 5:
Soziale Schichtung der in der Landwirtschaft tätigen Bevölkerung in Österreich 1902 (in Prozent)

	gewerb.	landw.	Agrar-Proletariat	Lohnarbeiter zusammen	landw. Beamte	Klein-	Mittel-	Groß-	Gutsbesitzer
	halbproletarisch					Bauern			
Niederösterreich	3,2	7,4	29,5	40,1	0,2	34,9	15,3	9,2	0,3
Oberösterreich	4,5	4,6	45,1	54,2	0,1	22,5	11,4	11,7	0,1
Salzburg	1,8	2,3	46,9	51,0	0,1	23,5	17,4	7,9	0,1
Steiermark	3,4	5,9	30,1	39,4	0,1	34,7	19,7	5,9	0,2
Kärnten	4,8	6,2	41,4	52,4	0,1	19,0	19,0	9,1	0,4

41 Die Tabelle stammt aus: T. Kolossa, Statistische Untersuchung der sozialen Struktur der Agrarbevölkerung a.a.O., S. 168. Siehe auch Anmerkung zur Konstruktion der Tabelle.

	gewerb.	landw.	Agrar-Proletariat	Lohnarbeiter zusammen	landw. Beamte	Klein-	Mittel-	Groß-	Gutsbesitzer
	halbproletarisch					Bauern			
Tirol	4,4	14,7	19,3	38,4	0,0	45,1	12,9	3,4	0,2
Vorarlberg	8,5	11,2	9,4	29,1	0,0	51,4	16,2	3,1	0,2
Böhmen	8,3	9,4	31,0	48,7	0,3	36,1	9,2	5,5	0,2
Mähren	6,6	17,0	27,1	50,7	0,2	34,0	10,9	4,0	0,2
Schlesien	16,9	13,7	30,4	61,0	0,2	20,3	13,9	4,4	0,2
Galizien	2,4	37,9	10,9	51,2	0,1	38,3	9,3	0,9	0,2
Bukowina	2,6	46,5	17,3	66,4	0,1	27,2	4,9	1,0	0,4
Krain	3,6	13,2	11,7	28,5	0,1	52,2	16,1	3,0	0,1
Küstenland	5,6	26,9	8,5	41,0	0,1	46,0	11,5	1,3	0,1
Dalmatien	1,3	38,1	3,0	42,4	0,0	51,1	6,0	0,4	0,1

Bei den einzelnen Besitzerkategorien obiger Tabelle wurden folgende vier Faktoren berücksichtigt:

1. die Flächengröße des Betriebes
2. die Verwendung bzw. Annahme von Lohnarbeit
3. die wirtschaftsgeographischen Verhältnisse, die im durchschnittlichen Katastralreinertrag ihren zahlenmäßigen Ausdruck finden
4. die in der zeitgenössischen Fachliteratur angegebenen, in den einzelnen Ländern üblichen Grenzen.[42]

Besitzverhältnisse
(Verteilung des Grundbesitzes)

Eine der wesentlichsten Dimensionen der sozialen Schichtung der Agrarbevölkerung sind die Besitzverhältnisse an Grund und Boden. Die Klassifikation der Wirtschaften nach ihrer Größe und die sich daraus ergebende Schichtung sind nicht ganz zulänglich, um die Sozialstruktur der Agrarbevölkerung eines Landes darzustellen. Die Größe des Besitzes ist ein unzureichendes Schichtungskriterium, weil wesentliche Faktoren wie der Produktionsstandort des Betriebes (Marktnähe, Vermarktungschancen der erzeugten Produkte, Bodenverhältnisse, Klima, Höhenlage, Kulturarten etc.) unberücksichtigt bleiben. Trotzdem scheint es sinnvoll, die Besitzverhältnisse in den einzelnen Ländern und Provinzen der Monarchie näher zu untersuchen und regionale Unterschiede in der grundsätzlichen Ungleichheit der Bodenverteilung zu analysieren.

Im Agrarbesitz lassen sich prinzipiell zwei Hauptkategorien, nämlich bäuerlicher Besitz und Gutsbesitz, unterscheiden. Diese beiden Hauptkategorien lassen sich wieder in Unterkategorien teilen. Der bäuerliche Besitz umfasst den (vergleiche die oben dargestellten Sozialschichten der Agrarbevölkerung) Klein-, Mittel- und Großbauernbesitz; beim Gutsbesitz ist zwischen kleinem, mittlerem und großen Gutsbesitz zu unterscheiden.

Die Verteilung des Bodens in der österreichisch-ungarischen Monarchie zeigte zu Beginn des 20. Jahrhunderts folgendes Bild: Die Besitzer von über 50 ha Besitz stellten nur 1,08 % aller Grundbesitzer dar, sie besaßen aber 40,72 % der produktiven Fläche, während die Besitzer von unter 50 ha 98,92 % aller

---

42   Vgl. T. Kolossa, ebenda, S. 118

Grundbesitzer ausmachten und nur 59,28 % der gesamten Fläche besaßen.[43]
Die folgende Tabelle zeigt die Verteilung der Bauern- und Gutswirtschaften in
den einzelnen Ländern und Provinzen der österreichisch-ungarischen Monarchie.

*Tabelle 6: Bauern- und Gutswirtschaften in der österreichisch-ungarischen
Monarchie um 1900*[44]

	Prozentsatz der Wirtschaften		Prozentsatz der Bodenfläche	
	Bauernwirt-schaften	Gutswirtschaften	Bauernbesitz	Gutsbesitz
Österreich	97,10	2,90	59,90	40,10
Böhmen	98,90	1,10	67,50	32,50
Mähren	99,36	0,64	68,54	31,46
Schlesien	99,21	0,79	65,25	34,75
Oberungarn/ Slowakei	99,01	0,99	48,55	51,45
Bukowina	99,17	0,83	55,68	44,32
Galizien	99,19	0,81	62,20	37,80
Kroatien und Slawonien	99,72	0,28	72,32	27,68
Dalmatien	99,61	0,39	85,46	14,54

---

43 Vgl. S. Pascu, C. Giurescu, J. Kovacs, L. Vajda, Einige Fragen der landwirtschaftlichen Entwicklung
    in der österreichisch-ungarischen Monarchie, in: Die Agrarfrage in der österreichisch-ungarischen
    Monarchie 1900 - 1918. Bukarest 1965
44 Ebenda, S. 9

	Prozentsatz der Wirtschaften		Prozentsatz der Bodenfläche	
	Bauernwirt-schaften	Gutswirtschaften	Bauernbesitz	Gutsbesitz
Küstenland	99,20	0,80	77,25	22,75
Slowenien	98,55	1,45	74,79	25,21
Woiwodina	98,81	1,19	64,98	35,02
Transsilvanien	99,22	0,78	60,02	39,98
Ungarn	98,85	1,15	45,16	54,84
Durchschnitt	98,92	1,08	59,28	40,72

Besonders ausgeprägt war der Großgrundbesitz in Ungarn. So nahmen in Ungarn die Latifundien mit über 500 ha 38,27 % der gesamten Anbaufläche ein, wobei die Durchschnittsgröße eines Latifundiums bei 1700 ha lag.[45] Die extrem ungleiche Verteilung des Grundbesitzes in Ungarn kommt weiters darin zum Ausdruck, dass über die Hälfte (55,2 %) der Grundbesitzer Ungarns nur 6,15% der Gesamtfläche besaßen. Die Großgrundbesitzer, die 0,09 % aller Grundbesitzer darstellten, besaßen aber 31,19 % des landwirtschaftlich genutzten Bodens. Im Durchschnitt besaß ein Großgrundbesitzer 3.831 ha.[46] (Der Unterschied zur obigen Aussage, dass ein Latifundium im Durchschnitt 1700 ha groß war, rührt daher, dass die Anzahl der Gutsbesitzer kleiner war als die Anzahl der Gutswirtschaften. D. h. ein und derselbe Großgrundbesitzer besaß oft in verschiedenen Ländern und Regionen Güter.)[47] Der Großgrundbesitz hatte in

---

45   Vgl. ebenda. S. 9
46   Vgl. M. Kemper, Marxismus und Landwirtschaft. Stuttgart 1973 (als Dissertation an der Landwirt-schaftlichen Hochschule Bonn-Poppelsdorf eingereicht (1929), S. 84ff.
47   So besaß die Kaiserfamilie enorme Güter in fast allen Ländern (in Böhmen 36.000 ha, in Niederös-terreich 34.000 ha, in der Steiermark 24.000 ha, in Mähren 11.000 ha, in Ungarn 87.000 Katastral-joch). Fürst Liechtenstein besaß in Mähren 10.800 ha, in Böhmen 36.000 ha, in Niederösterreich 22.000 ha. Erzherzog Friedrich verfügte in Schlesien über 64.500 ha und in Ungarn über 155.000 Katastraljoch. Fürst Schwarzenberg war mit 177.310 ha der größte Gutsherr in Böhmen, und er besaß weitere große Güter in der Steiermark, Salzburg und Bayern. Aber auch großindustrielle Grundbesitzer besaßen gewaltige Besitzungen in mehreren Ländern der Monarchie, so der Baron Popper, der Bierbrauereibesitzer Anton Dreher usw. (vgl. T. Kolossa, Statistische Untersuchung der sozialen Struktur der Agrarbevölkerung a.a.O., S. 102/103)

den einzelnen Ländern der österreichisch-ungarischen Monarchie folgende Größenstruktur (siehe Tabelle 7):[48]

Tabelle 7:
Die Grundbesitzungen physischer Personen über 100 ha

	Mittelgrundbesitzungen mit 100-1000 ha			Großgrundbesitzungen mit 1000-3000 ha			Latifundien über 5000 ha		
	Zahl der Besitzungen	Anteil an der Landesfläche %	Durchschnittl. Fläche in ha	Zahl der Besitzungen	Anteil an der Landesfläche %	Durchschnittl. Fläche in ha	Zahl der Besitzungen	Anteil an der Landesfläche %	Durchschnittl. Fläche in ha
Niederösterreich	536	6,46	233	67	6,85	1977	13	9,23	13724
Oberösterreich	221	3,92	206	14	1,92	1602	7	6,49	10800
Salzburg	716	22,38	222	21	6,38	2161	2	1,56	5550
Steiermark	1368	12,60	203	48	4,23	1943	13	7,11	12040
Kärnten	832	16,04	195	38	13,33	3557			
Tirol	971	8,35	226	19	1,23	1695			
Vorarlberg	92	9,30	254	3	1,49	1244			
Böhmen	578	3,42	300	134	5,83	2205	64	21,34	16920
Mähren	243	2,95	370	120	7,73	1002	28	16,20	12623
Schlesien	91	5,05	281	18	7,41	2082	4	17,60	22262
Galizien	1999	10,20	389	441	11,23	1956	58	9,46	12440

48 Die Tabelle stammt aus T. Kolossa, Statistische Untersuchung der sozialen Struktur der Agrarbevölkerung a.a.O., S. 159

	Mittelgrundbesitzungen mit 100-1000 ha			Großgrundbesitzungen mit 1000-3000 ha			Latifundien über 5000 ha		
	Zahl der Besitzungen	Anteil an der Landesfläche %	Durchschnittl. Fläche in ha	Zahl der Besitzungen	Anteil an der Landesfläche %	Durchschnittl. Fläche in ha	Zahl der Besitzungen	Anteil an der Landesfläche %	Durchschnittl. Fläche in ha
Bukowina	434	11,95	288	57	12,17	2229			
Ungarn	8237	8,56	292	820	7,20	2468	224	13,09	16421
Kroatien	260	2,31	357	124	10,57	3605			

Der Großgrundbesitz war zum überwiegenden Teil in den Händen des Adels. An zweiter Stelle folgten die Großindustriellen (Bürger), dann erst die Kirche, und die letzte Stelle nahmen die Gemeinden ein. So waren im Jahre 1883 in der österreichischen Reichshälfte von 1805 Großgrundbesitzungen 62 % im Besitz von Adeligen, 21 % im Besitz von bürgerlichen Eigentümern, 12 % im Besitz von Kirchen und Erwerbsgesellschaften und nur 5 % im Besitz von Gemeinden.[49]

Tabelle 8:
Die Zahl der Großgrundbesitzungen und Großgrundbesitzer mit über 1000 fl.
Grundsteuer in Österreich 1883

	Adel	Bürger	Kirche u. Erwerbsges.	Gemeinden	Großgrund-besitzungen	Großgrund-besitzer
Niederöster-reich	137	10	38	9	194	139
Oberöster-reich	24	2	10		36	30
Salzburg	3	1	1		5	5
Steiermark	25	4	21		50	40
Kärnten	11	1	2		14	13

---

49   Vgl. ebenda. S. 103. Die Tabelle ist von Seite 159.

	Adel	Bürger	Kirche u. Erwerbsges.	Gemeinden	Großgrund-besitzungen	Großgrund-besitzer
Tirol	1		1	7	9	9
Vorarlberg				1	1	1
Böhmen	460	106	74	38	678	364
Mähren	174	16	43	14	247	153
Schlesien	46	9	10	4	69	46
Galizien	209	201	26	4	440	371
Bukowina	10	14		1	25	22
Krain	6		1		7	7
Küstenland	14	7	1	1	23	23
Dalmatien		3	2	2	7	6
Österreich gesamt	1120	374	230	81	1805	1229

Tabelle 9:
Verteilung der Zahl der Betriebe nach Größenklassen in Österreich 1902 in Hektar (in Prozent)

	unter 2	2-5	5-10	10-20	20-50	50-100	über 100	Zahl der Betriebe
Niederös-terreich	38,92	17,74	13,53	17,46	10,67	1,07	0,61	155.725
Oberös-terreich	31,92	17,78	11,82	19,39	17,75	1,20	0,32	81.308

	unter 2	2-5	5-10	10-20	20-50	50-100	über 100	Zahl der Betriebe
Salzburg	23,22	14,30	14,20	21,67	18,18	4,16	4,27	15.825
Steiermark	33,37	22,39	16,54	15,16	9,52	1,88	1,04	150.426
Kärnten	22,32	16,80	13,89	18,83	19,76	5,10	3,20	33.294
Tirol	51,95	21,63	11,14	7,27	5,19	1,32	1,50	127.509
Vorarlberg	42,38	26,29	17,06	8,21	3,16	1,19	1,68	18.034
Böhmen	45,57	24,36	12,22	10,48	5,81	0,48	0,58	568.389
Mähren	51,05	22,60	12,25	9,53	3,98	0,27	0,32	290.678
Schlesien	49,42	23,79	12,22	9,10	4,72	0,29	0,46	57.759
Galizien	44,04	36,34	14,43	3,64	0,79	0,24	0,52	1,008.511
Bukowina	57,76	27,95	9,14	2,98	1,36	0,29	0,52	109.170
Krain	31,59	19,43	19,76	19,34	8,49	0,95	0,44	75.477
Küstenland	43,35	27,80	17,21	8,30	2,58	0,38	0,38	79.759
Dalmatien	61,52	25,84	8,68	2,69	0,92	0,17	0,18	83.455
Österreich gesamt	44,64	27,74	13,43	8,48	4,48	0,61	0,62	2,856.349

Eine genaue Untersuchung der Größenstruktur der bäuerlichen Betriebe zeigt folgendes Bild: In den Alpenländern (mit Ausnahme von Tirol und Vorarlberg) ist die Verteilung auf die drei großen Gruppen (bis 5 ha, 5–20 ha, 20–100 ha) relativ gleichmäßig. Eine extreme Verteilung, d.h. einen sehr hohen Anteil der Betriebe unter 5 ha (80–87 %) und einen geringen Anteil der Betriebe zwischen 20–100 ha weisen Galizien, die Bukowina und Dalmatien auf.[50]

Wie viel der gesamten Fläche der Grundbesitzungen eines Landes auf die einzelnen Größenklassen entfällt, zeigt Tabelle 10.[51]

---

50 Vgl. ebenda, S. 97. Die Tabelle stammt von Seite 154.
51 Ebenda, S. 155

Tabelle 10:
Flächenverteilung der Grundbesitzungen nach Größenklasse in Österreich (1896) (in Prozent)

	Größenklassen in ha										
	unter 2	2-5	5-10	10-20	20-50	50-100	100-200	200-500	500-1000	1000-2000	über 2000
NÖ	4,23	5,05	8,41	20,52	24,30	5,87	3,70	3,38	2,56	4,24	17,74
OÖ	2,53	4,31	6,30	20,60	35,37	5,37	1,95	1,74	0,69	1,51	19,63
Salzbg.	0,55	1,22	2,51	7,46	13,13	7,86	9,92	10,56	5,88	3,87	37,04
Stmk.	2,61	5,29	8,03	15,23	21,00	9,58	6,43	5,78	3,14	2,87	20,00
Ktn.	0,94	2,13	3,77	9,54	21,64	13,04	10,31	10,56	5,25	5,59	17,23
Tirol	2,87	3,67	4,15	5,60	8,69	5,49	5,29	10,09	9,57	10,25	34,33
Vbg.	5,44	7,52	9,35	7,97	7,14	6,90	8,52	11,29	11,94	11,53	12,37
Böhmen	5,66	6,83	8,95	17,24	19,98	3,71	2,06	2,29	2,00	2,97	28,37
Mähren	8,80	7,80	11,15	18,51	16,09	3,32	1,75	2,3	1,95	2,89	25,61
Schlesien	4,83	8,67	9,25	15,08	16,78	3,19	1,86	2,26	1,95	5,31	30,82
Bukuwina	9,01	9,05	7,29	5,49	5,34	3,74	4,30	8,04	8,23	9,31	30,21

Neben der oben gezeigten Ungleichheit in der Bodenverteilung lässt sich noch eine ungleiche Verteilung des Grundbesitzes auf die Nationalitäten beobachten. In der österreichisch-ungarischen „Vielvölkermonarchie" waren der Großteil der Gutsbesitzer Deutsche und Magyaren, während sich die Mehrheit der armen Bauern und das Landproletariat aus den übrigen Nationalitäten zusammensetzte. Es waren vorwiegend Rumänen, Tschechen. Slowaken, Serben, Kroaten, Ukrainer u. a., die von den herrschenden Nationen (Deutsche und Magyaren) unterdrückt wurden.[52]

---

52   Vgl. S. Pascu et al., Einige Fragen der landwirtschaftlichen Entwicklung a.a.O., S. 17

Tabelle 11:
Besitzgrößen und Nationalität der Besitzer in Ungarn

	Magyaren	Andere Nationalitäten
	%	%
Unter 2,5 ha	38,3	61,7
Zwischen 2,5-5 ha	36,5	63,5
Zwischen 5-10 ha	40,2	59,8
Zwischen 10-25 ha	46,4	53,6
Zwischen 25-50 ha	55,2	44,8
Zwischen 50-100 ha	62,6	37,4
Zwischen 100-500 ha	80,4	19,6
Über 500 ha	91,4	8,6

Vgl. P. Suciu, Probleme ardelene, Reforma agrara in Ardeal, Problema oraselor ardelene. Clasele sociale in Ardeal. Cluj. 1924, S, 7-8

In Ungarn waren von der Gesamtzahl der Großgrundbesitzer mit über 500 ha 91,4% Magyaren und nur 8,6% anderer Nationalitäten, hingegen war der Anteil der magyarischen Besitzer an proletarischen und halbproletarischen Wirtschaften nur 38,3%, der überwiegende Teil (61,7%) hingegen waren Rumänen, Tschechen, Slowaken, Serben, Kroaten, Ukrainer u. a.

Aus der Tabelle 12 ist klar ersichtlich, dass der Prozentsatz an magyarischen und deutschen Besitzern mit zunehmender Betriebsgröße ansteigt.

Tabelle 12:

Besitzgrößen und Nationalität der Besitzer in einigen Provinzen der österreichisch-ungarischen Monarchie (1896)[53]

	Besitzkategorien	Magyaren	Deutsche	Magyaren Deutsche zusammen	Rumänen	Slowaken	Kroaten	Serben	Sonstige
in Prozenten									
Transsilvanien	Unter 2,5 ha	18,9	5,1	24,0	70,5				5,5
	2,5-5 ha	18,9	6,2	25,1	69,4				5,5
	5-25 ha	25,3	10,7	36,0	57,8				6,2
	25-50 ha	38,7	19,8	58,5	36,8				4,7
	50-500 ha	61,4	16,1	77,5	20,3				2,2
	Über 500 ha	85,7	7,7	93,4	5,7				0,9
	Zusammen	21,6	7,6	29,2	65,2				5,6
Oberungarn/ Slowakei	Unter 2,5 ha	20,3	4,0	24,3		69,4			6,3
	2,5-5 ha	24,9	2,3	27,2		65,8			7,0
	5-25 ha	25,0	3,9	28,9		62,3			8,8
	25-50 ha	43,9	6,3	50,2		47,9			1,9
	50-500 ha	63,5	17,1	80,6		17,9			1,5
	Über 500 ha	83,6	13,5	97,1		1,4			1,5
	Zusammen	23,8	3,9	27,9		65,3			7,0

---

53 Ebenda, S. 19

	Besitz-kategorien	Magyaren	Deutsche	Magyaren Deutsche zusammen	Rumänen	Slowaken	Kroaten	Serben	Sonstige
in Prozenten									
Woiwodina	Unter 2,5 ha	27,5	24,6	52,1	9,5			26,6	11,8
	2,5-5 ha	21,7	18,5	40,2	12,9			34,0	12,9
	5-25 ha	21,3	24,3	45,6	9,8			31,9	12,7
	25-50 ha	19,3	37,4	56,7	4,3			27,4	11,6
	50-500 ha	25,8	31,6	57,4	2,2			27,7	12,7
	Über 500 ha	79,0	14,5	93,5				6,4	0,1
	Zusammen	23,9	23,0	46,9	10,0			30,7	12,4
Kroatien	Unter 2,5 ha	1,5	1,4	2,9			78,7	16,5	1,9
	2,5-5 ha	1,7	1,6	3,3			64,4	30,0	2,3
	5-25 ha	1,9	3,3	5,2			55,6	36,5	2,7
	25-50 ha	1,4	14,6	16,0			48,5	33,9	1,6
	50-500 ha	3,1	22,7	25,8			47,1	24,9	2,2
	Über 500 ha	18,4	26,1	44,5			35,3	15,3	4,9
	Zusammen	1,7	2,3	4,0			65,9	27,6	2,5

Die soziale, materielle und rechtliche Lage der Landarbeiter

Die Landarbeiter waren um 1900 keine einheitliche soziale Gruppe. Es lassen sich mindestens fünf verschiedene Kategorien nach ihren Arbeitsverhältnissen[54] unterscheiden. In den einzelnen Ländern und Provinzen der österreichisch-ungarischen Monarchie überwiegen, je nach Entwicklungsstand der landwirtschaftlichen Produktionstechnik, der historisch bedingten Produktionsweise und der Besitzverhältnisse, unterschiedliche Kategorien von Landarbeitern.[55] Die einzelnen Landarbeiterkategorien und ihre charakteristischen Kennzeichen waren folgende:

Dienstboten

Ihr Arbeitsverhältnis war rechtlich fixiert (Dienstbotenordnung der einzelnen Länder). Ihr Dienstverhältnis dauerte in der Regel ein bis mehrere Jahre und es blieb auch in den arbeitsschwachen Jahreszeiten aufrecht. Daher war der Lebensunterhalt der Dienstboten im Vergleich zu Taglöhnern relativ gesichert. Auf bäuerlichen Betrieben lebten die Dienstboten in der Regel in Hausgemeinschaft mit dem Bauern. Die Dienstboten waren üblicherweise unverheiratet. Die Landarbeit in Form des Dienstbotenverhältnisses überwog in den Alpenländern, daher soll später in diesem Abschnitt auf die materielle Lage und rechtliche Stellung der Dienstboten näher eingegangen werden.

Taglöhner

Das Arbeitsverhältnis dauerte von einigen Stunden bis zu mehrere Tagen. Die Taglöhner fanden meist nur in Zeiten mit Arbeitsspitzen (Bestell- und Erntearbeit) Beschäftigung gegen Lohn und meist wurde auch Kost gewährt. Die Höhe ihres Lohnes hing in erster Linie vom Angebot an Taglöhnern und in zweiter Linie von der Art (Schweregrad) der Arbeit ab.[56] Eine Parallele zwischen Getreidepreis und Lohnhöhe für Taglöhner lässt sich in den einzelnen Ländern

---

54 Art und Dauer der Arbeit, Verhältnis von Landarbeiter und Arbeitgeber, soziale Stellung innerhalb der sozialen Hierarchie der Landarbeiter, Lohnhöhe, Grad der Wahrscheinlichkeit, dass der Lohn das ganze Jahr bezogen werden kann und rechtliche Fixierung des Dienstverhältnisses.

55 Siehe Tabelle 13

56 Eine brauchbare Darstellung und Analyse der Löhne der Landarbeiter siehe in: K. v. Inama-Sternegg, Die landwirtschaftlichen Arbeiter und deren Löhne, in: Statistische Monatsschrift. 21.Jg., Wien 1895, S. 319-359 und S. 385-431

nicht feststellen.[57] Am niedrigsten waren die Löhne in Ostgalizien und in der Bukowina, dann folgten mit steigendem Lohnniveau Westgalizien und Mähren, Kärnten, Krain, dann Böhmen und Schlesien, die Steiermark, Salzburg, Oberösterreich und Niederösterreich. Am höchsten waren die Löhne in Triest und Istrien.[58] Die Lebensumstände der Taglöhner sind durch Unsicherheit in der Arbeitsfindung gekennzeichnet. Die Taglöhner waren in der Regel Parzellenbauern oder Häusler, die sich eine Kuh oder auch nur einige Ziegen hielten. Sie konnten, im Unterschied zu den Dienstboten, heiraten und eine Familie gründen. Ihr Arbeitsverhältnis war in keiner Weise rechtlich geregelt. Sie waren in dem Sinn echte Lohnarbeiter, dass sie ihre Arbeitskraft auf einem regional sehr beschränkten Arbeitsmarkt verkaufen mussten, um ihren Lebensunterhalt fristen zu können. In der sozialen Hierarchie standen die Taglöhner unter den oberen Rangstufen der Dienstboten. Besonders ausgeprägt war die Landarbeit in Form der Taglöhner in Böhmen, Mähren und Schlesien.[59]

Wanderarbeiter

Diese Gruppe der Landarbeiter stellte eine Sonderform der Taglöhner dar, ihr Dienstverhältnis dauerte in der Regel solange, bis die entsprechende Arbeit im Betrieb verrichtet war (z. B. Zuckerrübenvereinzeln), und dann zogen sie in ein anderes Gebiet weiter. So zogen Saisonarbeiterströme z. B. in der Zeit der Ernte von Süden nach Norden bzw. von tieferen Lagen in höhere; sie bewegten sich jeweils in Richtung jener Gebiete, wo die zu erntende Frucht vor der Reife stand. Westungarische Wanderarbeiter zogen nach Österreich, süd- und ostungarische nach Westungarn, böhmische und mährische nach Niederösterreich und Salzburg, galizische nach Ungarn und in die böhmischen Länder und österreichische und ungarische nach Deutschland. Ukrainische und polnische Armbauern zogen als Wanderarbeiter nach Preußen, um auf den Gütern der Junker die wesentlichsten Arbeiten zu verrichten.[60] Eingesetzt wurden die Wanderarbeiter insbesondere auf den größeren Gütern.

---

57 Vgl. H. v. Schullern-Schrattenhofen, Die Lohnarbeit in der österreichischen Landwirtschaft und ihre Verhältnisse, in: Zeitschrift für Volkswirtschaft, Sozialpolitik und Verwaltung, 5. Bd.. Prag, Wien, Leipzig 1896, S. 55
58 Ebenda. S. 55
59 Siehe Tabelle 13
60 Vgl. T. Kolossa, Beiträge zur Verteilung und Zusammensetzung des Agrarproletariats in der österreichisch-ungarischen Monarchie (1900), in: Studien zur Geschichte der österreichisch-ungarischen Monarchie. Budapest 1961, S. 250

Kolonen

Das wesentliche Merkmal der Kolonen war, dass sie selbständig auf dem Boden und mit den Betriebsmitteln (Geräten, Saatgut) des Besitzers wirtschaften. Das erzeugte Produkt wurde zwischen dem Kolonen und dem Grundbesitzer geteilt. Die Kolonenfamilie lebte vom Naturaleinkommen. Das Kolonat war eine Ausbeutungsform in Gebieten, in denen die Geldwirtschaft noch keinen bedeutenden Einfluss gewonnen hatte. In der österreichisch-ungarischen Monarchie war das Kolonensystem um 1900 noch überwiegend im Küstenland (Triest, Istrien) gebräuchlich, in einem Gebiet also, welches eine von den anderen Ländern abweichende Entwicklung durchgemacht hatte. Diese Ausbeutungsform kam insbesondere bei den Kulturarten Mais-, Oliven- und Weinbau vor. Der Grundbesitzer hatte keinen direkten Kontakt mit den Kolonen, er lebte meist in fernen Städten und kümmerte sich, außer um die Ablieferung der Hälfte der erzeugten Produkte, nicht um die Wirtschaft der Kolonen.[61]

Deputanten

Deputanten waren die Arbeitskräfte des Großgrundbesitzes in den östlichen Ländern und Provinzen der österreichisch-ungarischen Monarchie (Böhmen, Galizien, Mähren und Schlesien). Der Deputant stellte seine gesamte Arbeitskraft dem Großgrundbesitzer zur Verfügung und bekam in der Regel neben einer Parzelle zur eigenen Bewirtschaftung Naturalien wie Milch, Brot, Mehl oder Brennholz als Entlohnung. Er wurde am Arbeitsplatz nicht verköstigt. Er war normalerweise verheiratet und hatte eine eigene Familie, was ihn wesentlich von den Dienstboten in den Alpenländern unterscheidet. Ein weiterer Unterschied zum Dienstboten besteht darin, dass er dem Arbeitgeber gänzlich fern stand, d. h. keinen direkten Kontakt zu ihm hatte. Die Deputanten waren aber jederzeit durch Taglöhner ersetzbar. Das Deputationsverhältnis war nicht nur in Böhmen, Mähren, Schlesien und Galizien recht häufig, sondern es existierte zum Teil auch auf Großbetrieben in Niederösterreich, der Steiermark und in Tirol.

Es gibt zahlreiche Übergangsformen zwischen den einzelnen Arten von landwirtschaftlichen Arbeitern. Die nachfolgende Tabelle zeigt die Verteilung der Landarbeiter auf die einzelnen Kategorien des Agrarproletariats in der österreichisch-ungarischen Monarchie um 1893.

---

61   Vgl. H. v. Schullern-Schrattenhofen, Die Lohnarbeit a.a.O., S 51

Aus der Tabelle 13 können wesentliche Folgerungen gezogen werden. Aus dem Prozentsatz der Agrarbevölkerung kann auf die allgemeine Entwicklungsstufe des betreffenden Landes geschlossen werden. Vom Prozentsatz der Agrarbevölkerung lässt sich aber auch auf die spezielle Entwicklungsstufe in der Landwirtschaft selbst schließen: je größer der Prozentsatz der landwirtschaftlichen Bevölkerung, umso rückständiger ist in der Regel die Landwirtschaft eines Landes. Der Prozentsatz der landwirtschaftlichen Bevölkerung in der Monarchie ist mit 60,0 % nicht besonders hoch. Aber diese Durchschnittszahl verdeckt die beiden Extreme (Niederösterreich mit 24,1 % und Dalmatien mit 85,6 %).

Tabelle 13:
Die Landarbeiter in der österreichisch-ungarischen Monarchie um 1893

	Anteil der landwirtschaflichen Bevölkerung in %	Von den in der Landwirtschaft Berufstätigen sind selbständig	Anteil der Parzellenbauern an allen Grundsteuerträgern in %
Niederösterreich	24,1	49,3	22,7
Oberösterreich	50,3	38,4	19,7
Salzburg	48,3	37,5	24,7
Steiermark	62,5	42,7	15,9
Kärnten	62,6	36,7	22,4
Krain	71,2	51,8	37,2
Tirol	64,0	48,2	46,2
Vorarlberg	41,6	68,5	46,2
Böhmen	39,4	43,3	36,2
Mähren	49,0	46,8	34,9
Schlesien	39,7	43,8	34,3
Galizien	77,0	53,0	46,4
Bukowina	74,7	57,8	59,8
Dalmatien	85,6	47,5	55,9
Küstenland	53,2		50,4
Österreich	55,0	48,6	40,3
Ungarn	66,5		
Kroatien	82,0		
Österr.-Ungar. Monarchie	60,0		

Zusammenfassend kann gesagt werden, dass, im Gegensatz zum Entwicklungsniveau der böhmischen Länder (Böhmen 39,4 %, Mähren 49,0 %, Schlesien 39,7 %) sowie Niederösterreichs (24,1 %), Vorarlbergs (41,6 %) und Salzburgs (48,3 %), die übrigen Länder, insbesondere die östlichen und südlichen Teile der Monarchie einschließlich Ungarns, weit zurückblieben.[62]

Diese Aussage über den Entwicklungsunterschied zwischen den einzelnen

---

62   Vgl. T. Kolossa, Beiträge zur Verteilung und Zusammensetzung des Agrarproletariats a.a.O., S. 243

Ländern lässt sich noch weiter verdeutlichen, wenn die Nationalität der Agrarbevölkerung in den österreichischen Ländern untersucht wird.

Tabelle 14:
In der Landwirtschaft tätige Menschen nach in der österreichischen Reichshälfte lebenden Nationalitäten[63]

Deutsche	33,25 %	Serben und Kroaten	86,87 %
Tschechen und Slowaken	42,90 %	Italiener	50,00 %
Polen	65,33 %	Rumänen	90,10 %
Ukrainer	93,18%	Landesminderheiten	22,78 %
Slowenen	75,29 %	Ausländer	10,51 %

Ein besonderer Unterschied lässt sich zwischen den Deutschen und Tschechen einerseits und den Völkern der östlichen und südlichen Teile der Monarchie feststellen. Die Ukrainer und Rumänen bildeten eine reine Agrargesellschaft.

Da die Landarbeiterkategorie der Dienstboten in den Alpenländern bei weitem überwog, soll hier auf ihre wirtschaftliche und rechtliche Stellung näher eingegangen werden.[64] Die Dienstboten, Taglöhner und Kolonen waren keine homogene Gruppe, weder was ihre materielle Lage, noch was ihre soziale Stellung betrifft. Innerhalb der Dienstboten eines Betriebes können nach sozialem Prestige und wirtschaftlicher Lage (Lohn, Naturalbezug) folgende Rangstufen beobachtet werden:

Männer: Meier
Oberknecht
Schweizer
Ochsenknecht
Hausknecht
Melker

---

63   Ebenda, S. 243
64   Eine recht anschauliche Analyse der Arbeitsverhältnisse und der Rechtslage der Landarbeiter in den einzelnen Ländern und Provinzen der österreichisch-ungarischen Monarchie liefert H. v. Schullern-Schrattenhofen, Die Lohnarbeit a.a.O.

Fütterer

Viehhüter (Hirte)

Junge

Frauen: Oberdirn

Köchin

Unterdirn

Viehdirn

Schweinedirn

Hausdirn (Küchenmagd)

Helferin

Die Rangstufe drückt sich neben dem sozialen Prestige im Betrieb und dem Lohnniveau auch in den Wohnverhältnissen aus.[65] Die materielle Lage der Dienstboten insgesamt war regional recht unterschiedlich und hing weniger mit der landwirtschaftlichen Produktivität der Region, sondern mehr mit dem Vorhandensein anderer Arbeitsmöglichkeiten zusammen. In Gebieten mit außerlandwirtschaftlichen Arbeitsmöglichkeiten war das Lohnniveau durchwegs höher als in den übrigen Regionen. Weiters hing das Lohnniveau[66] von der Größe des Betriebs ab: In größeren Betrieben war es in der Regel höher als in mittleren und kleineren. Auf eine genauere Darstellung der Lohnverhältnisse der landwirtschaftlichen Arbeiter kann hier nicht eingegangen werden, weil das vorhandene Datenmaterial recht unzuverlässig und auch mangelhaft ist.[67] Die Daten lassen nur eine Einschätzung der grundsätzlichen Tendenz zu. Demnach waren die Löhne für Frauen durchwegs niedriger als die für Männer. Weiters gab es auf ein- und demselben Betrieb einen enormen Lohnunterschied, z. B. zwischen Oberknecht und Viehhüter oder Fütterer.

---

65 Zu den Wohnverhältnissen der Dienstboten gibt es praktisch keine Analysen und Daten.

66 Vgl. H. v. Schullern-Schrattenhofen, Die Lohnarbeit a.a.O., und K. Th. v. Inma-Sternegg, Die landwirtschaftlichen Arbeiter a.a.O.

67 Die Daten, die von H. v. Schullern-Schrattenhofen und Th. v. Inama-Sternegg analysiert werden, wurden von den Landeskulturräten und den Landwirtschaftsgesellschaften im Auftrag des Ackerbauministeriums erhoben. Die genannten Institutionen hatten einerseits für jeden Bezirk die untere und obere Lohngrenze anzugeben. und andererseits einen Betrieb auszuwählen und die tatsächlich bezahlten Löhne zu erheben. Es wurden nur die Grenzen der Löhne erhoben (Maximal- und Minimallöhne) ohne die Verteilung innerhalb dieser Grenzen zu berücksichtigen. Es ist mit Sicherheit anzunehmen, dass die Mehrheit der Löhne der landwirtschaftlichen Arbeiter an der unteren Grenze lagen. Der Informationsgehalt der Daten ist daher, neben ihrer möglichen Ungültigkeit (erhoben von der Arbeitgeberorganisation durch „Schätzung" der Löhne) sehr gering. Vor allem kommt bei der Bewertung des Naturallohnes eine unbegrenzte Willkür zum Ausdruck.

Die rechtliche Stellung der Dienstboten war in der Dienstbotenordnung des Landes festgelegt.[68] Um die rechtliche Lage zu skizzieren, sollen einige wesentliche Punkte aus den Dienstbotenordnungen dargestellt werden. So sind z. B. in der Dienstbotenordnung von Oberösterreich, die seit 1874 in Kraft war, folgende grundlegende Bestimmungen enthalten:[69]

- Hat ein Dienstbote ein „Angelt" vom künftigen Dienstherrn angenommen, so muss er den Dienst auch antreten, widrigenfalls er zum Dienst gezwungen werden kann.
- Der Dienstbote steht unter der Disziplinargewalt des Hausherrn.
- Bei Krankheit des Dienstboten hat der Dienstherr nur 14 Tage lang für Lohn und Verpflegung zu sorgen.
- Der Dienstherr kann praktisch jederzeit unter Einhaltung einer sechswöchigen Frist ohne Grund kündigen, hingegen kann der Dienstbote nur kündigen, wenn der Grund der Kündigung vom Gemeindevorsteher als schwerwiegend genug anerkannt wird.
- Dienstgeber, die einen Dienstboten ohne „gesetzmäßigen Grund" unter Missachtung der Kündigungsfrist entlassen, brauchen diesen nicht wieder aufzunehmen, hingegen kann der Dienstbote zum Wiedereintritt gezwungen und zusätzlich zu einer „angemessenen" Strafe und Schadenersatzleistung verurteilt werden, wenn der Gemeindevorsteher den die Dienstaufgabe verursachenden Grund nicht anerkennt.
- „Entlaufene" Dienstboten dürfen von niemandem aufgenommen werden (Kontrolle durch Dienstbotenbuch und Dienstschein).
- Richter in allen Streitigkeiten aus dem Dienstverhältnis ist der Gemeindevorsteher, also eine Person, die in der Regel selbst Dienstgeber ist.
- Der Dienstbote darf seine Habseligkeiten nicht ohne Wissen und Zustimmung des Dienstherrn außer Haus (z. B. bei den Eltern) aufbewahren – hingegen können die Kasten, Koffer und Truhen des Dienstboten jederzeit vom Dienstherrn ohne Angabe von Gründen durchsucht werden.

Paragraph 40 der Tiroler Dienstbotenordnung[70] besagte, dass unbeschäftigte Dienstboten vom Gemeindevorsteher zu Gemeindearbeiten heranzuziehen sind, wenn sie nicht gewillt sind, einen Dienst aufzunehmen. Diese Bestim-

---

68 Die Dienstbotenordnungen wurden vom Landtag, der von den konservativen Großgrundbesitzern beherrscht war, beschlossen. Die Landwirtschaft liegt bis heute in der Kompetenz der Länder.
69 Vgl. H. v. Schullern-Schrattenhofen, Die Lohnarbeit a.a.O., S. 11ff
70 Ebenda., S. 21 und 26

mung galt selbst dann, wenn der Dienstbote bei seinen Eltern oder anderen Personen Unterhalt fand.

Die Dienstbotenordnungen aller Alpenländer enthielten gleich lautende oder ähnliche Bestimmungen wie jene der oben zitierten.[71] Daraus zeigt sich recht deutlich, in welchem Abhängigkeitsverhältnis vom Dienstherrn und in welcher Unfreiheit die Dienstboten standen und dass das Vorhandensein eines freien Arbeitsvertrages nur eine Fiktion war.

In der Literatur der Zeit bis zum Ersten Weltkrieg und insbesondere in den Dienstbotenordnungen werden Kategorien und Termine verwendet, wie sie in der Viehhaltung und im Viehhandel üblich sind. So wird von „Dienstboten-haltung", vom „Angelt", „Ankauf" (Dienstbotenordnung von Oberösterreich), vom „Leihkauf" (Dienstbotenordnung in der Steiermark) etc. gesprochen, Diese Terminologie ist kennzeichnend für den Geist der Dienstbotenordnungen. Die Dienstboten wurden als Objekte betrachtet, die vom „Dienstherrn" „ange-kauft" und „gehalten" wurden.

---

71   Ebenda, S. 10ff.

6. DIE AGRARFRAGE IN DER ÖSTERREICHISCHEN UND INTERNATIONALEN SOZIALDEMOKRATIE

Die Bedeutung der Agrarfrage in der sozialistischen Bewegung

Die Agrarfrage hat schon am Beginn der sozialistischen Bewegung eine wesentliche Rolle in der theoretischen Auseinandersetzung gespielt. An ihr entzündeten sich harte Kontroversen auf den ersten Kongressen der „Internationale" zwischen Marxisten und Proudhonisten. „Es ist rein historisch bemerkenswert, dass sowohl bei dieser ersten, ernsthaften Auseinandersetzung, die die marxistische Lehre erlebte, als auch später in den Anfängen des Revisionismus die Agrarfrage den Ausgangspunkt für die Entwicklung der Gegensätze bildete."[72]

Die Agrarfrage spielte eine wesentliche Rolls sowohl bei der Entstehung und dem Sieg des Bolschewismus in Russland, beim Scheitern der ungarischen Revolution (1919), als auch bei der Spaltung der marxistischen Bewegung in der Zeit um den Ersten Weltkrieg in Sozialdemokraten und Kommunisten.

Es scheint daher sinnvoll, auf die Agrarfrage in der internationalen sozialistischen Bewegung näher einzugehen, um einerseits deren theoretische und praktische Bedeutung für die sozialistische Bewegung aufzuzeigen und andererseits, wenigstens in Form von Thesen, Erklärungsansätze für das interessante Phänomen zu liefern, warum die sozialistische Bewegung in rückständigen Ländern mit einem sehr geringen Industriearbeiterpotenzial, wie Russland und China, siegen konnte, und weshalb sie in den entwickelten Staaten, wie Deutschland und Ungarn, gescheitert ist.

Einige Stichworte zur Agrartheorie und Agrarpolitik von Karl Marx[73]

In der Analyse der Entwicklungsgesetzmäßigkeiten landwirtschaftlicher Produktion versucht Marx nachzuweisen, dass die kapitalistische Produktionswei-

---

72 M. Kemper, Marxismus und Landwirtschaft. Stuttgart 1973 (als Dissertation eingereicht in der Landwirtschaftlichen Hochschule Bonn-Poppelsdorf 1929), S.41
73 Es ist im Rahmen dieser Arbeit nicht möglich, diesen Problembereich eingehend zu untersuchen. Es soll daher nur auf einige, uns wesentlich erscheinende Grundthesen von Karl Marx zur Agrarfrage eingegangen werden, ohne deren theoretischen Gesamtzusammenhang zu berücksichtigen.

se in der Landwirtschaft ähnliche Wirkungen hervorruft wie in der Industrie. Die kapitalistisch betriebene agrarische Produktion ist bestimmt durch ihren Warencharakter und dem Privateigentum am wichtigsten landwirtschaftlichen Produktionsmittel, dem Boden. Der Warencharakter der landwirtschaftlichen Produktion ist der Ausgangspunkt für die Marxsche Agrartheorie. Ist die Agrarproduktion eine Warenproduktion, so gelten für sie auch dieselben ökonomischen Gesetze, die Marx in seiner Wert-Mehrwert- und Kapitaltheorie festgestellt hat.

Wenn der Produzent noch Besitzer der Produktionsmittel ist (einfache Warenproduktion), so fällt das Mehrprodukt, welches durch Technik und Entwicklung entsteht, den Bauern selbst zu, sofern es ihnen nicht durch Steuern und Abgaben enteignet wird. „In der kapitalistischen Warenproduktion (z. B. bei den englischen Pachtbetrieben), d. h. bei einer Trennung von Produzent und Produktionsmittel, wird die produktive Kraft, die Arbeitskraft selbst eine Ware, die als Mehrprodukt in Form des durch den Besitzer der Produktionsmittel angeeigneten Mehrwerts erscheint. Die Zuführung des so geschaffenen Mehrwerts zum produktiven Kapital ermöglicht somit auch in der Landwirtschaft die Kapitalakkumulation, die sich notwendigerweise in der Erweiterung der Produktion, d. h. in der Konzentration und Rationalisierung der Betriebe äußern muss."[74]

Als wesentliche Entwicklungstendenz der landwirtschaftlichen Produktion stellte Marx die Trennung von Produzenten (Arbeiter) und Produktionsmittel (Boden)[75] und die unvermeidliche Konzentration des Produktionsmittels

---

74 M. Kemper, Marxismus und Landwirtschaft a.a.O., S. 14

75 Karl Marx hat die Agrartheorie nicht einfach aus der Analogie zur Entwicklung der Industrie abgeleitet. Dies würde der Marxschen Arbeitsweise völlig widersprechen. Er hat vielmehr die kapitalistische Entwicklung der Landwirtschaft an den englischen Verhältnissen studiert. In England war zu Zeit von Marx die Trennung von Produzenten und Produktionsmittel (Trennung von Arbeiter und Boden im englischen Pachtsystem) am weitesten fortgeschritten. In den übrigen Ländern war nach Marx diese Entwicklung durch die geringe Industrialisierung und andere ökonomische Faktoren verzögert bzw. nicht eindeutig erkennbar. Marx begann daher in den letzten Jahren seines Lebens, die Agrarverhältnisse Russlands, als einem Land mit rückständiger Entwicklung, zu studieren. Die Ergebnisse dieser Analyse sollten in den letzten Bänden des „Kapitals" veröffentlicht werden. Die Analyse der russischen agrarischen Verhältnisse und die restlichen Bände des „Kapitals" konnte Marx allerdings nicht mehr abschließen. Im 2. und 3. Band des „Kapitals", welche nach seinem Tod von Engels herausgegeben wurden, sind die Teilergebnisse der Analyse der russischen Verhältnisse nicht berücksichtigt worden. Einige wichtige Schlussfolgerungen, die Marx aus dem Studium der russischen Verhältnisse gezogen hat, wurden erst der neueren Marxforschung zugänglich. In diesen Schlussfolgerungen lehnt Marx jede schematische Verallgemeinerung der in England festgestellten Entwicklungstendenzen und deren Übertragung auf die russischen Verhältnisse strikte ab. Vgl. M. Kemper, Marxismus und Landwirtschaft a.a.O., S. 16/17

Boden fest und er postulierte die notwendige Vergesellschaftung des Bodens. Dieses grundlegende Entwicklungsgesetz der landwirtschaftlichen Produktion erlangte besondere Bedeutung in der theoretischen Auseinandersetzung zwischen Marxisten und Proudhonisten und später zwischen Reformisten und Revisionisten und den Dogmatikern. In der Landagitation und deren Erfolglosigkeit hat diese Aussage praktische politische Bedeutung erhalten. Um die praktische Relevanz der Aussage der Marxschen Agrartheorie zu illustrieren, kann die These aufgestellt werden, dass die dogmatische, einseitige Auslegung der Marxschen Agrartheorie ein wesentlicher Faktor für das Scheitern bzw. für das Nichtzustandekommen sozialistischer Revolutionen in den westeuropäischen Ländern war.[76]

In agrarpolitischen und zeitgeschichtlichen Schriften von Karl Marx und Friedrich Engels finden sich recht zahlreiche Äußerungen der Antipathie und Geringschätzung der Bauern, gelegentlich schlägt sogar der Hass auf die Bauern als Stütze der Reaktion durch. So spricht Marx nach dem Juniaufstand 1848 von den französischen Bauern als von einer „Klasse, welche innerhalb der Zivilisation die Barbarei vertritt". Der ihm verhasste Napoleon III. verkörpert für ihn die „Dynastie der Bauern", auch Engels prangert die „vernagelte Borniertheit", „Blindheit" und die „störrische Dummheit" der französischen Bauern an; wie Marx bezeichnet er den Bauern als „Barbar mitten in der Zivilisation".[77] Im Kommunistischen Manifest sprechen Marx und Engels vom „Idiotismus des Landlebens" und vom reaktionären Bauern, der das Rad der Geschichte zurückzudrehen versucht.[78] Die Bauern sind nach Marx eine reaktionäre Klasse, dergegenüber die Bourgeoisie fortschrittlich ist. Es gibt bei Max aber auch verstreute Hinweise zur „fortschrittlichen" Rolle, die der Bauer in der Geschichte spielen könnte. „Aufgabe des Proletariats müsse es sein, die revolutionären Potenzen der landwirtschaftlichen Massen zu fördern, die bisher durch falsche Versprechungen in die Fänge der ,Reaktion' gelockt und von ihr mißbraucht worden seien."[79]

Marx hat die Agrarfrage in wirtschaftlich-theoretischer Hinsicht untersucht. Engels hat sie eher vom taktisch-politischen Blickwinkel aus betrachtet. Es finden sich in den Schriften sowohl von Marx als auch von Engels zahlreiche Äußerungen über die Notwendigkeit eines revolutionären Bündnisses zwischen

---

76 Nähere Ausführungen zu dieser These siehe weiter unten.

77 Vgl. H. Lehmann, Die Agrarfrage in der Theorie und Praxis der deutschen und internationalen Sozialdemokratie. Tübingen 1970, S. 3

78 K. Marx, F. Engels, Manifest der kommunistischen Partei, Berlin 1968 S. 48 und S. 55

79 H. Lehmann, Die Agrarfrage in der Theorie und Praxis a.a.O., S. 3

Bauern und Arbeitern, aber diese Hinweise sind nicht mehr als flüchtige Bemerkungen.[80] Eine Lehre vom Bündnis zwischen Arbeitern und Bauern hat weder Marx noch Engels entwickelt. Die Lehre von der Strategie und Taktik der Revolution und die damit verbundene „Bündnislehre" zwischen Arbeitern und Bauern wurde erst von Lenin ausgearbeitet.

Die Agrarfrage in der deutschen Sozialdemokratie bis zum Ersten Weltkrieg

Die deutsche Sozialdemokratie war bis zum Ersten Weltkrieg die führende Kraft in der internationalen Arbeiterbewegung. Die „2. Internationale" sah die deutsche Sozialdemokratie als „primus inter pares".[81] Sie hatte die französische Sozialdemokratie als Vorbild des internationalen Sozialismus abgelöst. Als Ursache für die Vorbildwirkung der deutschen Sozialdemokratie können angeführt werden:

- sie hatte eine fugenlose Ideologie entwickelt
- sie besaß eine einheitliche, straffe Organisation
- sie hatte Aufsehen erregende Wahlerfolge zu verbuchen
- und nicht zuletzt: Marx und Engels waren Deutsche.

Insbesondere die österreichische Sozialdemokratie orientierte sich an der Taktik und Strategie der deutschen. So schrieb die „Arbeiterzeitung" nach dem Wahlsieg der deutschen Sozialdemokratie am 20. Februar 1890, dass der deutsche Wahlerfolg „das Proletariat des ganzen Erdkreises" bewegen würde. Die internationale Bedeutung des deutschen Wahlerfolges wurde hauptsächlich in der „Aufmunterung der sozialdemokratischen Parteien anderer Länder, ihren deutschen Genossen nachzueifern", gesehen.[82]

Einen besonderen Einfluss übte die deutsche Sozialdemokratie in der Agrarfrage auf die anderen Arbeiterparteien der westeuropäischen Länder aus. Daher erscheint es notwendig, auf die Entwicklung der Agrarfrage in der deutschen Sozialdemokratie näher einzugehen.

Die deutsche Arbeiterbewegung wurde anfänglich von zwei Parteien vertre-

---

80   Ebenda, S. 134
81   Ebenda, S. 41
82   Arbeiterzeitung Nr. 11 vom 14. März 1890. Die Zeitung verwies in ihrem Kommentar auch auf „besonders auffallende Erfolge" bei den Landbewohnern, zitiert in: H. Lehmann, Die Agrarfrage in der Theorie und Praxis a.a.O., S. 41

ten: von der „Allgemeinen Deutschen Arbeiterpartei", welche 1863 in Leipzig von Ferdinand Lassalle (Lassalleaner), und von der „Sozialdemokratischen Arbeiterpartei Deutschlands", welche 1869 von Wilhelm Liebknecht und August Bebel in Eisenach gegründet wurde (Eisenacher). Lassalle sah nur im Industrie- und Gewerbeproletariat die „Avantgarde der Menschheit", während er das Landproletariat als zu sehr von Vorurteilen befangen ansah, als dass es ein Potenzial der sozialistischen Bewegung werden könnte.[83] Lassalle hat sich aber nie ernstlich mit der Agrarfrage beschäftigt, und auch seine Nachfolger blieben dieser Tradition treu. Für sie war die Bodenfrage ein rein theoretisches Problem ohne nennenswerte praktische Bedeutung. Die Eisenacher bekannten sich zu der 1864 in London unter dem Einfluss von Karl Marx gegründeten „Internationale". In ihr hatten sich neben Marxisten auch Proudhonisten und andere sozialistische Bewegungen vereinigt. Das proudhonistische Ideal der künftigen Gesellschaft war eine von Kleinbauern bevölkerte Welt; Bauern, die, nicht entfremdet, als Besitzer der Produktionsmittel, weder ausgebeutet werden noch andere ausbeuten. Diese Auffassung widersprach der Marxschen Lehre von der unaufhaltsamen Konzentration des Bodens und der dadurch notwendigen Vergesellschaftung. Auf dem 2. Kongress der „Internationale" in Lausanne 1867 und auch auf den folgenden Kongressen in Brüssel (1868) und Basel (1869) kam es zu heftigen Kontroversen zwischen Marxisten und Proudhonisten wegen der Bodenfrage, wobei sich auf dem 4. Kongress in Basel die Marxisten endgültig mit der „Konzentrationstheorie" und der dadurch notwendigen Vergesellschaftung des Bodens gegen die Proudhonisten durchsetzten.

Die nachfolgende Zeittafel stellt in groben Zügen die Entwicklung der Theorie und Praxis der Agrarfrage in der deutschen Sozialdemokratie dar.

---

83   Vgl. H. Lehmann, Die Agrarfrage in der Theorie und Praxis a.a.O., S. 3.

Zeittafel: Die Agrarfrage in der
deutschen und internationalen Sozialdemokratie[84]

1848   Kommunistisches Manifest: Mittelstände sind zum Untergang verurteilt. Sie sind reaktionär („Idiotismus des Landlebens").

1863   Gründung des „Allgemeinen Deutschen Arbeitervereins" in Leipzig durch Ferdinand Lassalle (Lassalleaner). Lassalle (1863): „Die Industriearbeiter sind die Avantgarde der Menschheit".

1864   Gründung der „Internationalen Arbeiterassoziation" in London, Inauguraladresse von Karl Marx: Konzentration des Landes vereinfacht die Grund- und Bodenfrage.

1867   2. Kongress der „Internationale" in Lausanne: Kontroverse zwischen Marxisten und Proudhonisten über die Vergesellschaftung des Bodens.

1868   3. Kongress der „Internationale" in Brüssel. Resolution: Landwirtschaft strebt Großackerbau zu. Heftiger Protest der Proudhonisten.

1869   Gründung der „Sozialdemokratischen Arbeiterpartei Deutschlands" durch Wilhelm Liebknecht und August Bebel in Eisenach (Eisenacher)

1869   4. Kongress der „Internationale" in Basel. Beschluss über die Notwendigkeit der Vergesellschaftung des Bodens.

1870   1. Kongress der Eisenacher in Stuttgart. Anfangs Kontroverse wegen des Zögerns der Eisenacher (Liebknecht), die Baseler Beschlüsse zu billigen. Auf dem Kongress in Stuttgart setzt sich Bebel über die Bedenken Liebknechts hinweg und befürwortet die Basler Beschlüsse vorbehaltlos. Die Resolution bekennt sich zum Großbetrieb in der Landwirtschaft und zur Vergesellschaftung des Bodens.

1871   Dresdner Parteitag der Eisenacher. Ein Delegierter klagt darüber, dass die Partei die Landarbeiter vernachlässige, worauf Johann Most, ohne auf Widerspruch zu stoßen, erklärt, die Industriearbeiter seien die „Vorkämpfer" der Bewegung.

1874   Coburger Parteitag der Eisenacher. Beschluss zur Landagitation (blieb ohne praktische Folgen, nur vereinzelte Agitationen).

---

84   Zusammengestellt nach folgenden Quellen: H. Lehmann. Die Agrarfrage in der Theorie und Praxis der deutschen und internationalen Sozialdemokratie. Tübingen 1970; F. Schaaf, Der Kampf der deutschen Arbeiterbewegung um die Landarbeiter und werktätigen Bauern 1848–1890. Berlin 1962; M. Kemper, Marxismus und Landwirtschaft, Stuttgart 1973 (als Dissertation an der Landwirtschaftlichen Hochschule Bonn-Poppelsdorf eingereicht 1929); E. David, Sozialismus und Landwirtschaft. Berlin 1903.

1875 Gothaer Unionsparteitag. Zusammenschluss von Eisenachern und Lassalleanern. Das neue Parteiprogramm ignoriert die Agrarfrage: alle Klassen außer der Arbeiterklasse sind „eine reaktionäre Masse."

1877 Bedeutende sozialdemokratische Erfolge bei den Reichstagswahlen (ohne nennenswerte Stimmanteile aus der agrarischen Bevölkerung).

1878 Die Agrarkrise weckt das Interesse der Sozialdemokratie an der Agrarfrage (Agitationsschriften).

1878 bis 1890 Sozialistengesetze durch Bismarck.

1890 Parteitag in Halle. Beschluss zur systematischen Landagitation. Diesem Beschluss ging eine taktische Neuorientierung voraus: Machtergreifung über das Parlament.

1890 bis 1891 Beginn der umfangreichen, jedoch schlecht vorbereiteten Landagitation.

1891 Erfurter Parteitag. Ideologische Neuorientierung mit Berücksichtigung der Agrarfrage im Parteiprogramm: Untergangstheorie des landwirtschaftlichen Kleinbetriebes (verfasst von Karl Kautsky). Forderung nach der Vergesellschaftung des Bodens. Theorie und Praxis stimmen noch überein (Agrarlehre und Landagitation), d. h. in der Landagitation wurde der Bauer als künftiger Proletarier und nicht als Bauer umworben. Auf dem Parteitag erfolgte eine heftige Auseinandersetzung mit den Berliner „Jungen" („Berliner Jungen": gegen die Taktik, die „Massen" zu gewinnen). Ihnen wird vorgeworfen, dass ihr Radikalismus die Ursache des geringen Erfolgs der Landagitation sei.

1892 bis 1893 Höhepunkt der Krise der Landagitation.

1892 Gesamtparteitag in Berlin; Diskussion über die Landagitation. Die Ursache des geringen Erfolgs wird der „Böswilligkeit" des Gegners zugeschrieben.

1893 Reichstagswahlen zeigen den geringen Erfolg der Landagitation.

1893 Gesamtparteitag in Köln. Selbstkritik an der Landagitation.

1894 Frankfurter Parteitag. Bekenntnis zum reformistischen Bauernschutz (Die „Bayern" setzen sich durch). Beschluss über Einsetzung einer Agrarkommission.

1894 bis 1895 Heftige Auseinandersetzungen über die Agrarfrage zwischen Reformisten und Dogmatikern, in die Engels mehrmals eingreift. Theoretische Offensive von Engels, Bebel und Kautsky gegen die Bayern.

1895 Parteitag zu Breslau. Fiasko der sozialdemokratischen Agrarpolitik.

Die „Vorschläge der Agrarkommission zum Parteiprogramm" werden heftig kritisiert und von den Delegierten des Parteitages abgelehnt. Der Breslauer Parteitag endete mit einem Fiasko, nicht nur der reformistischen, sondern der gesamten sozialdemokratischen Agrarpolitik. Die angenommene Resolution (verfasst von Kautsky) hat nicht nur das Verhältnis der Sozialdemokratie zur Bauernschaft in Deutschland sondern in ganz Europa beeinflusst und in verhängnisvoller Weise festgelegt. Die Agrarpolitik der Sozialdemokratie war in der Sackgasse, aus der sie nicht so rasch entkommen sollte. Kautsky lehnte jeden Bauernschutz, nicht nur den reformistischen, ab. Er berücksichtigte nur die ideologisch-theoretischen Aspekte, aber nicht die praktisch-politische Seite der Agrarfrage. Bis nach dem Ersten Weltkrieg war die Agrarfrage in der deutschen und internationalen Sozialdemokratie blockiert.

Die Agrarfrage in der österreichischen Sozialdemokratie

Die Agrartheorie und Agrarpolitik der österreichischen Sozialdemokratie war, insbesondere bis zum Ersten Weltkrieg, von der deutschen Sozialdemokratie und deren Auseinandersetzungen mit der Agrarfrage beeinflusst. Auch in Österreich wurde die Landagitation prinzipientreu betrieben, d. h. man umwarb im Bauern und Landarbeiter nicht den kleinen Besitzer an seinen Produktionsmitteln, sondern den künftigen industriellen Arbeiter. Die folgende Zeittafel liefert einen Überblick über die Agrarpolitik der österreichischen Sozialdemokratie.

Zeittafel: Die Agrarfrage in der österreichischen Sozialdemokratie[85]

1848   Gründung des „Ersten Wiener Allgemeinen Arbeitervereins" von Friedrich Sandner.
1862 bis 1870   Gründungen der Konsumvereine.
1867   Gründung des „Wiener Arbeiterbildungsvereines".
1889   Gründung der „Sozialdemokratischen Arbeiterpartei Österreichs."
1891   2. Parteitag der Österreichischen Sozialdemokratie. Beschluss: überall ohne „Kompromiss" die Wahlagitation zu betreiben (vgl. Parteitag der deutschen Sozialdemokratie in Halle 1890).
1891   Wahlagitation der österreichischen Sozialdemokratie auf dem Lande (nach Polizeiberichten). Zur Abwehr dieser „eminenten" Gefahr for-

---

85   Zusammengestellt nach folgenden Quellen: H. G. Lehmann, Die Agrarfrage in der Theorie und Praxis der deutschen und internationalen Sozialdemokratie. Tübingen 1970; H. Hautmann, R. Kropf. Die österreichische Arbeiterbewegung vom Vormärz bis 1945, Linz 1974.

dert die „Wiener landwirtschaftliche Zeitung" die österreichischen Grundbesitzer auf, sich zusammenzuschließen.

1892   3. Parteitag der österreichischen Sozialdemokratie in Wien. Beschluss: Landagitation nach deutschem Vorbild zu betreiben.

1892 bis 1894   Landagitation der österreichischen Sozialdemokratie. Gründungen von sozialdemokratischen Bauernvereinen in Lankowitz, Siebenhirten, Augenthal usw.

1892   Gründung der Monatszeitschrift „Sozialdemokratische Blätter für das Landvolk" in Salzburg.

1894   Die antisemitischen „Altdeutschen" Georg von Schönerers berufen den „2. Deutschen Bauerntag" in Wien ein. Auf diesem wurde aufs „entschiedenste" und „schärfste" gegen die „vom internationalen Gelde und jüdischen Geiste geleitete Agitation" auf dem Lande protestiert.

1896   Gesamtparteitag der österreichischen Sozialdemokratie in Prag. Man vermied es, auf die Agrarfrage einzugehen. Kautsky wollte sich den Österreichern als Referent über die Agrarfrage aufdrängen, was aber Adler verhindern konnte.

Die galizische Landesgruppe der österreichischen Sozialdemokratie befasste sich am eingehendsten mit der Agrarfrage. Die 1890 vom Dichter Iwan Franko gegründete sozialrevolutionäre „Radikale Partei" agitierte mit der Losung „Konfiskation des Großgrundbesitzes" unter den ruthenischen Landbewohnern erfolgreich. Auf dem 3. Landesparteitag der galizischen Sozialdemokratie (1894) konnten sich Vertreter der „Radikalen" (Trylowski) in der Agrarfrage nicht durchsetzen. Auf dem 4. Landesparteitag in Neu-Sandel (1895) wurde ein Agrarprogramm vorgelegt, die Abstimmung darüber aber verschoben. Der Entwurf eines reformistischen Agrarprogramms kam nicht zur Ratifizierung. Auf dem Parteitag in Lemberg (1897) wurde jeder Bauernschutz abgelehnt.

Auf dem 1. südslawischen Parteitag in Laibach (1896) wurde ein reformistischer Entwurf eines Agrarprogramms (ähnlich der deutschen Agrarkommission) unter Hinweis auf die internationale Sozialdemokratie abgelehnt. „Kautskys Terminologie strahlte bis in die entlegensten Winkel Österreichs aus."[86]

Die deutsche Sektion der österreichischen Sozialdemokratie be-

---

86   H. Lehmann, Die Agrarfrage in der Theorie und Praxis a.a.O., S.232

handelte die Agrarfrage nochmals auf dem Parteitag in Graz (1900). Die verabschiedete Resolution befasste sich mit der Landagitation, vermied aber den reformistischen Bauernschutz.

1924   Salzburger Parteitag. Beschluss über die Einsetzung einer agrarpolitischen Kommission.

1925   Parteitag in Wien. Annahme des Agrarprogrammentwurfes, den die agrarpolitische Kommission unter Einfluss von Otto Bauer ausgearbeitet hatte. Der Entwurf sah die Sozialisierung der Großbetriebe und eine Vergenossenschaftung der Kleinbetriebe vor.

Die Entwicklung der Agrarfrage in der österreichischen Sozialdemokratie zeigt gegenüber der deutschen einige Abweichungen und Besonderheiten: In der Agrarpolitik und -theorie hat der reformistische „Bauernschutz" bis zum Ersten Weltkrieg keine so offene Ausprägung wie in Deutschland erfahren, und demzufolge ist es in Österreich nicht zu einer so tief greifenden Auseinandersetzung in der Bodenfrage gekommen. Die österreichische Landagitation blieb prinzipientreu, d. h. es wurden keine reformistischen Zugeständnisse an die bäuerlichen Mittelschichten gemacht wie etwa in Bayern. Die Landagitationsschriften bekannten sich bis zum Ersten Weltkrieg durchwegs zur Vergesellschaftung des Bodens und räumten, getreu der „Konzentrationstheorie", den landwirtschaftlichen Kleinbetrieben keine Zukunftschance ein. Wie Viktor Adler in der Arbeiterzeitung vom 20. November 1891 schrieb, sah die österreichische Sozialdemokratie alle Versuche, die Kleinbauern zu „konservieren ... als reaktionär an."[87] Um 1895 bezog auch die österreichische Sozialdemokratie denselben dogmatischen Standpunkt wie die deutsche Sozialdemokratie, ohne dass aber vorher reformistische Strömungen in Bezug auf die Agrarfrage offenbar geworden waren. Die österreichische Sozialdemokratie hat, ähnlich der deutschen, diesen dogmatischen Standpunkt vor dem 1. Weltkrieg nicht überwunden. Darin liegt auch in Österreich eine der wesentlichen Ursachen, dass der Einfluss der Sozialdemokratie in der Agrarbevölkerung bis Ende des Ersten Weltkrieges relativ bedeutungslos blieb.

Die Ursachen der Erfolglosigkeit der Landagitation

Die Faktoren, die die Erfolglosigkeit der Landagitation der Sozialdemokratie bewirkten, lassen sich in drei Gruppen einteilen:

---

87   Vgl. H. Lehmann, Die Agrarfrage in der Theorie und Praxis a.a.O., S. 46

- Faktoren theoretisch-ideologischer Natur (das sind solche, die in den Inhalten der Agitation liegen und durch die Agrartheorie determiniert sind).
- Faktoren interner Natur (das sind solche, welche in der Art und Weise der Durchführung der Agitation selbst liegen) und
- externe Faktoren (das sind solche, welche von den Agitatoren nicht beeinflusst werden konnten).

Theoretisch-ideologische Faktoren

Das prinzipielle Festhalten der Sozialdemokratie an der „Konzentrationstheorie" und der Zukunftslosigkeit des Klein- und Mittelbetriebes und die daraus abgeleitete Forderung nach der Vergesellschaftung des Bodens konnte bei der großen Masse der „landhungrigen" und „Boden verbundenen" Landarbeiter und Kleinbauern keinen Anklang finden. Die Landarbeiter und Kleinbauern erwarteten die Aufteilung der Großbetriebe und sie träumten von einer selbständigen eigenen Existenz als Bauern. Die Bauern Mittel- und Westeuropas zeichneten sich durch eine besondere „Bodenverbundenheit" aus, welche sich historisch einerseits durch den Jahrhunderte währenden Kampf der Bauern gegen die Grundherrschaft und andererseits durch die sozialen und wirtschaftlichen Freiheiten, welche mit dem Grundbesitz verbunden waren, erklären lässt. So haben der Kampf der Bauern um die Bodenentlastung und die damit teuer erkauften Freiheiten die Einstellung der Bauern zum Boden mitgeprägt. Der Einbruch des kapitalistischen Marktes hatte die Bauern noch nicht so weit verelendet, dass sie die Existenz eines industriellen Lohnarbeiters der eines Bauern vorgezogen hätten.

Ein weiterer Faktor war die ideologische Unentschlossenheit der Sozialdemokratie zwischen revolutionärer Kampfgemeinschaft (Arbeiter und Bauern) und dem offenen Reformismus (Bauernschutz). Das Dilemma der Agrarfrage wurde durch den „dogmatischen" Marxismus überdeckt: die Entwicklung muss naturnotwendig zum Zusammenbruch des Kapitalismus führen. Der subjektive Faktor der historischen Entwicklung, wie Klassenkampf und Agitation, wurde vernachlässigt. Als die Landagitation fehlschlug, wurde die Agrarbevölkerung als noch nicht „reif" (noch nicht verelendet genug) für den Sozialismus bezeichnet.[88] Nicht in der Agitation und in den vermittelten Inhalten wurde

---

88   Karl Kautsky schrieb 1894/95 am Höhepunkt der Krise der Landagitation in der von ihm herausgegebenen Zeitschrift „Die Neue Zeit" (Nr. 13, 1894/95, 1, S. 619): „Wenn sich die bäuerliche Bevölkerung mit dem Erfurter Programm nicht gewinnen lasse, dann bedeute dies, dass „die Bauern noch nicht reif sind für uns, dass die Zeit zu einer Bauernagitation noch nicht gekommen ist"." Vgl.

die Ursache des Fehlschlagens gesehen, sondern im falschen Bewusstsein der Bauern, die eben die naturgesetzliche Entwicklung in der Konzentration der Produktionsmittel in der Landwirtschaft nicht sehen wollten bzw. konnten.

Interne (organisatorisch-taktische) Faktoren

Die wesentlichen organisatorisch-taktischen Faktoren des Fehlschlagens der Landagitation waren:

- In der Agitation wurde die Mentalität der Agrarbevölkerung oft wenig beachtet, in vielen Agitationsschriften und Reden griff man die Kirche frontal an.
- Die soziale Differenzierung und die Gegensätze in der Landbevölkerung wurden in der Agitation nicht berücksichtigt: So wurden die Bauern und Landarbeiter gleichzeitig und in gleicher Weise umworben.
- Die Agitationsschriften, insbesondere zu Beginn der Landagitation, waren zu anspruchsvoll. In ihnen fanden sich häufig theoretisch fundierte Abhandlungen über die Zukunftslosigkeit des bäuerlichen Betriebes und über die Notwendigkeit der Vergesellschaftung des Bodens. Abgefasst wurden diese Traktate in einer Sprache und auf einem Abstraktionsniveau, welche den schlecht ausgebildeten Landbewohnern kaum zugänglich waren.[89]

Externe Faktoren
(Faktoren, die die Landagitation erschwerten und nicht im Einflussbereich der Agitatoren lagen)

- Mit der Landagitation setzte ein vehementer Kampf der Reaktion ein. Insbesondere der niedere Klerus führte einen „Kulturkampf" gegen die „böse", „vom Teufel besessene" Sozialdemokratie und gegen die „vaterlandslosen" Gesellen, die es wagten, die „brave" Landbevölkerung mit „verwerflichen Ideen" zu verwirren.
- Die Gegenagitation durch Klerus und Provinzpresse setzte in vielen Dörfern ein, bevor die ersten sozialdemokratischen Landagitatoren auftauchten. Daher war die Misstrauensbarriere, welche die Sozialdemokraten zu

---

H. Lehmann, Die Agrarfrage in der Theorie und Praxis a.a.O., S. 267

89 Vgl. F. Schaaf, Der Kampf der deutschen Arbeiterbewegung um die Landarbeiter und werktätigen Bauern 1848-1890. Berlin 1962, S. 281-352

überwinden hatte, besonders hoch. Diese vorzeitige Gegenagitation bewirkte oft einen entsprechenden Empfang der Agitatoren, der von schrof-
fer Ablehnung bis zur offenen Gewalttätigkeit reichte.[90] Häufig wurde den
Landagitatoren die notwendige Lokalbenutzung von den Gastwirten verweigert (meist aufgrund des sozialen Druckes der reaktionären Kreise des
Dorfes wie Pfarrer und Großbauern). Die Gegenagitation ging sogar so
weit wie beispielsweise der Bielefelder Pastor Iskraut, der „Vereine zur Aufrechterhaltung der christlichen und weltlichen Ordnung" organisierte, um
die Landagitation zu bekämpfen.[91]

- Von den Arbeitgebern wurden die Dienstbotenordnungen voll zur Repres-
  sion von sozialdemokratischen Landarbeitern ausgeschöpft.
- Die Konservativen forderten die „Bauernschutzpolitik" und die Selbsthilfe der Bauern (landwirtschaftliches Genossenschaftswesen), um den Einbruch der Sozialdemokratie ins Land zu verhindern.
- Die starke soziale Kontrolle im Dorf machte vielen Landarbeitern ein offe-
  nes Sympathisieren mit der Arbeiterbewegung unmöglich.
- Die Landagitation und die Organisierung der Landarbeiter und Kleinbauern waren durch die Verstreuung der Agrarbevölkerung auf einen weiten
  Raum und die Vereinzelung am Arbeitsplatz besonders schwierig.
- Kein Klassengefühl vereinigt Kleinbauern, Landarbeiter und industrielle,
  städtische Arbeiter. Es gab eher Vorurteile und Ressentiments.
- Und nicht zuletzt ist es gerade für den speziellen österreichischen Unter-
  suchungsfall kein Zufall, dass der Ausbau der Gendarmerie (um die ländliche „Ordnung" aufrechtzuerhalten) mit der Landagitation der Sozialdemokratie zusammenfällt.

Exkurs: Bauern als revolutionäres und konterrevolutionäres Potenzial. Zwei historische Beispiele: Russland 1917 und Ungarn 1919

Eine andere theoretische und taktische Grundposition als Kautsky und die
deutsche und internationale Sozialdemokratie entwickelte Lenin. Er wartete
die objektiven Voraussetzungen (Verelendung der Bauern), unter denen Kautsky eine sozialistische Agrarpolitik für erfolgreich hielt, nicht ab und arbeitete

---

90 Lehmann schildert einige amüsante und weniger amüsante Begebenheiten, wie Landagitatoren
    empfangen wurden und mit welcher Schlauheit und Taktik sie die Kontakt hemmenden Vorurteile
    abbauten bzw. umgingen.
91 Vgl. H. Lehmann, Die Agrarfrage in der Theorie und Praxis a.a.O., S. 28

die Theorie vom revolutionären „Bündnis der Arbeiterklasse mit der Bauern-schaft" aus. Anders als die europäische Sozialdemokratie war die sozialistische Bewegung Russlands organisiert. Die russische Arbeiter- und Bauernbewegung wurde von einer revolutionären Kaderpartei getragen, die flexibler und leichter lenkbar war als die proletarisch-demokratischen Massenparteien der westeuropäischen Länder. Der Bolschewismus unterschied sich ideologisch, politisch und organisatorisch von den westlichen Sozialdemokratien. Die Bolschewiki brachen mit den westeuropäischen Kampfmethoden (Machtergreifung über das Parlament, Kampf um demokratische Freiheiten), Organisationsformen (Massenparteien) und den demokratisch-freiheitlichen Idealen.[92]

Der Erfolg der russischen Revolution wurde wesentlich vom Kampfbündnis zwischen Arbeitern und Bauern getragen. Die besondere Bedeutung dieses Bündnisses für die sozialistische Bewegung lag nicht so sehr im Sieg der Revolution als im Scheitern der Konterrevolution. Die Bündnislehre wurde eine wesentliche Grundthese des Bolschewismus, der sich gerade dadurch von den europäischen Sozialdemokraten und den Menschewiki unterschied. Auf dem 2. Kongress der „Kommunistischen Internationale" wurde 1920 allen marxistisch-leninistischen Parteien, ohne Rücksicht auf die ökonomische Entwicklung ihrer Länder, die Bündnispolitik empfohlen.[93]

Wird die Rolle der Bauern in der russischen Revolution mit dem Ausdruck „Bündnis" charakterisiert und von einer Bündnislehre und von einer Bündnispolitik gesprochen, so suggeriert dies, dass es sich hier um ein Bündnis mit der Bauernschaft als Gesamtheit handeln würde. Dies ist aber in keiner sozialistischen Revolution bisher der Fall gewesen. In den einzelnen Phasen der sozialistischen Revolution spielen die verschiedenen sozialen Gruppen (Klassen) der Bauern eine sehr unterschiedliche Rolle, d. h. für die Mobilisierung der einzelnen Bauernklassen müssen unterschiedliche Voraussetzungen vorhanden sein. Die beiden Klassen, die als Bündnispartner in Frage kommen, sind einerseits die armen Bauern. In der russischen Revolution waren das jene Bauern, die kein oder nur sehr wenig Land besaßen, aber Besitzer von Pferden und einigen landwirtschaftlichen Geräten waren.[94] Sie arbeiteten als Pächter auf dem Land von Großgrundbesitzern und waren von diesen total abhängig. Als weiteres revolutionäres Potenzial unter den Bauern haben sich andererseits die mittleren Bauern erwiesen. Das war jene Gruppe von Bauern, welche als Eigentümer ein kleines Stück Land besaßen, das sie selbst bearbeiteten, ohne die Arbeit anderer

---

92   Vgl. H. Lehmann, Die Agrarfrage in der Theorie und Praxis a.a.O., S. 276
93   Ebenda, S. 277
94   H. Alavi, Theorie der Bauernrevolution. Stuttgart 1972, S. 8 und 12

auszubeuten.[95] Auf die anderen Gruppen, wie reiche Bauern (Kulaken) und die Großgrundbesitzer wird hier nicht eingegangen, weil sie kein revolutionäres, sondern das konterrevolutionäre Potenzial abgaben. Sie waren der Zahl nach zwar sehr wenige, aber durch ihre wirtschaftliche Bedeutung und die Beherrschung der armen Bauern die bedeutendsten Machtträger auf dem Lande.

Hamza Alavi zeigt,[96] dass die Bolschewiken bei der Mobilisierung der armen Bauern anfänglich scheiterten. Was war die Ursache dieses Scheiterns? Die Erklärung dafür (und dies zeigt auch Lenin ganz klar) liegt außerhalb des subjektiven Bereiches. Es müssen notwendige Vorbedingungen für die Mobilisierung der armen Bauern gegeben sein. Eine solche Vorbedingung ist die Aufhebung der Macht der Großgrundbesitzer über die Lebenssituation der armen Bauern, d. h. ihnen muss ein bestimmtes Maß an Unabhängigkeit gegeben werden, erst dann können sie zu einer revolutionären Kraft werden. Wenn der arme Bauer und seine Familie zum Überleben gänzlich vom Grundherrn abhängen, braucht es gar keinen großen Zwangsapparat, um den armen Bauern unterwürfig zu halten. Im paternalistischen Verhältnis mit totaler Abhängigkeit (auch der Überlebenschance) kann es zwar in Ausnahmefällen passieren, dass der Bauer seinen Herrn, der sich von der paternalistischen Norm zu weit entfernt hat, tötet. Dies ist eine soziale Rebellion, die in der Geschichte zwar häufig vorkommt, aber ohne bestimmende Wirkung auf die Geschichte bleibt.[97] Der arme Bauer wird erst in einer revolutionären Situation zu einer potenziellen revolutionären Kraft. Erst „wenn sich in der Praxis zeigt, dass die Macht seines Herrn definitiv zerschlagen werden kann, erst wenn die Möglichkeit einer anderen Lebensweise als etwas Reales vor seinen Augen erscheint, schlägt er schließlich unwiderruflich den Weg der Revolution ein."[98] Diese Aussage von Alavi beruht auf der historischen Erfahrung der Revolutionen in Russland und China. In beiden Fällen wurden die armen Bauern erst in einem fortgeschrittenen Stadium der Revolution für diese mobilisierbar.

Die mittleren Bauern spielten am Anfang der russischen Revolution eine besondere Rolle. Sie waren es, die sich an den Aufständen im russischen Agrarsektor sowohl 1905-1907 als auch 1917 besonders intensiv beteiligten. Sie kämpften gegen die Feudalklasse; sie waren die treibende Kraft im Kampf um

---

95 Ebenda, S. 8 und 12
96 Ebenda, S. 20
97 Vgl. E. Hobsbawm, Sozialrebellen, Neuwied/Rhein 1962. Eric Hobsbawm analysiert in diesem Buch insbesondere den individuellen Sozialrebellen archaischer Gesellschaften, der sich durch eine individuelle Tat Gerechtigkeit verschaffen will.
98 H. Alavi, Theorie der Bauernrevolution a.a.O., S. 61

die Rückgewinnung des „beschnittenen Landes"[99] und für die Aufhebung der noch verbliebenen feudalen Restriktionen. „Die mittleren Bauern ... sind anfänglich die militantesten Elemente der Bauernschaft und können sich in einen mächtigen Verbündeten der proletarischen Bewegung verwandeln, vor allem weil sie in der Lage sind (durch ihre relative Unabhängigkeit), der Bauernbewegung die Initialzündung zu geben."[100] Die mittleren Bauern sind zwar die treibende Kraft im Kampf gegen die Reste der feudalen Strukturen: Wenn aber die Revolution auf eine weitere Etappe fortschreitet, die über die Beseitigung der feudalen Strukturen oder deren Reste hinausgeht, so fallen sie von der Bewegung ab, sofern es nicht gelingt, sie durch den Prozess der Vergenossenschaftung zu integrieren. Die hier dargestellten Hypothesen von Alavi zeigen folgendes auf:

- dass es den rückständigen, reaktionären Bauern nicht gibt, sondern dass es sich hier um objektive Abhängigkeitsverhältnisse handelt.
- dass der Klassenkampf und die Revolution sich nicht gegen abstrakte Ausbeuter bzw. Ausbeutungssystem richten, sondern sich an konkret erfahrbaren Widersprüchen, Unterdrückungen und Ausbeutungsverhältnissen auf dem Land entzünden.
- dass es das Bündnis der Arbeiterklasse mit den Bauern in ihrer Gesamtheit nicht gegeben hat und nicht geben kann, da die Bauern keine einheitliche Gruppe sind, sondern in sich vielfältig gespalten sind.
- dass es ein Mythos ist, dass die sozialistische Revolution in Russland „zusammen mit den armen Bauern" gemacht wurde. Vielmehr existierte in verschiedenen Stadien der Revolution eine Kampfgemeinschaft von Arbeitern und unterschiedlichen Teilen der Bauernschaft. Dies bedeutet konkret, dass in unterschiedlichen historischen Phasen und revolutionären Etappen auch unterschiedliche Teile der Bauernschaft als revolutionäres Potenzial aufscheinen.

Diese von Alavi aufgezeigten Probleme sind, wie er selbst schreibt, „von größtem Interesse für die sozialistische Bewegung in Ländern, wo die Bauernschaft den

---

99 Der mittlere Bauer Russlands war der Erbe der „Bauernbefreiung" von 1861. Durch das Emanzipationsedikt erhielt der Lehensknecht als "Grundstück" das Land, das er zuvor bearbeitet hatte, von dem aber ein Teil für den Großgrundbesitzer weggenommen wurde. Solche Parzellen waren als „beschnittenes Land" bekannt. In ganz Russland betrug der Anteil des „beschnittenen Landes" annähernd ein Fünftel des ursprünglichen bäuerlichen Besitzes. Siehe in: H. Alavi, Theorie der Bauernrevolution a.a.O., S. 11

100 H. Alavi, Theorie der Bauernrevolution a.a.O., S. 61

zahlenmäßig größten Sektor der Bevölkerung stellt."[101] Seit den 1970er Jahren findet in den Ländern Asiens, Afrikas und Lateinamerikas der moderne Marxismus seinen Nährboden auf dem Land. Aus dem alten Ruf der europäischen Sozialdemokratie „Hinaus aufs Land" ist die neue Parole geworden: „Die Dörfer belagern die Städte."[102] Die europäische Linke verfolgte diese Entwicklung in den Ländern der Dritten Welt mit Faszination und sie betrachtete mit Recht die Bauern als ein gewaltiges revolutionäres Potenzial. Mit den Bauern der alten Welt hat sich die alte Linke in eher opportunistischer Weise (Wahlprogramme, Landagitation) beschäftigt und ist kaum auf die differenzierten Probleme der Agrarbevölkerung eingegangen. Die europäische Neue Linke beschäftigte sich kaum mit den Bauern der alten Welt. Harte Vorurteile bestimmten zum Teil das Verhältnis der Linken zu den Kleinbauern und Landarbeitern: So wurden diese noch immer als reaktionär und als Potenzial für faschistische und präfaschistische Parteien angesehen. Die historischen ökonomischen und sozialen Faktoren, einschließlich der Versäumnisse der sozialistischen Bewegung, die Teile der Kleinbauern zu faschistischen Positionen gelenkt haben, wurden kaum analysiert. Die aktuell stattfindende Ausbeutung und Pauperisierung der Bauern in den westlichen Ländern ist kaum Gegenstand sozialistischer Analyse. Es gibt nur wenig Anregung „für diese vergessene Analyse einer Ausbeutung".[103]

Dieses Phänomen ist besonders unerklärlich, wenn wir das Geschichtsbewusstsein von Marxisten kennen. Denn die Geschichte der europäischen Arbeiterbewegung ist untrennbar mit der Agrarfrage verknüpft. So ist die ungarische Revolution (1919) an der Agrarfrage gescheitert, und der Sieg der russischen Revolution liegt zum Teil in der Haltung der Bolschewisten zur Bauernfrage. Die russische und die ungarische Revolution hatten ähnliche Voraussetzungen. Die Agrarverfassung Ungarns war vor der Revolution wie in Russland eine feudale bzw. halbfeudale, und die Klassengegensätze auf dem Land waren in Ungarn genauso tief wie in Russland. Die am 31. März 1919 zur Macht gelangte Räteregierung in Ungarn hielt an der Agrartheorie der westeuropäischen Sozialdemokratie fest und strebte eine unmittelbare Verwirklichung der marxistischen Agrartheorie im Sinne einer Vergesellschaftung der landwirtschaftlichen Großbetriebe an. Daher war eine der ersten Anordnungen der Räteregierung die Sozialisierung des mittleren und großen Grundbesitzes. „Die Maßnahmen der Räteregierung entsprachen natürlich weder den Erwartungen der landhungrigen Bevölkerung noch den Vorbedingungen, die sie an die Organisation

---

101 H. Alavi, Theorie der Bauernrevolution a.a.O., S 4
102 Vgl. H. Lehmann, Die Agrarfrage in der Theorie und Praxis a.a.O., S 278
103 B. Lambert, Bauern im Klassenkampf. Berlin 1971

und geistige Entwicklung der ungarischen Landbevölkerung stellten ... So erwartete die ungeheure Masse der Landarbeiter und Kleinbauern die Aufteilung der Latifundien. Das Landproletariat erblickte unter diesen Verhältnissen in dem Regierungswechsel keine wesentliche Besserung der Dinge und stand der Rätediktatur völlig indifferent gegenüber. Der landarme und kleine Bauer war durch die Erhaltung der Großbetriebe enttäuscht; der mittlere Bauer, der der Enteignung noch eben entgangen war, lebte ständig in Erwartung derselben: Er war gegen diese Diktatur. Unter diesen Umstanden konnte die einsetzende Gegenrevolution auf dem flachen Lande schnell Fuß fassen."[104] Nach viermonatiger Herrschaft wurde die Räteregierung durch die ungarischen Bauern gestürzt: ohne „den Chor der Bauern" war „der Sologesang der proletarischen Revolution" in einer Bauernnation „zu ihrem Sterbelied geworden".[105]

Die Mobilisierung der ärmeren Schichten der Landbevölkerung, insbesondere durch die Perspektive der Aufteilung des Großgrundbesitzes, war ein wesentlicher Faktor für den Sieg der russischen Revolution gewesen. Hingegen war mit der Taktik der Sozialisierung des Großgrundbesitzes getreu der Marxschen Agrartheorie die ungarische Revolution gescheitert.

---

104 M. Kemper, Marxismus und Landwirtschaft a.a.O., S. 86
105 Ebenda, S. 87

7. ENTSTEHUNG UND ENTWICKLUNG DER LAND-
WIRTSCHAFTLICHEN INTERESSENVERTRETUNGEN

Die Analyse der Entstehungsgeschichte der landwirtschaftlichen Interessenvertretungen in Österreich lässt einige wesentliche Besonderheiten erkennen. In der Regel wurde die massenhafte politische und wirtschaftliche Organisierung der Bauern nicht von den Bauern selbst initiiert und durchgeführt, sondern sie erfolgte entweder unter staatsbürokratischem Einfluss oder im Vorfeld der noch kaum durchorganisierten politischen Parteien. Die Rolle, welche der niedere Klerus, insbesondere bei der Mobilisierung der Bauern im Vorfeld der christlich-sozialen Partei gespielt hat, darf dabei nicht übersehen werden. Die spontane Selbstorganisation der Bauern wurde von mehreren Seiten gleichzeitig heftig bekämpft und unterdrückt.

Landwirtschaftliche Organisationen im Interesse der liberalen Großgrundbesitzer und im Einflussbereich der Staatsbürokratie

Ackerbaugesellschaften

Die Entwicklungsgeschichte landwirtschaftlicher Interessenvertretung in Österreich beginnt mit den Ackerbaugesellschaften, welche unter Einfluss der physiokratischen Lehren in der zweiten Hälfte des 18. Jahrhunderts gegründet wurden. Das Ziel der Ackerbaugesellschaften war, die landwirtschaftliche Produktion zu fördern. Dies erfolgte durch Vermittlung von Wissen und Erkenntnissen, welche insbesondere durch Forschungs- und Versuchstätigkeit auf landwirtschaftlichem Gebiet gewonnen wurden. Die praktische Tätigkeit der Ackerbaugesellschaften umfasste:[106]

- Studienreisen ins Ausland, um neue landwirtschaftliche Produktionstechniken zu studieren
- die Einrichtung von Versuchsgütern, um neue landwirtschaftliche Geräte und Produktionsmethoden erproben zu können

---

106 Vgl. E. Klein, Geschichte der deutschen Landwirtschaft im Industriezeitalter. Wiesbaden 1973, S. 43

- intensive publizistische Tätigkeit auf agrarwissenschaftlichem Gebiet
- Anregung von Versuchen und Untersuchungen durch Vergabe von Preisen und Prämien.

Die Mitglieder und Mitarbeiter der Ackerbaugesellschaften rekrutierten sich aus dem Adel, den Gelehrten und den hohen Beamten der Bürokratie. Hingegen waren Bauern darin kaum vertreten. Die Ackerbaugesellschaften, auch „Agrikultursozietäten" genannt, waren kein österreichisches Spezifikum. Sie wurden zuerst in Frankreich und England und später erst in Deutschland und Österreich gegründet. Die erste österreichische Ackerbaugesellschaft wurde 1764 in Kärnten gegründet, weitere folgten bald darauf in Görz, der Steiermark (Graz), Krain (Laibach), Tirol (Innsbruck), Niederösterreich (Wien), Böhmen, Mähren, Schlesien etc.[107]

Die Entstehung der Ackerbaugesellschaften in Österreich lässt sich nicht allein mit dem Aufkommen physiokratischer Ideen, welche die Landwirtschaft als den alleinig produktiven Wirtschaftssektor ansahen, erklären. Maßgeblich waren auch fiskalische Interessen des Staates. Dieses staatliche Interesse galt nicht unmittelbar der Landwirtschaft, als vielmehr der österreichischen Textilindustrie. Insbesondere Maria Theresia versuchte diese Industrie durch staatliche Maßnahmen in der Landwirtschaft von ausländischen Rohstoffen unabhängig zu machen. Sie förderte daher die Gründungen und die Tätigkeiten der Ackerbaugesellschaften mit dem Ziel, den Flachs- und Hanfanbau zu steigern und den Anbau von Maulbeerbäumen für die Seidenraupenzucht in unserem Klima zu versuchen. In den Ackerbaugesellschaften trafen sich die Interessen des Staates an größeren Steuereinnahmen mit den Interessen der Textilindustriellen,[108] welche an billigen einheimischen Rohstoffen interessiert

---

107 Eine ausführliche Gründungsgeschichte der Ackerbaugesellschaft in Kärnten, wie auch der später gegründeten in den übrigen Ländern der österreichisch-ungarischen Monarchie findet sich in: K. Dinklage, Geschichte der Kärntner Landwirtschaft. Klagenfurt 1968, S. 149ff.

108 Johann Thys war ein von Maria Theresia ins Land geholter holländischer Textilindustrieller, „der sich mit der ganzen Kraft seiner Persönlichkeit und dem aus seinem landwirtschaftlich hoch entwickelten Vaterland mitgebrachten Wissen daranmachte, Klagenfurt den Ruhm des ersten und ältesten Vorbildes auf dem Gebiet der Landwirtschaftsförderung in der gesamten österreichisch-ungarischen Monarchie zu gewinnen" (K. Dinklage, Geschichte der Kärntner Landwirtschaft. Klagenfurt 1966, S. 149). Was Dinklage verschweigt oder nicht sieht, sind die ausbeuterischen Eigeninteressen dieses Frühkapitalisten, der sein Vermögen durch Ausbeutung von 90 Kindern des Waisenhauses von Klagenfurt, 30 Kindern des Waisenhauses von St. Veit, 24 Kindern des Waisenhauses von Völkermarkt, 55 Kindern der Spinnschulen Wolfsberg, Tarvis, Villach, Himmelberg und Gurk, sowie 50 weiteren Personen aus dem Armen-, Arbeits- und Zuchthaus von Klagenfurt ansammelte. Die Waisenstiftung von Graz wurde auf Intervention von Thys nach Klagenfurt verlegt, damit er noch mehr Kinder ausbeuten konnte. Später wurde in Klagenfurt ein Militärwaisen-

waren sowie der Grundherrn, welche eine Zusatzeinnahme durch Ausbeutung der Frauen und vor allem der Kinder der Untertanen durch Spinnrobot erzielten. So förderte Maria Theresia, die „große Bauernschützerin", die Spinnschulen für Kinder, und sie ordnete in Kärnten (1757) für alle Kinder zwischen 7 und 15 Jahren das Erlernen der Spindelspinnerei an,[109] damit die Kinder der Untertanen auch in den Wintermonaten, in denen sie keine herrschaftlichen Viehherden zu hüten hatten, von der Grundherrschaft oder vom Großbauern ausgebeutet werden konnten.[110]

Die Bemühungen der Ackerbaugesellschaften um die Intensivierung und die Verbesserung der Landwirtschaft blieben relativ erfolglos. Auf keinen Fall kamen sie der breiten Landbevölkerung zugute. Den bescheidenen Nutzen aus den Verbesserungen zogen im Agrarsektor die Großgrundbesitzer und unter ihnen nur solche, welche den neueren Wirtschaftsmethoden aufgeschlossen waren: dies war der liberale mittlere Landadel. Die neuen Ideen und Erkenntnisse haben keine positive Breitenwirkung erfahren, da die gutsherrlich-feudale Arbeitsverfassung der Einführung neuer Produktionstechniken entgegenwirkte.

Die meisten Ackerbaugesellschaften wurden in den 1780er Jahren bereits wieder aufgelöst, als ihnen die staatliche Unterstützung infolge der Kriegslasten[111] und des Einflusses liberaler Wirtschaftspolitik[112] entzogen wurde.

Landwirtschaftsgesellschaften

Unter dem Einfluss der Kontinentalsperre[113] kam es in Österreich nicht nur zur Einführung neuer industrieller Produktionstechniken, auch für die Landwirtschaft begann eine neue Phase intensiver Förderung durch den Staat. So wurden Lehrkanzeln für Landwirtschaftslehre und Landwirtschaftsgesell-

---

haus errichtet, in dem 500 Kinder untergebracht werden konnten und das unter der Leitung von Thys stand. Dies alles schreibt Dinklage eine Seite später, natürlich nicht in obiger Terminologie, sondern in einer dem „großen Förderer der Landwirtschaft" huldigenden Sprache. Es sei noch angemerkt, dass die verzerrte Darstellung der Geschichte der Kärntner Landwirtschaft absolut kein atypisches Beispiel österreichischer Agrargeschichtsschreibung ist.

109 Einen ausführlichen und interessanten Überblick über die Entwicklung, die Arten und die Dauer der Robot in Oberösterreich liefert G. Grüll, Die Robot in Oberösterreich. Linz 1952. Grüll erwähnt einige Male die Spinnrobot, so auf Seite 34.

110 Vgl. K. Dinklage, Geschichte der Kärntner Landwirtschaft a.a.O., S. 149

111 Vgl. L. Greil, 50 Jahre Präsidentenkonferenz Landwirtschaftlicher Hauptkörperschaften in Österreich, Wien 1959, S. 2

112 Vgl. F. Tremel, Wirtschafts- und Sozialgeschichte Österreichs a.a.O., S. 283

113 Unter Kontinentalsperre versteht man eine napoleonische Wirtschaftsblockade gegen England, die sich insbesondere auch auf die Industrie am europäischen Kontinent auswirkte.

schaften gegründet. Das Ziel der Landwirtschaftsgesellschaften lag anfangs in der Förderung der landwirtschaftlichen Produktion auf allen Gebieten, später beanspruchten sie auch, die Interessen der Landwirtschaft, insbesondere der Gutsbesitzer, zu vertreten.

Die Mitglieder der Landwirtschaftsgesellschaften rekrutierten sich, wie bei den Ackerbaugesellschaften, aus dem liberalen Landadel, dem Bildungsbürgertum (Gelehrten) und den höheren Beamten der Bürokratie, wobei allerdings von Anbeginn die adeligen Gutsbesitzer überwogen.[114] Nach der Gründung der ersten k.k. Landwirtschaftsgesellschaft in Wien (1807) wurden weitere in der Steiermark (1819), Tirol und Vorarlberg (1838), Oberösterreich (1845), Salzburg (1848) und Kärnten (1889) errichtet.[115]

Ab 1870 versuchten die Landwirtschaftsgesellschaften, ihre Mitgliederbasis durch Gründung von Bezirks- und Ortsvereinen („Kasinos") auch auf nichtadelige Großbauern auszudehnen, und ab 1896 wurde in verstärktem Ausmaß versucht, auch bei den Bauern mittlerer Größe Fuß zu fassen, was aber im wesentlichen scheiterte. So blieben die Landwirtschaftsgesellschaften bis zu ihrer Auflösung 1938 durch die Nationalsozialisten eine Organisation der Gutsbesitzer. Die Landwirtschaftsgesellschaften verloren ab 1890 zusehends an Einfluss, ihre Aufgaben gingen auf die konservativen Landeskulturräte über.

Um das Ziel, die Einführung kapitalistischer Produktionsweisen zu erreichen, führten die Landwirtschaftsgesellschaften auf wirtschaftlichem Gebiet folgende praktische Maßnahmen durch:

- Verbesserung des Getreideanbaus durch Züchtung neuer, ertragreicherer Getreidesorten, Einführung neuer Düngungs- und Bodenbearbeitungsmethoden und Förderung des Anbaus von neuen Feldfrüchten wie Kartoffeln, Mais, Zuckerrüben etc.
- Verbesserung der Viehwirtschaft durch Züchtung leistungsfähiger Rassen.
- Einführung und Erprobung von landwirtschaftlichen Geräten und Maschinen, insbesondere für Bodenbearbeitung und Ernte.
- Herausgabe von Fachzeitschriften und Fachliteratur etc.[116]

---

114 Vgl. H. Kallbrunner, Der Väter Saat, Die Österreichische Landwirtschaftsgesellschaft von 1807-1938. Ein Beitrag zur Geschichte der österreichischen Landwirtschaft, Wien 1963, S. 16/17
115 Vgl. L. Greil. 50 Jahre a.a.O., S. 4
116 Einen ausführlichen Überblick über die Tätigkeiten der Landwirtschaftsgesellschaften gibt H. Kallbrunner, Der Väter Saat, Wien 1963. Diese Darstellung ist allerdings mit einer gewissen Skepsis zu lesen, da es sich um eine Selbstdarstellung der Landwirtschaftsgesellschaft handelt.

Der Masse der Bauern kamen die Verbesserung von Produktionstechniken und die Anwendung wissenschaftlich-technischer Erkenntnisse nicht zugute. Nicht der Konservativismus der Bauern, wie oft fälschlich behauptet wird, trug die alleinige Schuld, sondern die Bauern waren zu arm, sie konnten sich eine Umstellung auf ertragreichere Früchte, bessere Viehrassen und die Anschaffung neuer landwirtschaftlicher Geräte und Maschinen einfach finanziell nicht leisten. Die Bauern hatten nach 1848 jenes Kapital aufzubringen, mit dem die Gutsbesitzer all jene Neuerungen einführten, die zu einer erfolgreichen kapitalistischen Produktionsweise erforderlich waren. Vor 1848 verhinderte das Abhängigkeitsverhältnis des Bauern vom Gutsherrn die Einführung neuer Produktionstechniken, denn der Grundherr hätte eine Einschränkung des Feldbaus oder dessen Umstellung auf neue, nicht abgabepflichtige Kulturarten niemals erlaubt.

Im politischen Bereich erstreckte sich die Tätigkeit der Landwirtschaftsgesellschaften anfangs auf Begutachtung von Gesetzesentwürfen. Als es aber zum Verfall des Getreidepreises auf den österreichischen Märkten durch das übergroße Angebot an amerikanischem und russischem Getreide kam, intervenierten die Vertreter der Landwirtschaftsgesellschaften und forderten vehement einen entsprechenden Zollschutz. Die Geburtsstunde der modernen österreichischen Agrarpolitik in Form der staatlichen Beeinflussung des Marktes zugunsten der Getreide bauenden Großagrarier schlug 1882. Bis zum Zerfall der österreichisch-ungarischen Monarchie versuchten die Landwirtschaftsgesellschaften ihren Einfluss in der Zollpolitik geltend zu machen, was ihnen auch mit Erfolg gelang.[117]

Selbstorganisierung der Bauern

In der Literatur finden sich nur wenige Beispiele von politischer Selbstorganisierung der Bauern. Eine politische Massenbewegung unter den Bauern entstand um 1868 unter den Weinbauern um Krems und Langenlois.[118] Die Weinbauern hatten schon vor Einsetzen der großen Agrarwirtschaftsdepression durch Konkurrenz des ungarischen Weines, durch vermehrten Schädlingsbefall, insbesondere der Reblaus, durch das Aufkommen und die Verbreitung des so genannten „Kunstweines", durch die chemische Herstellung von Essig und durch den vermehrten Konsum von Bier erhebliche Einkommenseinbu-

---

117 Vgl. Kapitel 4
118 Vgl. E. Bruckmüller, Wirtschaftsentwicklung und politisches Verhalten der agrarischen Bevölkerung a.a.O., S. 515ff. Weiters: H. Riepl, Die propagandistische Tätigkeit des Bauernorganisators Josef Steininger, Ein Beitrag zur Erforschung der bäuerlichen Standespresse Österreichs in der 2. Hälfte des 19. Jahrhunderts. Diss. Wien 1962

ßen hinnehmen müssen. Viele Weinbauern rodeten ihre Weinberge und gaben den Anbau von Wein auf. Dies waren in groben Zügen die wirtschaftlichen Schwierigkeiten, die den Hintergrund des Selbstorganisationsversuches der Weinbauern bildeten.

Der erste Mobilisierungsversuch von Weinbauern um Krems und Langenlois scheiterte nach Ernst Bruckmüller[119] an institutionellen Faktoren, wie der starken vertikalen Gliederung des Weinbauerndorfes, die einem institutionellen Zusammenhalt und einer Gruppenkonsistenz entgegenwirkte. Bruckmüller führt noch zwei weitere Faktoren an, die wesentlicher für das Scheitern zu sein scheinen: der Selbstorganisationsversuch wurde von liberaler Seite (insbesondere von der meinungsbeherrschenden liberalen Lokalpresse) heftig bekämpft, und der Mobilisierungsversuch der Bauern wurde noch nicht vom niederen Klerus unterstützt, dessen Aktivitäten im Bereich der „sozialen Frage" sich erst einige Jahrzehnte später entwickelten. Der Inhalt der sozialen Frage, das Elend bestimmter Bevölkerungsschichten, wie Fabrikarbeiter und Kleinbauern, zeichnete sich aber schon zu dieser Zeit in aller Schärfe ab. Die Kirche „entdeckte" die soziale Frage in größerem Umfang erst als es galt, den zunehmenden Einfluss der Arbeiterbewegung auf breite Bevölkerungskreise zu bekämpfen.

Die Mobilisierung der Weinbauern und die später erfolgte Gründung des Bauernbundes „Mittelstraße" (welcher sich nicht ausschließlich auf Weinbauern erstreckte) kann als Selbstorganisation der Bauern bezeichnet werden, da sowohl die Träger und Initiatoren der Bewegung Bauern waren (wie der Bauernorganisator und Herausgeber der Bauernzeitung „Mittelstraße" (1877-1898), Josef Steininger), als auch, was wesentlicher ist, diese Bewegung und Organisation nicht im Vorfeld einer politischen Partei erfolgte. Das Ziel der Bewegung war, eine eigene, unabhängige Bauernpartei zu gründen. Der mehrmals wiederholte Versuch, eine unabhängige Bauernpartei zu organisieren, scheiterte insbesondere am Widerstand der konservativen und liberalen Parteien und deren Presse, die bei jedem Organisationsversuch eine Verleumdungskampagne gegen die Organisatoren starteten. Besonders interessant ist in diesem Zusammenhang das Wirken des Bauernagitators Steininger,[120] welcher die Unterstützung einer politischen Partei strikte ablehnte, obwohl er insbesondere von der klerikal-konservativen Partei, aber auch von den Deutschnationalen

---

119 Vgl. E. Bruckmüller, Wirtschaftsentwicklung und politisches Verhalten der agrarischen Bevölkerung a.a.O. S. 516
120 Die Dissertation von H. F. Riepl, Die propagandistische Tätigkeit des Bauernorganisators Josef Steininger. Wien 1962, ist ein interessantes Dokument über die ersten politischen Organisationsversuche der Bauern in der 2. Hälfte des 19. Jahrhunderts.

umworben wurde. Letztere versuchten, seine Zeitung aufzukaufen, und Schönerer bot ihm auch ein Mandat an; der Versuch, seine Bauernzeitung durch Bestechung zu beeinflussen, scheiterte.[121]

Josef Steininger hat in seiner Bauernagitation wesentliche Inhalte der Ideologie des österreichischen Bauernbundes, insbesondere was die Standes- und Einheitsideologie betrifft, vorweggenommen. Die Einheits- und Standesideologie erfüllte aber in der Selbstorganisation der Bauern eine andere Funktion als heute. Galt es damals, die Bauern, die verschiedenen politischen Richtungen angehörten bzw. mit ihnen sympathisierten, zu einer Bauernbewegung zu einigen, so hat die Einheits- und Standesideologie heute die Funktion, die soziale Differenziertheit und die Interessensgegensätze in der politisch fast einheitlich ausgerichteten Bauernschaft zu verschleiern und den Führungsanspruch und die Interessendurchsetzung der Großbauern im „Österreichischen Bauernbund" durch Loyalitätserzeugung (Einheitsideologie: „Wir sitzen alle im gleichen Boot") bei den Klein- und Arbeitsbauern (welche die Mehrheit darstellen) zu sichern.

Die von Josef Steininger herausgegebene und zum größten Teil von ihm geschriebene Zeitung „Mittelstraße" sowie der gleichnamige Bauernbund nehmen im Gegensatz zur späteren Bauernbewegung im Vorfeld der christlich-sozialen Partei eine eindeutig abweisende Haltung gegenüber der politischen Betätigung und Agitation des Klerus und auch gegen den Großgrundbesitz ein. Steininger zeigt insbesondere in den ersten zwei Jahrzehnten seiner politischen Tätigkeit große Sympathien für die sich organisierende Arbeiterbewegung. In der Bauernzeitung „Mittelstraße" wurde nie bei der allgemein üblichen „Verhetzung" der Sozialdemokratie mitgemacht; im Gegenteil: Josef Buchinger berichtet von einer geplanten Zusammenarbeit Steiningers mit der Sozialdemokratie. Dieser Versuch scheiterte an der Ablehnung der Bauern,[122] die wahrscheinlich aus der intensiven Gegenpropaganda aller politischen Kräfte, einschließlich der Kirche, gegen die Sozialdemokratie resultierte. Eine gewisse Rolle dürfte auch die Haltung der Sozialdemokratie zur Agrar- und Bodenfrage gespielt haben.[123]

---

121 Josef Steininger hat seine Unbeeinflussbarkeit persönlich teuer bezahlen müssen. Er verlor Haus und Hof und starb 1899 im Armenhaus Brunnkirchen. Sein Aufruf in der „Mittelstraße" vom 1. April 1898. Nr. 4 (zitiert in: H. Riepl, Die propagandistische Tätigkeit des Bauernorganisators Josef Steininger a.a.O., S. 23), ihn zu unterstützen, blieb praktisch erfolglos. Er wurde nicht nur von den politischen Parteien, deren Einfluss er immer abgelehnt hatte, im Stich gelassen, sondern auch von den Bauern, die sich in dieser Zeit bereits dem christlichsozialen Bauernbund zugewandt hatten.

122 Vgl. J. Buchinger, Der Bauer in der Kultur- und Wirtschaftsgeschichte Österreichs. Wien 1952, S. 282. zitiert in: H. Riepl, Die propagandistische Tätigkeit des Bauernorganisators Josef Steininger a.a.O., S. 134

123 Vgl. Kapitel 4

Der Bauernbund „Mittelstraße" (gegründet 1884) verlor an Bedeutung, als die Bauern im Vorfeld der christlichsozialen Partei, insbesondere durch den Klerus, organisiert wurden.[124]

Zur Selbstorganisation in Form von Bauernvereinen kam es auch in der Steiermark. Es wurden Bauernvereine gegründet, die in fast allen Bezirken selbst Kandidaten für die Wahlen aufstellten und sich weder von liberaler noch klerikaler Seite beeinflussen ließen.[125] In der Steiermark war es der Bauernaritator Achaz, ein Bauernagitator, der es Steininger gleich machte und die Bauern zu mobilisieren versuchte. Daneben gab er noch die Zeitung „Der Bauernwille" (1871 – 1890) heraus.[126]

Aller Wahrscheinlichkeit nach hat es noch andere, politisch nicht eindeutig zuordenbare Selbstorganisierungen der Bauern in Österreich gegeben. Aber die Geschichte der Bauernbewegung in Österreich ist noch äußerst unvollständig und mangelhaft aufgearbeitet, insbesondere jene Organisationsversuche, die nicht in die Entwicklungsgeschichte einer politischen Partei passen. Daran haben auch die in neuster Zeit entstandenen umfangreichen Werke über die Geschichte der österreichischen Landwirtschaft[127] nichts geändert, weil in ihnen vor allem in relativ einseitiger Art und Weise die Geschichte des österreichischen Bauernbundes dargestellt wird. Diese Werke sind eine umfangreiche Selbstdarstellung, welche jene organisatorischen Ansätze ignoriert, die nicht in die Entwicklungsgeschichte der herrschenden Organisationen passen.

Politische Organisierung der Bauern unter Einfluss der Deutschnationalen, Konservativen und Christlichsozialen[128]

Der Konservativismus als politische Kraft entstand in Österreich in den 1860er Jahren als eine föderalistische Opposition gegen die wirtschaftlichen Prinzipien

---

124 Der Auffassung von Ernst Bruckmüller, dass die Bauern Niederösterreichs zur Gänze im Vorfeld der Christlichsozialen organisiert wurden, kann nicht zugestimmt werden, denn der recht bedeutende Bauernbund „Mittelstraße" ist kaum als ein Produkt christlichsozialer Provenienz anzusehen.

125 Vgl. H. Riepl, Die propagandistische Tätigkeit des Bauernorganisators Josef Steininger a.a.O., S. 106

126 Ebenda, S. 33

127 E. Bruckmüller u.a. (Hg.), Geschichte der österreichischen Land- und Forstwirtschaft im 20. Jahrhundert. Wien 2002

128 Auf die Entstehung und Entwicklung der Bauernvereine im Vorfeld der politischen Parteien in den einzelnen Ländern wird hier nicht eingegangen.

des zentralistischen Liberalismus.[129] Die Konservativen[130] traten als Vertreter der agrarischen Interessen auf und versuchten im Zuge der Ausweitung des Wahlrechtes auf eine breitere Basis, auch die kleineren und mittleren Bauern in ihre Gefolgschaft zu bringen. Die Konservativen versuchten so, die Klein- und Mittelbauern ihren großagrarischen Interessen vorzuspannen. Wie weit dies gelang, hing, wie Bruckmüller zeigt,[131] insbesondere von der historischen Entwicklung und der sozialen und wirtschaftlichen Lage der Bauern ab, und diese war in den einzelnen Ländern der österreichisch-ungarischen Monarchie recht unterschiedlich.[132]

Der Zeitpunkt des Einflussgewinns der Konservativen in den einzelnen Landtagen lässt sich an der Entmachtung der Landwirtschaftsgesellschaften und der Gründung von Landeskulturräten ablesen.

Landeskulturräte als Vorläufer der Landwirtschaftskammern

Der erste Landeskulturrat wurde 1880 in Böhmen gegründet, weitere folgten in Tirol (1881), Oberösterreich (1886), Niederösterreich (1905), Kärnten (1910) und Vorarlberg (1911).[133] In der Steiermark und in Salzburg kam es zu keiner Errichtung von Landeskulturräten. Die Aufgaben der Landeskulturräte in diesen Ländern wurden von den Landwirtschaftsgesellschaften übernommen.

Die Landeskulturräte waren als ein ähnliches Instrument für die Landwirtschaft konzipiert wie sie Industrie, Gewerbe und Handel schon seit 1850 in Form der Handels- und Gewerbekammern besaßen. Die Aufgaben des Landeskulturrates für Niederösterreich wurden im Gründungsgesetz vom 12. November 1905 wie folgt dargestellt:[134]

§ 17: Pflege der Landeskultur durch Vertretung der berufständischen sowie durch Förderung der wirtschaftlichen Interessen der Landwirtschaft.

Im Konkreten wurden dem Landeskulturrat im Gesetz folgende Aufgaben zugeschrieben:

---

129 Vgl. E. Bruckmüller, Wirtschaftsentwicklung und politisches Verhalten der agrarischen Bevölkerung a.a.O., S. 491 und E. Bruckmüller, Bäuerlicher Konservativismus in Oberösterreich, Sonderdruck aus Zeitschrift für bayrische Landesgeschichte, Bd. 37, Heft 1, 1974, S. 122

130 Die Konservativen setzten sich im Parlament zusammen aus dem Polenklub, den „feudalen" altadeligen Großgrundbesitzern der Sudetenländer und dem katholisch-konservativen, föderalistischen Adel der Alpenländer. Siehe: E. Bruckmüller, Wirtschaftsentwicklung und politisches Verhalten der agrarischen Bevölkerung a.a.O., S. 490/491

131 E. Bruckmuller, Wirtschaftsentwicklung a.a.O., S. 489ff.

132 Vgl. Tabellen Nr. 5, 7, 8. 9, 10, 13

133 Vgl. L. Greil, 50 Jahre a.a.O., S. 5

134 Ebenda, S. 5/6

- Förderung des landwirtschaftlichen Unterrichtswesens
- Beobachtung des Einflusses von Gesetzgebung und Verwaltung auf die Verhältnisse der Landeskultur
- Stellung von Anträgen an und Abgabe von Gutachten an die Regierung
- Zusprechung und Verteilung von Subventionen etc.

Die Landeskulturräte waren ein Instrument, welches zwei widersprüchliche Funktionen erfüllen sollte:

- einerseits versuchten die Großagrarier, ihre speziellen Interessen über die Landeskulturräte durchzusetzen (so waren die Präsidenten und Vorstandsmitglieder der Landeskulturräte bis 1918 durchwegs adelige Großgrundbesitzer).[135]
- andererseits waren sie ein Instrument des Staates, um die Entwicklung der Land- und Forstwirtschaft wenigstens in beschränktem Ausmaß zu lenken und um die Unruhe unter den Bauern, die Infolge der Agrardepression und durch Kommerzialisierung des Bodens (Bauernlegung vor allem in den österreichischen Bergbauerngebieten)[136] entstanden war, zu besänftigen. Die Landeskulturräte waren die Vorläufer der Landwirtschaftskammern, wovon die erste 1922 in Niederösterreich installiert wurde.

Bauernvereine und Bauernbünde

Die Gründung der Bauernvereine und Bauernbünde erfolgte in den österreichischen Ländern in der Regel im Vorfeld der Konservativen oder der Christlichsozialen Partei in der Zeit von 1880 bis 1906. Wie Bruckmüller[137] und Kraus[138] darstellen, gelang die politische Massenorganisierung der Bauern in Oberösterreich, Tirol und der Steiermark zuerst im Vorfeld der konservativen Parteien. Niederösterreich nahm eine atypische Entwicklung, weil hier von Beginn an (wenn vom Bauernbund „Mittelstraße" abgesehen wird) die Organisierung der Bauern im Vorfeld der christlichsozialen Bewegung erfolgte, die in ihren Anfängen auf die städtischen Mittelschichten beschränkt war. Weiters nahm Kärnten eine atypische Entwicklung, da der 1886 gegründete Bauern-

---

135 Siehe: L. Greil, 50 Jahre Präsidentenkonferenz a.a.O., 3.Teil (Anhang). Die führenden und leitenden Männer in der land- und forstwirtschaftlichen Interessenvertretung Österreichs, S. 81ff.
136 Vgl. Kapitel 3
137 E. Bruckmüller, Wirtschaftsentwicklung und politisches Verhalten der agrarischen Bevölkerung a.a.O., S. 515ff.
138 T. Kraus, Entstehung des Niederösterreichischen Bauernbundes. Diss. Wien 1950

bund nationalliberaler Provenienz war.[139]

Die Konservativen blieben aber durchwegs erfolglos bei der Mobilisierung der Kleinbauern, und in dem Ausmaß, wie sich die wirtschaftliche Lage der Bauern verschlechterte, wandten sich die Bauern von den konservativen Bauernbünden ab und den christlichsozialen Vereinigungen zu. So kam es mit Ausnahme von Oberösterreich[140] und Salzburg zur Gründung von christlichsozialen Bauernvereinen und -bünden, die die konservativen Bauernbünde in der Führung und im Einfluss ablösten.

Der Zusammenschluss von Konservativen und Christlichsozialen zur Christlichsozialen Partei (1907) war ein Versuch der Bourgeoisie, ihre Herrschaft gegenüber der mächtiger werdenden Arbeiterbewegung zu verteidigen. Die Bourgeoisie (Feudaladel, Großkapital) versuchte, sich durch ein Bündnis mit den Mittelschichten zu retten. Den konkreten Ausdruck fand dieses Bündnis im Zusammenschluss von Konservativen und Christlichsozialen. Dieser Zusammenschluss hatte besondere Auswirkungen auf die mittleren und kleineren Bauern,[141] weil die „feudale" Schutzzollpolitik der Jahre vor 1907 beibehalten wurde. Die Christlichsozialen verrieten damit ihre kleinbürgerlichen und antikapitalistischen Prinzipien und förderten nun die Getreide bauenden Großagrarier Ungarns, der Sudetenländer und Ober- und Niederösterreichs. Die in der Mehrheit Vieh züchtenden Alpenbauern wurden den Interessen der Getreide anbauenden Großgrundbesitzer vorgespannt. (Die Dominanz großagrarischer Interessen in der christlichsozialen Partei hat also eine lange Tradition.)

Die christlichsoziale Massenbewegung unter den Bauern, die nach Otto Bauer[142] gegen die herrschende Oligarchie, gegen die Großbourgeoisie, gegen den Großgrundbesitz, gegen das Kapital, aber auch gegen die Arbeiterbewegung gerichtet war, kam unter die Führung jener gesellschaftlichen Kräfte, gegen die sie sich ursprünglich gewendet hatte. Trotzdem war die christlichsoziale Bewegung zum Teil erfolgreich bei der Erhaltung der Zahl der Bauern

---

139 Einige Begebenheiten, von denen Karl Dinklage berichtet, weisen darauf hin, dass auch der Landeskulturrat Kärntens unter nationalliberalem Einfluss stand. So berichtet Dinklage (Geschichte der Kärntner Landwirtschaft, Klagenfurt 1966,S. 272), dass einerseits die Organisatoren das „Abwehrkampfes" 1919 im Gebäude des Landeskulturrates untergebracht waren und dass es andererseits personelle Verknüpfungen zwischen der Leitung des Landeskulturrates und dem Vorstand des „Kärntner Heimatdienstes" gegeben habe.

140 Wie Bruckmüller berichtet, kam es auch in Oberösterreich (Mühlviertel), allerdings erst relativ spät (1910), zur Gründung von christlichsozialen Bauernvereinen. Siehe E. Bruckmüller, Wirtschaftsentwicklung und politisches Verhalten der agrarischen Bevölkerung a.a.O., S. 521

141 Die Mehrheit der mittleren und kleinen Bauern hatte sich vor 1907 der christlichsozialen Bewegung angeschlossen.

142 Vgl. O. Bauer. Der Kampf um Wald und Weide a.a.O., S. 147

und zwar durch die intensive Förderung des ländlichen Genossenschaftswesens und die teilweise Einschränkung der Kommerzialisierung des Bodens. Diese Maßnahmen stehen aber nur scheinbar im Gegensatz zu den Interessen des Großgrundbesitzes und des Großkapitals. Dieser scheinbare Widerspruch löst sich auf, wenn das lebhafte Interesse der Bourgeoisie an einer politischen Massenbasis (Loyalitätsbasis) unter den Bauern berücksichtigt wird. Die Massenbasis war für die Bourgeoisie lebensnotwendig, denn nur so konnte der Ansturm der Arbeiterbewegung überstanden werden. Lambert hat dieses Phänomen den historischen Kompromiss der Bauern mit der Bourgeoisie genannt. Dieser Kompromiss besagt schematisch folgendes:

- Die Bourgeoisie verpflichtet sich, das Überleben der bäuerlichen Gesellschaft und ihrer vorkapitalistischen Werte zu gewährleisten, namentlich durch ein System von Schutzzöllen.
- Als Gegenleistung gewährt die dankbare Bauernschaft der etablierten Gesellschaft unter Führung der Bourgeoisie politische Unterstützung, z. B. bei Wahlen.[143]

Lamberts Analyse ist in diesem Punkt für österreichische Verhältnisse insofern etwas unscharf, weil in der österreichisch-ungarischen Monarchie gerade nicht die Schutzzölle das wesentliche Instrument des Bauernschutzes waren (die den Großagrariern zugute kamen), sondern die Förderung des landwirtschaftlichen Genossenschaftswesens. Die Ideologen der Bourgeoisie haben im letzten Drittel des 19. Jahrhunderts und bis zum Zusammenbruch der österreichisch-ungarischen Monarchie (im Gegensatz zu später) ganz offen vom notwendigen Kompromiss zwischen Bourgeoisie und Bauern zur Abwehr der Arbeiterbewegung gesprochen. So sagte Albert Schäffle (Volkswirt, Soziologe, 1871 österreichischer Handelsminister) unter anderem: „Der Bauernstand ist die Grundsäule der Ordnung, der Wehrkraft, des Glaubens, der produktiven Arbeit…"[144] „Der Bauernstand wird und muss erhalten bleiben, an seinem antikollektivistischen Schädel und an seinen Söhnen im Soldatenrock wird die Sozialdemokratie nach der siegreichsten Revolution zerschellen!"[145] Das von Schäffle geprägte Schlagwort vom „antikollektivistischen Bauernschädel" bürgerte sich in der Publizistik ein und wurde auch von sozialdemokratischen

143 B. Lambert, Bauern im Klassenkampf a.a.O., S. 37/38
144 Zitiert in F. v. Pantz. Die Bauernlegung in den Alpenländern Niederösterreichs. Wien 1905, S. 4
145 A. Schäffle, Die Aussichtslosigkeit der Sozialdemokratie. Tübingen 1885. S 23, 26, 73, in: H. Lehmann, Die Agrarfrage in der Theorie und Praxis a.a.O., S. 17

Theoretikern gebraucht: So z. B. vom Soziologen Max Adler, der in der 1919 erschienenen Untersuchung „Demokratie und Rätesystem" meinte, dass in Österreich der Sozialismus am „antikollektivistischen Bauernschädel" scheitern würde.[146] Auch Otto Bauer gebrauchte dieses Schlagwort vom „antikollektivistischen Bauernschädel" in den „Leitsätzen zur Agrarpolitik".[147] Gustav Schmoller (Volkswirtschaftler, bekanntester Vertreter der jungen historischen Schule der deutschen Volkswirtschaftslehre) meinte: „Ein sozial gesundes Staatswesen ist immer nur dasjenige, in welchem die Majorität der Staatsbürger aus Grundeigentümern besteht. Es gibt nur einen absolut sicheren Schutzwall gegen alle Sozialdemokratie und Revolution, eine entsprechende Zahl der kleinen Leute hinüberzuziehen in die Klasse der Grundeigentümer."[148] Karl Grabmayr (Abgeordneter zum Tiroler Landtag) schreibt 1894 im Vorwort zu seiner Abhandlung „Schuldnoth und Agrarreform": „Nicht der Liberalismus, nicht der Klerikalismus ist der Feind, der Feind ist die machtvoll andrängende Sozialdemokratie. Das wichtigste gemeinsame Arbeitsfeld liegt vor den koalierten Parteien (...) Der wirtschaftlichen Revolution, auf die ganz unverhüllt die Sozialdemokratie hinsteuert, kann der moderne Staat nur begegnen durch eine wirtschaftliche Reform, die sich die berechtigten Grundideen des Sozialismus aneignet (...) das einzige wirksame Mittel gegen die unheimlich wachsende Ausbreitung der sozialdemokratischen Epidemie: Der Staatssozialismus wirkt als Schutzimpfung des staatlichen Organismus gegen das sozialistische Gift."[149]

---

146 Zitiert in F. Kreissler, Von der Revolution zur Annexion, Österreich 1918 bis 1938. Wien, Frankfurt, Zürich 1970. S. 89
147 O. Bauer, Der Kampf, 14 Bd. Wien 1921, S. 177
148 G. Schmoller, Jahrbuch für Gesetzgebung, 12. Jahrgang, zitiert in: K. Grabmayr, Schuldnoth und Agrar-Reform. Meran 1894, S. 78
149 K. Grabmayr, Schuldnoth und Agrar-Reform. Meran 1894, S. VII. VIII, IX

8. DAS LANDWIRTSCHAFTLICHE GENOSSENSCHAFTSWESEN, SEINE ENTSTEHUNG, SEINE FUNKTION UND SEINE GRENZEN

Der Genossenschaftsgedanke in der Landwirtschaft ist keine Erfindung von Wilhelm Raiffeisen, Hermann Schulze-Delitzsch, Wilhelm Haas und anderen. Es hat in der Landwirtschaft seit frühen Zeiten genossenschaftliche Gemeinschaften gegeben. Man denke etwa an die aus dem ursprünglichen Bodenkommunismus hervorgegangenen Markgenossenschaften, an die „gemaine" Wald- und Weidenutzung (Gemain) oder an die im Mittelalter besonders in den Alpen existierenden gemeinschaftlichen Sennereien,[150] die als Käsereigenossenschaften bezeichnet werden könnten. Die hier angeführten Genossenschaften entsprachen in Art und Umfang den landwirtschaftlichen Produktionsverhältnissen ihrer Zeit.

Das moderne landwirtschaftliche Genossenschaftswesen, welches den geänderten Produktionsverhältnissen des Kapitalismus entsprach, entstand erst in der Mitte des 19. Jahrhunderts und in größerem Umfang erst am Ende des 19. und im ersten Jahrzehnt des 20. Jahrhunderts. Die ersten landwirtschaftlichen Genossenschaften wurden in Deutschland durch die Initiative von Wilhelm Raiffeisen als „Hilfsvereine" gegründet, um die Not der kleinbäuerlichen Bevölkerung zu Weyerbusch im Westerwald, die durch Missernten 1846/47 entstanden war, zu lindern.[151] Die ersten Genossenschaften modernen Stils, sowohl auf gewerblichem (Schulze-Delitzsch) als auch auf landwirtschaftlichem Gebiet (Raiffeisen), wurden aus humanitären Motiven gegründet. Das landwirtschaftliche Genossenschaftswesen breitete sich anfangs nur äußerst langsam aus. Erst in den 1880er Jahren kam es zu vermehrten Genossenschaftsgründungen in Deutschland, nachdem das „Reichsgesetz betreffend die Erwerbs- und Wirtschaftsgenossenschaften" vom 1. Mai 1889 erlassen worden war.[152] In Österreich wurde die erste Ralffeisenkasse 1886 in Mühldorf bei Spitz (N.Ö.) gegründet.[153] In den nachfolgenden Jahren kam es zu vermehrten Gründungen

---

150 V. Totomianz, Grundlagen des Genossenschaftswesens, 2. Aufl. Berlin 1929, S. 6 und 8, zitiert in: R. Krzymowski, Geschichte der deutschen Landwirtschaft, 3. Aufl. Berlin 1961. S. 393

151 Vgl. E. Klein. Geschichte der deutschen Landwirtschaft im Industriezeitalter. Wiesbaden 1973, S. 138

152 Ebenda, S. 140

153 P. Meihsl, Die Landwirtschaft im Wandel der politischen und ökonomischen Faktoren, in: W. Weber (Hg), Österreichs Wirtschaftsstruktur gestern-heute-morgen, 2. Bd. Berlin 1961. S 585

von Raiffeisenkassen und landwirtschaftlichen Erwerbs- und Wirtschaftsgenossenschaften (Ein- und Verkaufs-, Magazin-, Werks-, Produktionsgenossenschaften, Tierzucht- und Viehverwertungsgenossenschaften etc.). Die Ein- und Verkaufsgenossenschaften bemühten sich um billigen Einkauf durch Ausnutzung von Mengen- und Saisonrabatten und um den Absatz der vom Bauern erzeugten Produkte.

Bäuerliche Vorschussvereine entstanden schon in den frühen 1870er Jahren,[154] ihre rasche Vermehrung erfolgte aber erst in der Zeit von der Mitte der 1880er Jahre bis zum Ersten Weltkrieg. Der Bestand an Raiffeisenkassen (Vorschussvereine nach dem Raiffeisenschen System) hat sich in Österreich wie folgt entwickelt:[155]

Jahr	Gründungen von Raiffeisenkassen
1886	2
1887	4
1888	26
1889	73
1890	77
1891	72
1892	128

Um 1907 gab es in Österreich bereits 2086 bäuerliche Erwerbs- und Wirtschaftsgenossenschaften[156], und 1910 existierten im Gebiet der späteren Republik Österreich bereits 1500 Raiffeisenkassen.[157]

Die Gründung von Genossenschaften, vor allem die der Raiffeisenkassen, wurde von den Behörden, insbesondere den Landtagen, kräftig gefördert. So hat in Österreich der niederösterreichische Landtag als erster die planmäßige Förderung der Raiffeisenkassen beschlossen. Diese Förderung beinhaltete

---

154 K. Dinklage, Die landwirtschaftliche Entwicklung, in. A Brusatti, Die Habsburgermonarchie 1848-1918. 1. Bd.: Die wirtschaftliche Entwicklung. Wien 1973, S. 455

155 W. Schiff, Bericht über die Tätigkeit des statistischen Seminars an der k.k Universität Wien während des Wintersemesters 1894/5, in: Statistische Monatsschrift, XXI. Jg. Wien 1895, S. 500. Hier wird ein guter Überblick über Entstehung und Entwicklung der Raiffeisenkassen in den einzelnen Kronländern Österreichs bis 1894 gegeben.

156 Vgl. F. Sommeregger, Die Wege und Ziele der österreichischen Agrarpolitik seit der Grundentlastung, Wien 1912, S. 91. zitiert in: K. Dinklage, Die landwirtschaftliche Entwicklung a. a.O., S. 456

157 A. Brusatti, Österreichische Wirtschaftspolitik vom Josephinismus zum Ständestaat. Wien 1965, S. 71

die Ausarbeitung von Musterstatuten, finanzielle Beihilfen und Kredite bei der Gründung und Einrichtung solcher Kassen. Der Landesausschuss des Landtages wurde zum Anwalt dieser Kassen und Vereine und versuchte, auf Reichsebene bessere gesetzliche Bedingungen für sie zu erreichen.[158] Auf Reichsebene wurde schon 1873 die Einrichtung von Erwerbs- und Wirtschaftsgenossenschaften gesetzlich ermöglicht (Gesetz vom 9. 4. 1873, RGBl. 70). Als solche Erwerbs- und Wirtschaftsgenossenschaften wurden angesehen: Kredit-, Konsum-, Produktiv- und Einkaufsgenossenschaften, Darlehens- und Vorschussvereine usw. Mit dem Gesetz vom 27.12. 1880 (RGBl. 151) erhielten die Genossenschaften Steuerbegünstigungen.[159] Sie wurden insbesondere von der Erwerbs- und Einkommenssteuer befreit, und 1889 wurden die Raiffeisensparkassen und Darlehnskassen noch zusätzlich gebührenbegünstigt.[160]

Im Dorf waren es insbesondere die Pfarrer, Lehrer, Bürgermeister und landwirtschaftlichen Casinos (sofern solche existierten), welche die Einrichtung von landwirtschaftlichen Genossenschaften und Raiffeisenkassen propagierten. Sie waren es, die in der Regel den Antrag zur Errichtung einer solchen Organisation bzw. eines solchen Spar- und Darlehensvereins an den zuständigen Landesausschuss des Landtages richteten. Der dann vom Landtag entsandte Beamte, welcher die Errichtung durchführte, legte Musterstatuten vor, die meist auch beschlossen wurden (dies schon deshalb, weil die Subventionen an bestimmte Statuten gebunden waren).

Der Beamte assistierte bei der ersten Vollversammlung, und er veranlasste auch die Registrierung des Vereins etc. Weiters führte dieser Beamte die Funktionäre in ihre Tätigkeit ein.[161] In dieser Hilfestellung, in der Subventionierung von Organisationen mit spezifischem Statut, drückt sich deutlich der obrigkeitsstaatliche Einfluss bei der „Hilfe zur Selbsthilfe" aus. Die Hilfe des Landesausschusses war andererseits auch notwendig, denn um 1890 konnte ein bedeutender Teil der Landbevölkerung weder lesen noch schreiben. So lag der Anteil der Analphabeten in der Landbevölkerung Kärntens um 1890 bei einem Drittel.[162] Die Landbevölkerung, aber vor allem die unteren Schichten, waren bildungsmäßig sehr benachteiligt. Die allgemeine Schulpflicht bestand zwar schon seit 1774, aber durchgesetzt wurde sie erst mit dem Reichsvolksschulge-

---

158 Vgl. W. Schiff, Bericht über die Tätigkeit a.a.O., S. 497
159 Vgl. A. Brusatti, Österreichische Wirtschaftspolitik a.a.O., S. 159
160 Vgl. W. Schiff, Bericht über die Tätigkeit a.a.O., S. 497
161 Ebenda, S. 497
162 Vgl. K. Dinklage, Die landwirtschaftliche Entwicklung a.a.O., S. 456

setz von 1869.[163] Auch nach 1869 war die Chance einer Volksschulausbildung der unteren Schichten der agrarischen Bevölkerung noch weit geringer als die der städtischen. Es sei nur an das „Sommerbefreiungsunwesen" erinnert, durch welches Landarbeiter- und Bauernkinder während der schulpflichtigen Sommer- und Herbstmonate vom Schulbesuch befreit werden konnten, um als Arbeitskräfte eingesetzt zu werden. Die Sommerbefreiung gab es auch noch in der Ersten Republik und im ersten Jahrzehnt der Zweiten Republik. Noch später wurden in manchen Landgemeinden Österreichs Landarbeiter- und Kleinbauernkinder unter der Vortäuschung von Krankheit am Schulbesuch gehindert und zu landwirtschaftlichen Arbeiten herangezogen.[164]

Die behördliche Unterstützung und die der „gebildeten" Schicht des Dorfes bei der Errichtung einer doch bis zu einem gewissen Grad bürokratischen Organisation wie einer landwirtschaftlichen Genossenschaft bzw. Raiffeisenkasse war daher notwendig, sie brachte aber andererseits die Genossenschaften unter den Einfluss der „Dorfbourgeoisie". Die bessere Durchsetzungschance großbäuerlicher Interessen in den Genossenschaften wie auch in der landwirtschaftlichen Interessenvertretung resultiert unter anderem auch aus der fast ausschließlichen Rekrutierung der Führungskräfte aus der Klasse der Großbauern, unter anderem aufgrund ihrer besseren Ausbildung.

Die landwirtschaftlichen Genossenschaften und Vorschusskassen entstanden in einer Zeit, in der der kleine Landwirt einerseits immer mehr in Kontakt mit dem Markt kam und dadurch den gewinnorientierten Handelsapparat ausgeliefert wurde und andererseits einen enormen Kapitalbedarf hatte, um die landwirtschaftliche Produktion in beschränktem Ausmaß zu rationalisieren, d. h. den Erfordernissen der kapitalistischen Produktionsweise zumindest ein wenig anzupassen. Das dazu notwendige Kapital konnte der Bauer nur auf einem teuren Kapitalmarkt auftreiben, und hinzu kam noch, dass in Zeiten agrarischer Depressionen die Kreditorganisationen oft nicht bereit waren, den beantragten Kredit zugewähren. Daher war der Bauer Wucherern ausgeliefert, die seine Notsituation auszunutzen verstanden.

Die Förderung der Selbsthilfe der Bauern mittels Genossenschaftsgründungen durch Staatsbürokratie, Klerus und Dorfbourgeoisie fällt mit dem Anwach-

---

163 Ebenda, S. 456
164 Dem Verfasser sind auch noch aus den 1950er- und 1960er Jahren einige Fälle bekannt, in denen Kleinbauernkinder in ihrer 8jährigen Pflichtschulausbildung mehr als 300 Tage durch Arbeitsverwendung im elterlichen landwirtschaftlichen Betrieb am Schulbesuch gehindert wurden, d. h. diese Kinder haben 20 % aller schulpflichtigen Tage ihrer Schulzeit versäumt. Was dies für ihren Lernerfolg bedeutete, kann auch ein Nichtpädagoge ermessen.

sen der Arbeiterbewegung zusammen. Die Lage der Bauern in vielen Gebieten Österreichs war vor den 1880er Jahren genauso kritisch, ohne dass es zu dieser tatkräftigen Unterstützung gekommen war. Durch den Machtzuwachs der Arbeiterbewegung verursacht, richtete sich das Interesse der herrschenden Klassen (Finanzkapital, Großgrundbesitz) auf die Erhaltung der Zahl der Bauern. Um die Bauern, die bäuerliche Welt und die bäuerliche Produktionsweise zu erhalten, wurde eine „Schutzglocke" benötigt, die insbesondere die Kleinbauern vor der unmittelbaren Einwirkung des Industrie- und Handelskapitals schützte. Lambert[165] bezeichnete dies als die „Schleusenfunktion der Genossenschaften" zwischen den kleinen Produzenten und den Großkapitalisten.

Den Verkaufsgenossenschaften kam noch eine andere wesentliche Funktion zu, die im Interesse des Handels lag. Sie sollten das zersplitterte Angebot von landwirtschaftlichen Kleinproduzenten einsammeln, homogenisieren und für eine kontinuierliche Belieferung des Handels sorgen.

Durch den wissenschaftlich-technischen Fortschritt in der landwirtschaftlichen Produktion und in der Verarbeitung von landwirtschaftlichen Rohprodukten, aber auch durch das Anwachsen der Ansprüche der Verbraucher mussten die Genossenschatten ihren Tätigkeitsbereich immer weiter ausdehnen. Sie wurden gezwungen, Rationalisierungen durchzuführen, sofern sie sich nicht in bestimmten Bereichen gänzlich von den Privatfirmen verdrängen lassen wollten. In manchen Bereichen ist es den Absatzgenossenschaften nicht gelungen, die Veredelung und Weiterverarbeitung der landwirtschaftlichen Rohprodukte zu übernehmen bzw. sie wurden in anderen Bereichen immer mehr von den privaten Veredelungs- und Lebensmittelfirmen verdrängt. Dadurch gerieten sie in die Rolle von Maklern bzw. Zulieferern für diese. Bei Produkten wie z. B. bei der Milch ist es gelungen, die Weiterverarbeitung, Verpackung etc. zu rationalisieren. Diese Produkte sind weitgehend im Bereich der Genossenschaften geblieben. Waren die Genossenschaften anfänglich lokal begrenzt, so musste im Zuge der Rationalisierungen der örtliche Wirkungsbereich ausgedehnt werden, die Kooperation zwischen den Genossenschaften wurde notwendig.

Rationalisierung und Expansion der Genossenschaften (sowohl auf räumlicher Ebene als auch im Veredelungs- und Weiterverarbeitungsbereich) wurden durch die Konkurrenz von Privatfirmen, insbesondere durch internationale Konzerne, notwendig. Aber durch die Rationalisierung kamen die Genossenschaften immer mehr in Widerspruch zu ihrem ursprünglichen Ziel, das vorgab, eine Selbsthilfeorganisation der Bauern zu sein und im Dienste aller

---

165 Vgl. B. Lambert, Bauern im Klassenkampf a.a.O., S. 38

Bauern zu stehen. Die Entfernung von diesem anfänglichen Ziel wurde noch durch die Instrumentalisierung der Genossenschaften für die staatlichen Interventionen auf dem Agrarmarkt verstärkt, so dass die Bauern immer mehr den Einfluss auf „ihre" Genossenschaften verloren. Heute unterscheiden sich die landwirtschaftlichen Genossenschaften kaum vom Landhandel und von den Privatfirmen. Es gibt viele Bauern, die Privatfirmen den Genossenschaften vorziehen, weil diese entweder bessere Angebote über einen höheren Preis machen oder unempfindlicher gegenüber Qualitätsschwankungen sind und unbürokratischer arbeiten. Die Genossenschaften sind heute dem Einfluss der Bauern gänzlich entglitten. Die Genossenschaftsideologie kann diese Tatsache nur sehr mangelhaft verdecken. Die Genossenschaften handeln wie Privatfirmen nach dem Grundsatz: Verkaufen zu Maximalpreisen, einkaufen zu Minimalpreisen. Damit wird die Differenz zwischen Ein- und Verkaufspreis, der Profit, zur dominierenden Leitlinie der Geschäftspolitik der Genossenschaften. Die Genossenschaften versuchen, bei den Bauern den Eindruck zu erhalten, dass sie noch immer getreu dem Grundsatz der Gründerjahre „Einer für alle, alle für einen" handeln. Daher sind sie bemüht, ihre Arbeit als im Dienste aller Bauern stehend darzustellen und verbreiten darüber hinaus die Illusion von leistungsfähigen Betrieben, die alle jetzigen und künftigen landwirtschaftlichen Probleme zu lösen imstande seien. Sie wollen damit erreichen, dass sich die Bauern nicht von ihnen ab- und anderen Lösungsversuchen landwirtschaftlicher Absatz- und Einkaufsprobleme zuwenden. Aus ideologiekritischer Perspektive ist diese, die Tatsachen verschleiernde Ideologie zu kritisieren.

Die Analyse der Einstellung der Bauern zu „ihren" Genossenschaften zeigt ganz deutlich, dass die Genossenschaftsideologie immer weniger in der Lage ist, die stattgefundene Transformation der Genossenschaften, die sie zu eigenständigen, der Kontrolle durch die Bauern entzogenen und in ihrem Handeln kaum von Privatfirmen unterscheidbaren Organisationen werden ließ, zu verschleiern.

In der „Bauernschutzphase"[166] waren die Genossenschaften eines der wesentlichsten Instrument, welche die bäuerliche Produktionsweise vor der kapitalistischen schützten. Der Integration des landwirtschaftlichen Sektors in die

---

166 Als Bauernschutzphase kann die Zeit der Ersten Republik angesehen werden. Der staatliche Bauernschutz begann mit dem Stärkerwerden der Arbeiterbewegung am Ende des 19. Jahrhunderts. Es wurden Schutzmechanismen eingerichtet, die die Zahl der Bauern in ihrer vorkapitalistischen Produktionsweise erhalten sollten. Diese Schutzmechanismen, wovon das Genossenschaftswesen das wesentlichste war, wurden ab ca.1890 errichtet, konnten aber erst nach dem Ersten Weltkrieg ihre volle Wirkung entfalten.

kapitalistische Entwicklung ist die Transformation der Genossenschaften vom Bauernschutz- zu Integrationsinstrumenten vorausgegangen. Die Genossenschaften sind zu Instrumenten geworden, die die Umwandlung einer bäuerlichen Produktionsweise in eine industriell-kapitalistische fördern bzw. begünstigen.

9. DIE FOLGEN DES ZERFALLS DER MONARCHIE FÜR DIE ÖSTERREICHISCHE LANDWIRTSCHAFT

Durch den Zerfall der österreichisch-ungarischen Monarchie wurde eine wirtschaftliche Einheit, die weitgehend durch „Binnenimperialismus"[167] gekennzeichnet war, zerrissen. Dies bedeutete eine fast schlagartige und weit reichende Umstellung der österreichischen Wirtschaft, denn Rest-Österreich wurde 1918 von seinen traditionellen Lieferanten an agrarischen Produkten (Ungarn) und industriellen Rohstoffen (Polen, Tschechoslowakei) getrennt. Für Österreich blieb daher eine leistungsschwache und ungleichmäßig entwickelte Landwirtschaft, ein großer Teil der verarbeitenden Industrie stand ohne ihre Rohstoffquellen da.[168]

Die Nahrungsmittelversorgung der österreichischen Industriegebiete und Industriestädte in der Monarchie erfolgte zum Großteil aus Ungarn: So stellte Ungarn 50 % des österreichischen Brotgetreidebedarfs und war auch der Hauptlieferant von Gemüse, Obst, tierischen Produkten und Kraftfuttermittel. 64-72 % des Wiener Fleischverbrauchs wurden von Ungarn und Kroatien gedeckt und nur 22 % durch die Alpenländer.[169] Die österreichischen Bauern, insbesondere in den Berggebieten, produzierten nur sehr begrenzt für den Markt, sie waren zum Teil noch auf dem Niveau der Selbstversorgungswirtschaften. Aber schon während des Krieges wurde die österreichische Landwirtschaft durch Zwangsrekurrierung von landwirtschaftlichen Produkten immer stärker zur Versorgung österreichischer Städte herangezogen. Gesteuert wurde der landwirtschaftliche Markt durch planwirtschaftliche Einrichtungen zentraler Wirtschaftsorganisationen wie dem „Kriegsgetreideverkehrsamt", der „Futtermittelzentrale" etc. Mit dem Zerfall der Monarchie wirkte sich die heterogene wirtschaftliche Situation katastrophal für die österreichische Bevölkerung aus.

Die Einschätzung der Lebensfähigkeit des österreichischen Staates aus wirtschaftlicher Sicht war recht unterschiedlich, wobei die Landwirtschaft und ihre mögliche Produktionskapazität als wesentlicher Faktor angesehen wurden. Aber gerade die Möglichkeiten der Landwirtschaft, vor allem die Chancen, die

---

167 Als Binnenimperialismus wird hier das asymmetrische Verhältnis zwischen den industriell entwickelten und den vorwiegend agrarischen Ländern der Monarchie bezeichnet.
168 Vgl. P. Meihsl, Die Landwirtschaft im Wandel der politischen und ökonomischen Faktoren, in: W. Weber (Hrsg.). Österreichs Wirtschaftsstruktur gestern-heute-morgen, Berlin 1961, 2. Bd., S. 557
169 Ebenda, S. 554

landwirtschaftliche Produktivität zu steigern, wurden sehr unterschiedlich beurteilt. So sah zum Beispiel Gustav Stolper[170] keine Möglichkeit einer so großen Produktionssteigerung der Landwirtschaft von Deutschösterreich, dass sie den Inlandsbedarf nur annähernd hätte decken können. „In allen Zweigen der Landwirtschaft ergibt die Gegenüberstellung von Leistungsfähigkeit und Bedarf ein ungeheures Defizit, das entweder überhaupt nicht oder nur unter großem Kapitalaufwand nach langer Zeit ... gedeckt werden kann."[171] Zu einem grundsätzlich günstigeren Ergebnis kamen Düring,[172] Hertz[173] und Strakosch.[174] Strakosch hat im Jahr 1919 die Möglichkeit der Produktionssteigerung der österreichischen Landwirtschaft studiert und kam zum Ergebnis, dass die Zukunftsperspektive der Nahrungsmittelproduktion – insbesondere die Vieh- und Milchproduktion – in Deutschösterreich günstige Möglichkeiten zeige: „In Vieh- und Milchprodukten könnte, nach den vorhandenen Voraussetzungen, nicht bloß die Selbstversorgung erzielt werden, sondern eine Erzeugung, die über den Eigenbedarf beträchtlich hinausgeht."[175] Auf ackerwirtschaftlichem Gebiet zeichnete er die Zukunft Österreichs nicht so rosig, da er annahm, dass Österreich immer auf Getreideimporte angewiesen bleiben werde. Wenn wir diese Aussagen und die von Hertz mit der damals herrschenden Meinung von der „Lebensunfähigkeit" Österreichs konfrontieren, so lassen sich schon 1919 die ideologischen Implikationen der Lebensunfähigkeitsthese Österreichs erkennen.

Die österreichische Landwirtschaft musste in den ersten Jahren der Ersten Republik ihre Marktleistung stark ausweiten, um den Nahrungsmittelbedarf Österreichs wenigstens teilweise decken zu können. Der durch den Zusammenbruch der Monarchie bedingte „Umstellungsschock"[176] traf die Landwirtschaft unvergleichlich weniger hart als die übrige Wirtschaft. Die Landwirtschaft profitierte trotz Zwangsbewirtschaftung, die bis 1922 dauerte, von der großen Knappheit an Lebensmitteln. Den Klein- und Mittelbauern gelang es nicht, die Gewinne aus dieser Notsituation sinnvoll für Verbesserungen ihrer

---

170 Vgl. G. Stolper, Deutschösterreich als Sozial- und Wirtschaftsproblem. München 1921, S. 63ff..
171 Ebenda, S. 80
172 A. Düring, Zum Ernährungsproblem Österreichs. Wien, Leipzig 1920
173 F. Hertz, Zahlungsbilanz und Lebensfähigkeit Österreichs, Schriften des Vereins für Sozialpolitik, 167 Bd. München, Leipzig 1925, zitiert in: P. Meihsl, Die Landwirtschaft im Wandel der politischen und ökonomischen Faktoren a.a.O., S. 560
174 S. v. Strakosch, Ackerwirtschaft in Deutschösterreich, in: Wirtschaftliche Verhältnisse Deutsch-Österreichs, Schriften des Vereins für Sozialpolitik, 158. Bd. München, Leipzig 1919
175 Ebenda, S. 127
176 K. Rotschild, Wurzel und Triebkräfte der Entwicklung der österreichischen Wirtschaftsstruktur, in: W. Weber (Hg), Österreichs Wirtschaftsstruktur gestern-heute-morgen. Berlin 1961, 2. Bd., S. 63

Produktionstechniken zu verwenden.[177] Zum größten Tell hat die Inflation ihre Gewinne wieder zunichte gemacht. Die Inflation hatte aber eine Entschuldung der Landwirtschaft bewirkt. Anders lag die Situation bei den landwirtschaftlichen Großbetrieben, die schon weitgehend in der Ersten Republik ihre Betriebe rationalisieren konnten. Die Technisierung der Landwirtschaft war auf den Großbetrieben am weitesten fortgeschritten, hingegen machte die Motorisierung und Elektrifizierung der klein- und mittelbäuerlichen Betriebe nur sehr geringe Fortschritte.[178]

Die Intensität der Produktionssteigerung verstärkte sich noch nach der Aufhebung der Zwangsbewirtschaftung. Die Zwangsbewirtschaftung war nicht in erster Linie an einer Produktivitätssteigerung orientiert, da es zuerst galt, die notwendigen Lebensmittel aufzutreiben. Die Produktionssteigerung (insbesondere durch enorme Steigerung der Hektarerträge und der Jahresmilchleistung je Kuh) hielt bis 1925 an, in Teilbereichen überdauerte sie sogar die Krise von 1929/30. Bedingt durch die Produktionssteigerung erwuchs der landwirtschaftlichen Produktion Österreichs bald durch die Getreide- und Viehimporte eine wachsende Konkurrenz,[179] daher tauchte schon sehr früh die Forderung nach Schutzzöllen auf. Der Plan, die Agrarzölle von 1906 wieder einzuführen, findet sich bereits im 3. Entwurf des Sanierungsprogramms (1922) der Regierung Seipel.[180] Dies kann als Indikator dafür genommen werden, dass sich schon 1922 die Interessen der Großbauern in der Christlichsozialen Partei wieder durchzusetzen begannen. Die Agrarzölle wurden dann 1924 wieder eingeführt, wobei der Getreide- und Mehlzoll aufgrund der geringen österreichischen Produktion zu den umstrittensten Positionen gehörte.[181] Mit der Schutzzollpolitik begann eine Epoche politökonomischer Entwicklung der Landwirtschaft in Österreich, die durch Ausbeutung und „Schutz" der Bauern gekennzeichnet ist.[182]

177 Vgl. F. Tremel, Die Entwicklung der österreichischen Wirtschaft in der ersten und zweiten Republik, in: 100 Jahre im Dienste der Wirtschaft, 1. Bd., Wirtschaftsgeschichte Österreichs von der industriellen Revolution bis zur Gegenwart. Wien 1961, S. 184. Weiters: A. Brusatti, Österreichische Wirtschaftspolitik a.a.O., S. 102

178 A. Brusatti, Österreichische Wirtschaftspolitik a.a.O., S. 102

179 G. Scheer, Zur Entwicklung des Österreichischen Agrarsystems. Wien 1974 (unveröffentlichtes Manuskript), S. 5

180 Der sozialdemokratische Abgeordnete Robert Danneberg hat in seiner Rede im Nationalrat am 6. November 1922 den Entwurf des Sanierungsprogramms scharf kritisiert, wobei er in einigen Punkten die Durchsetzung großagrarischer Interessen klar nachweisen konnte. Siehe R. Danneberg, Wiederaufbau? Der Finanzplan der Regierung Seipel, ein Beutezug der Agrarier, ein Anschlag auf die Industrie und die Gemeinden, ein Attentat auf die Arbeiterklasse. Wien 1922, S. 17ff. Weiters vgl.: R. Danneberg, Die Sanierungsgegner. Wien 1923, S. 22

181 P. Meihsl, Die Landwirtschaft im Wandel der politischen und ökonomischen Faktoren a.a.O., S. 562

182 Siehe nächstes Kapitel

10. „BAUERNSCHUTZPOLITIK"
IN DER ERSTEN REPUBLIK:
HINTERGRÜNDE, WIRKSAMKEIT UND GRENZEN

Die Erfahrungen und Erlebnisse im Weltkrieg stärkten auch in der agrarischen Bevölkerung Österreichs die Abneigung gegen Krieg und Militarismus. Die Zwangsbewirtschaftung während des Krieges führte zur verstärkten Ablehnung der Bürokratie und des herrschenden Systems. „Der Hass gegen dieses Requisitionssystem hatte die Bauern revolutioniert."[183] Der Sturz der alten „Ordnung" weckte auch das Landproletariat. Die sozialen Hierarchien und Autoritäten des Dorfes waren erschüttert. Die Lohnarbeiter und Kleinbauen erwarteten nach dem Zusammenbruch der Monarchie eine Umwälzung der Eigentumsverhältnisse auf dem Lande, d. h. eine Zerschlagung des Großgrundbesitzes und dessen Aufteilung auf die armen Schichten der Landbevölkerung. Das gesellschaftliche Kräfteverhältnis hätte nach Beendigung des Ersten Weltkrieges und nach dem Sturz des alten politischen Systems eine tief greifende Umwälzung der Eigentumsverhältnisse auf dem Land ermöglicht. Ein wesentlicher Indikator für die revolutionäre Situation war das Verhalten der Christlichsozialen. Sie trugen diesen Verhältnissen Rechnung, indem auch sie die Enteignung des Großgrundbesitzes forderten, insbesondere jenes Großgrundbesitzes, welcher bloß Jagd- und Luxuszwecken diente. Auf dem enteigneten Großgrundbesitz sollten Wirtschaften für Heimkehrer und Landarbeiter geschaffen werden.[184] Im Aktionsprogramm der Christlichsozialen Vereinigung vom 3. März 1919[185] werden ihre Sozialisierungsvorstellungen präzisiert: In erster Linie sollten Staatsgüter, dann Jagd- und Spekulationsgüter und schließlich unrationell bewirtschafteter Großbesitz enteignet und aufgeteilt werden. Diese Präzisierung und auch das Verhalten der Christlichsozialen zur Sozialisierungsfrage einige Jahre später zeigen deutlich, dass es sich hier nur um eine „Flucht nach vorne" handelte, um tief greifende Umwälzungen der Eigentumsverhältnisse zu verhindern. Die große Wende in der Haltung der Christlichsozialen zur Sozialisierungsfrage vollzog sich dann auch sofort nach ihrem Wahlsieg vom Oktober 1920. Dieser

---

183 Ein Requisitionssystem ist die „Verpflegung der Truppen im Felde", also eine Zwangsmaßnahme gegen die örtliche Bevölkerung. O. Bauer, Die österreichische Revolution. Wien 1923, S. 123

184 Siehe: Das Wahlprogramm der Christlichsozialen Partei, 1916, in: K. Berchtold (Hg), Österreichische Parteiprogramme 1868 -1966. Wien 1967. S, 358

185 Das Aktionsprogramm der Christlichsozialen Vereinigung, 1919, in: ebenda, S. 361

Wandel der Christlichsozialten hat seinen deutlichsten Ausdruck in den mit 1922 einsetzenden Entsozialisierungsbestrebungen von ehemals sozialisierten Staatsbetrieben gefunden.[186]

Das in der Zeit der christlichsozialen-sozialdemokratischen Koalitionsregierung beschlossene Wiederbesiedelungsgesetz wird von manchen Autoren[187] als Ansatz zu einer österreichischen Bodenreform bezeichnet. Das Gesetz sah die Wiederbesiedelung von Bauerngütern und Häusleranwesen vor, die nach dem 1.1.1870 gelegt worden waren. Diese Maßnahme blieb praktisch wirkungslos und hat die Besitzstruktur in der Land- und Forstwirtschaft nicht verändert. „Bis Ende 1927 wurden 488 neue Anwesen mit 9.921 ha geschaffen, in 1.931 Fällen wurden Grundstückteile im Gesamtumfang von 12.992 ha zugewiesen."[188] Ein Vergleich der Zahl mit der Fläche der allein in der Steiermark und Niederösterreich in der Zelt von 1903 bis 1912 gelegten Bauerngüter lässt die praktische Bedeutungslosigkeit der bodenreformerischen Intentionen dieser Maßnahme erkennen. So wurden in diesen oben genannten Ländern 8.919 Bauerngüter mit einem Ausmaß von 126.592 ha gelegt.[189] Das Wiederbesiedelungsgesetz hatte demnach eine den bodenreformerischen Bestrebungen entgegenwirkende Funktion, und zwar: die Bestrebungen nach einer grundsätzlichen Umwälzung der Eigentumsverhältnisse zu kanalisieren und zu entschärfen - es war ein „Sicherheitsventil", wie es Meihsl treffend bezeichnet.[190] Auch neuere Arbeiten zum Wiederbesiedlungsgesetz, wie die von Ingrid Linsberger,[191] kommen zu ähnlichen Ergebnissen.

Nach dem Zerfall der Monarchie war die Massenbasis der Christlichsozialen unter den Landarbeitern und Kleinbauern ernstlich bedroht. Die Christlichsozialen bejahten den neuen Staat nur sehr zögerlich, und unter den Christlichsozialen gab es eine beachtliche Differenzierung in Bezug auf die Haltung zum neuen Staat. Der städtische Mittelstand lehnte die neue Republik ab, nicht so die agrarische Bevölkerung. Sie hatte durch Zwangsbewirtschaftung und durch

---

186 Ernst Karl Winter hat diesen Gesinnungswandel der Christlichsozialen (am Beispiel Iganz Seipels) als „dialektischen Rhythmus" bezeichnet (Ignaz Seipel als dialektisches Problem. Wien-Frankfurt-Zürich 1966. S. 59ff.). Dies ist ein merkwürdiges Verständnis von Dialektik, liegt hier nicht eine Verwechslung von politischer Taktik und Dialektik vor?

187 So z. B. J. Mayerl, Ausrichtung und Problematik der Agrarpolitik in Österreich seit 1945, Diss. an der Hochschule für Welthandel. Wien 1966, S. 54

188 P. Meihsl, Die Landwirtschaft im Wandel der politischen und ökonomischen Faktoren a.a.O., S. 616

189 Ebenda, S. 616, Anmerkung 79. Vgl. auch: 2. Teil, Kapitel 3

190 Ebenda, S. 616

191 I. Linsberger, War es eine Bodenreform? Das Wiederbesiedlungsgesetz und seine Umsetzung in Niederösterreich, Dissertation an der Universität Wien. Wien 2010

Kriegsdienst im Kriegsabsolutismus schwer gelitten.[192] So waren es auch die Tiroler Bauern, die innerhalb der Christlichsozialen Partei als erste für die Republik und gegen die Monarchie stimmten.[193] Dies scheint ein Indikator für eine wesentliche Bewusstseinsänderung der agrarischen Bevölkerung zu sein. Bis zum Ersten Weltkrieg war ihr Bewusstsein noch zum größten Teil ein archaisches, welches Macht und Herrschaft nur sehr begrenzt rationalisieren konnte und von einer fast unerschütterlichen Loyalität gegenüber dem Kaiser gekennzeichnet war.[194] Der geänderten Bewusstseinslage entsprach die Forderung der Landarbeiter und Kleinbauern nach einer tief greifenden Umgestaltung der Eigentumsverhältnisse auf dem Land. Der sozialistischen Bewegung ist es aus einigen objektiven Umständen und Restriktionen nicht gelungen, diese „demokratische, die Umwälzung der Eigentumsverhältnisse fordernde Bewegung an sich zu reißen, die am Ende des Krieges durch die Bauernschaft ging."[195]
Solche Umstände und Restriktionen waren:

- Die gigantische Inflation in den ersten Jahren der Ersten Republik führte zu einer Entschuldung der Kleinbauern, d. h. dieses Kampfmittel der Bourgeoisie gegen die Arbeiter war zugleich auch Mittel zur Verbesserung der bäuerlichen Existenz.
- Die die Umwälzung der Eigentumsverhältnisse fordernden Kräfte unter den Landarbeitern, Kleinbauern und Arbeitern wurden mit dem Wiederbesiedelungsgesetz kanalisiert.
- Die intensive Förderung der Landwirtschaft, insbesondere der Selbsthilfeorganisationen durch die Christlichsozialen hat neben Inflation und allgemeiner Lebensmittelknappheit dazu beigetragen, die Lage der Bauern zu verbessern und ihre Pauperisierung vorläufig zu verhindern.
- Die Sozialdemokratie konnte aus objektiven Bedürfnissen die Zwangsbewirtschaftung der Lebensmittel (Zwangsrequirierung) nicht abschaffen. Statt der militärischen Requisitionskommandanten requirierten nun die Arbeiterräte das Vieh.[196]
- Die Sozialdemokratie hat die Chance eines Bündnisses von Arbeitern und

192 Vgl. N. Leser. Zwischen Reformismus und Bolschewismus, der Austromarxismus als Theorie und Praxis. Wien, Frankfurt, Zürich 1968, S. 310
193 O. Bauer, Der Kampf um Wald und Weide, Wien 1925, S. 161
194 Die Loyalität gegenüber dem Kaiser war in der Zeit der Bauernkriege zum Teil unerschütterlich, nicht einmal das Eingreifen des Kaisers auf Seiten der Grundherren konnte dies ändern.
195 O. Bauer, Der Kampf um Wald und Weide a.a.O., S. 154. Vgl. auch: O. Bauer, Die österreichische Revolution, Wien 1923, S. 122ff.
196 Vgl. O. Bauer, Der Kampf um Wald und Weide a.a.O., S. 154

Kleinbauern sofort nach dem Ersten Weltkrieg nicht richtig erkannt und daher nicht genutzt.[197]

Diese Umstände bewirkten die Beseitigung der Bedrohung der Loyalitätsbasis der Christlichsozialen in Teilen der agrarischen Bevölkerung.

Die Einschätzung der österreichischen Bauern als revolutionäres bzw. konterrevolutionäres Potenzial ist bei den austromarxistischen Theoretikern widersprüchlich. Galt es, die neutralisierende Taktik der Sozialdemokratie zu rechtfertigen, so wurde mit der Aussichtslosigkeit einer sozialistischen Revolution argumentiert und insbesondere auf die österreichischen Bauern als konterrevolutionäres Potenzial verwiesen.[198] So begründet Julius Braunthal[199] die Aussichtslosigkeit einer sozialistischen Revolution mit dem Argument, dass die Bauern zu stark seien.[200] Max Adler[201] meint im Jahr 1919, dass ein Rätesystem am „antikollektivistischen Bauernschädel" scheitern würde.[202]

Im Allgemeinen haben die sozialdemokratischen Theoretiker die Notwendigkeit und Chance eines „Bündnisses" mit Teilen der agrarischen Bevölkerung erst erkannt, als es für ein solches Bündnis zu spät war. Robert Danneberg zog erst nach der Wahlniederlage von 1923 den Schluss: „Falls nicht eine starke industrielle Entwicklung einsetzt, die die Struktur unserer Bevölkerung entscheidend ändert, werden die Dörfer für unseren Kampf um die Macht entscheidend werden."[203] Das sozialdemokratische Agrarprogramm (1925) konnte die Fehler der „versäumten Chance" nicht mehr gutmachen, denn die Kleinbauern waren,

---

197 Die Führung der Sozialdemokratie verhielt sich in Bezug auf grundsätzliche, soziale Umwälzung äußerst zurückhaltend und zwiespältig. Sie versuchte, die radikale Linke, die eine gewaltsame Änderung herbeizuführen versuchte, in das kaum stabilisierte politische System zu integrieren, um sie dadurch zu neutralisieren. Ein markantes Beispiel dieser Taktik war die Integrierung der „roten Garde" in die Volkswehr (Bataillon 41). Vgl. F. Kreissler. Von der Revolution zur Annexion. Wien, Frankfurt, Zürich 1970, S. 68

198 Gerade bei Otto Bauer war die Einschätzung der österreichischen Bauern als revolutionäres Potenzial widersprüchlich. 1920 weist er auf die konterrevolutionären Bauern hin, die eine sozialistische Revolution in Österreich im Gegensatz zu Russland zu einem waghalsigen Unternehmen werden ließen. (Vgl. O. Bauer, Bolschewismus und Sozialdemokratie, S 72 – 77, zitiert in: R. Rosdolsky. Studien über revolutionäre Taktik, Berlin 1973, S.153), 1923 weist Otto Bauer allerdings auf die revolutionäre Stimmung, die nach dem Zerfall der Monarchie in den bäuerlichen Volksmassen herrschte, hin (vgl. O. Bauer, Die österreichische Revolution. Wien 1923, S. 122)

199 J. Braunthal, Rätediktatur oder Demokratie. O.O. 1919

200 Vgl. F. Kreissler, Von der Revolution a.a.O., S. 69

201 Max Adler, Demokratie und Rätesystem. Wien 1919

202 F. Kreissler, Von der Revolution a.a.O., S. 69

203 R. Danneberg, Das österreichische Wahlergebnis, in: Der Kampf, Bd. 17, S. 155, zitiert in: C. Gulick, Österreich von Habsburg zu Hitler, 5. Bd. Wien 1949. S. 33,

bedingt durch die beginnende Bauernschutzpolitik und die Inflation, die sie entschuldete, wieder eine starke Stütze der Christlichsozialen geworden. Otto Bauer hat als erster sozialdemokratischer Theoretiker die „verlorene Chance" erkannt und bereits 1923[204] die Bedingungen der Revolutionierung der Bauern und ihrer Verkehrung ins Gegenteil analysiert.[205]

Die Bauernschutzpolitik der Christlichsozialen hat die Bauern wieder veranlasst, loyal gegenüber der herrschenden Bourgeoisie zu sein. Die wesentlichen Instrumente des Bauernschutzes bis 1931 waren intensive Förderungen der landwirtschaftlichen Genossenschaften und eine protektionistische Zollpolitik. 1931 kam ein neues Instrument des „Bauernschutzes" hinzu, die Marktordnungen. Die marktwirtschaftliche Ausrichtung der Agrarpolitik wurde ab 1931 (Gründung des Milchausgleichsfonds) immer weiter eingeschränkt. Dem Milchausgleichsfondsgesetz folgte das Viehverkehrsfondsgesetz, das Milchpreisregelungsgesetz etc.[206] Alle diese Maßnahmen hatten in erster Linie das Ziel, das Sinken der landwirtschaftlichen Preise zu verhindern.

Diese protektionistische Politik zeigte widersprüchliche Wirkung:

- einerseits sollte die Zahl der Bauern als Loyalitätspotenzial erhalten bleiben und
- andererseits wirkte der Bauernschutz selektiv. Die rasante Zunahme der Verschuldung von kleinen und mittleren landwirtschaftlichen Betrieben ist ein verlässlicher Indikator dafür. Die Verschuldung und die kritische Lage vieler landwirtschaftlicher Betriebe findet ihren Ausdruck in der Zunahme der Zwangsversteigerungen (siehe Tabelle 15).

---

204 O. Bauer. Die österreichische Revolution a.a.O., S. 123 und S. 211. Weiters siehe: O. Bauer, Der Kampf um Wald und Weide a.a.O., S. 152

205 Norbert Leser kann nicht zugestimmt werden, wenn er meint, dass Otto Bauer erst 1934 erkannte, welchen Verbündeten sich die sozialdemokratisch organisierte Arbeiterschaft hätte suchen müssen, um dem Sozialismus zum Durchbruch zu verhelfen (vgl. N. Leser. Zwischen Reformismus und Bolschewismus, Der Austromarxismus als Theorie und Praxis. Wien, Frankfurt, Zürich 1968, S. 376) Dass „der Klassenkampf zwischen dem Proletariat und den Herrenklassen immer ein Kampf um die Seele des Kleinbürgers und der Bauernschaft" (vgl. O. Bauer. Klassenkampf und Ständeverfassung, Wirtschaftliche Basis und politischer Überbau, in: Der Kampf. Jg. 27, Nr 1 (Jänner 1934), S. 12, zitiert in ebenda, S. 376) ist, hat Bauer nicht erst 1934 erkannt, nur verbalisiert hat er dies bis dahin noch nicht in dieser Klarheit.

206 Vgl. A. Brusatti, Österreichische Wirtschaft a.a.O., S. 147 und 148

Tabelle 15:
Zunahme der Zwangsversteigerungen landwirtschaftlicher Betriebe in Niederösterreich, 1924-1934[207]

Jahr	Versteigerungen bewilligt	Zunahme gegenüber dem Vorjahr		Durchgeführte Versteigerungen	Zunahme gegenüber dem Vorjahr	
		absolut	in %		absolut	in %
1924	37			7		
1925	84	47	127	21	14	200
1926	157	73	87	37	16	76
1927	377	220	140	99	62	168
1928	467	90	24	120	21	21
1929	640	173	37	174	54	45
1930	832	192	30	214	40	23
1931	1144	312	37	218	4	2
1932	1352	208	18	340	122	56
1933	1572	220	16	565	225	66
1934	1813	241	15	597	32	6

In der Verschlechterung der Lage der Klein- und Mittelbauern liegt auch die Ursache ihrer Hinwendung zum Heimwehrfaschismus und später zum Nationalsozialismus.

Die gesetzlichen Eingriffe des Staates in den Agrarmarkt führten zu einer Konzentration, Zentralisierung und zu einer Ausweitung des Wirkungsbereiches der Genossenschaften, da die Markt regelnden Maßnahmen zum größten Teil über ihren Apparat durchgeführt wurden. In dieser Zeit kam es zu einer engen Verknüpfung von Landwirtschaftskammern, Genossenschaften und den Markt regelnden Fonds. Hier ist auch der Zeitpunkt, zu dem die Genossenschaften und die politischen Vertretungen der Bauern gänzlich der Kontrolle der Kleinbauern, als der weit überwiegenden Mehrheit der Mitglieder, entrissen wurden.

Die Grenzen der „Bauernschutzpolitik" wurden durch die aus ihr notwendigerweise resultierenden Widersprüche erreicht:

- Der Protektionismus der Landwirtschaft hat eine krisenhafte Auseinanderentwicklung von Landwirtschaft und Industrie bewirkt. Ein Indikator

---

207 Quelle: VIII. Tätigkeitsbericht der niederösterreichischen Landes-Landwirtschaftskammer für die Berichtsjahre 1934/35. Wien 1936, S. 97

hiefür ist die sinkende Kaufkraft landwirtschaftlicher Produkte.[208]

- Der Bauernschutz wirkte selektiv: Die günstigere Ausgangslage der Groß-bauern konnte nicht ausgeschaltet werden, im Gegenteil: „Über den Ein-fluss des Finanzkapitals und die stark unterschiedliche Wirkung steigen-der Investitionsgüterpreise setzte trotz Protektionismus eine Umverteilung von Einkommen und von politischem Einfluss zugunsten der großen Bau-ern ein."[209]
- Die Bauernschutzpolitik sollte die Zahl der Bauern als Stütze der Bour-geoisie erhalten. Die nicht verhinderte Pauperisierung der Kleinbauern lenkte diese aber zu faschistischen Positionen.

Auf die Bauerntumsideologie jener Zeit, welche die theoretische Rechtfertigung der protektionistischen Politik darstellen sollte, kann hier nur kurz eingegangen werden. Der Bauer wurde als der „biologisch beste Vertreter des Volkes" angese-hen, der daher, jenseits aller wirtschaftlichen Kalküls, Schutz erhalten müsse.[210] Das Dorf wurde als die natürlichste und gesündeste Lebensform bezeichnet. Der Bauer als „Lebensquelle des Volkes". Ein aufschlussreiches Dokument der österreichischen Bauerntumsideologie stellen die Parteiprogramme der Christ-lichsozialen und, in der Zweiten Republik, der Österreichischen Volkspartei dar. Die Parteiprogramme der ÖVP in der Zweiten Republik enthalten noch Feststel-lungen vom „Dorf als natürlichster und gesündester Siedlungsform." (Grund-satzprogramm 1958).[211] In den programmatischen Grundsätzen der ÖVP von 1952 finden sich Aussagen wie „der Bauer ist die älteste und stets verlässliche und starke Stütze des Staates."[212] Mit der Stütze des Staates ist die Unterstützung der herrschenden Bourgeoisie gegen die Arbeiterbewegung gemeint.

Der „Schutz" der Bauern hat in der Ersten Republik ihre Zahl zum größten Teil erhalten und damit die Bauern als „verlässliche" Stütze der herrschenden Klasse gegen die berechtigten Forderungen der Arbeiter positioniert. In der Zweiten Republik konnte auf die Loyalität der Bauern verzichtet werden, denn nach der „Entproletarisierung" der Arbeiter war es möglich, eine Pauperisie-rung von Teilen der Bauernschaft als notwendiges Opfer auf dem Weg zu den großen international Märkten zu riskieren.[213]

208 G. Scheer, Zur Entwicklung des österreichischen Agrarsystems, Wien 1974, unveröffentlichtes Ma-nuskript, S. 6
209 Ebenda, S. 6
210 A. Brusatti, Österreichische Wirtschaftspolitik a.a.O., S. 128
211 K. Berchtold (Hrg.), Österreichische Parteiprogramme 1868-1966. Wien 1967, S. 395
212 Ebenda, S. 383
213 G. Scheer, Zur Entwicklung a.a.O., S. 7

11. DIE ÖSTERREICHISCHE LANDWIRTSCHAFT IN DER ZEIT DES NATIONALSOZIALISMUS

Die Besetzung Österreichs 1938 durch die deutschen Nationalsozialisten brachte für die heimische Landwirtschaft wesentliche Umstellungen. Die Absatzschwierigkeiten von landwirtschaftlichen Produkten verschwanden, dafür aber kam es zu tief greifenden Eingriffen und zur Lenkung der Agrarproduktion. Die österreichische Landwirtschaft wurde in den 1933 geschaffenen „Reichsnährstand" eingegliedert. Der „Reichsnährstand" war eine Agrarkartellierung und von seinen Urhebern auch ursprünglich unter diesem Namen eingeführt worden.[214] Die Agrarkartellierung sollte die Erzeugung und die Verteilung von landwirtschaftlichen Produkten nach der Methode der industriellen Kartellpolitik zwangsweise organisieren.[215] Jedem Bauern wurde die Art und Menge seiner Produktion vorgeschrieben und der Absatz der landwirtschaftlichen Produkte auf die Genossenschaften übertragen. Der direkte Verkauf ab Hof wurde weitgehend untersagt. Durch den „Reichsnährstand" wurden die Bauern vollkommen entmündigt. Als Entschädigung für ihren Freiheitsverlust erhielten sie den Absatz ihrer Produkte sowie feste Preise garantiert. Ein weiteres wesentliches Instrument nationalsozialistischer Agrarpolitik war das Reichserbhofgesetz. Durch das Erbhofgesetz wurde der freie Kauf und Verkauf sowie die freie Erbteilung des bäuerlichen Grundbesitzes untersagt.[216] Die Erbhofgesetzgebung hatte mehrere Funktionen zu erfüllen:

- einerseits sollten damit die Eigentumsverhältnisse bei einer hohen Abwanderung aus der Landwirtschaft stabilisiert und
- andererseits sollte gerade diese Abwanderung in die Industrie (Kriegsindustrie) und zum Militär erzwungen werden. Die Funktion der Bereitstellung der Landwirtschaft als Arbeitskräfte- und Rekrutenreservoir wurde dadurch erreicht, dass nur ein Erbe alles bekam, die anderen Bauernkinder von der Erbfolge ausgeschlossen waren und dadurch zur Abwanderung

---

214 Vgl. A. Sohn-Rethel, Ökonomie und Klassenstruktur des deutschen Faschismus, Frankfurt/M. 1973, S. 78. Sohn-Rethel analysiert die Hintergründe der Entstehung und die widersprüchliche Wirkungsweise der Agrarkartellierung, welche de facto schon 1932 (!) mit einer Einigung von Schwerindustrie und Großagrariern unter Zustimmung der Reichswehr konzipiert wurde. Die Agrarkartellierung muss im kriegspolitischen Rahmen gesehen werden.

215 Ebenda, S.84

216 Bis auf den Erbhofbauern hatte kein Kind ein Anrecht auf den Hof oder auf eine Entschädigung.

gezwungen wurden. Die faktische Proletarisierung der Bauern bekam durch die Erbhofgesetzgebung einen offiziellen Charakter.

• Eine weitere Funktion der Erbhofgesetzgebung war die Schaffung eines festen Stammes von notwendig systemtreuen Erbhofbauern.[217]

Der Zweite Weltkrieg hatte für die Landwirtschaft verschiedene Auswirkungen. Bis 1942 konnte die Lebensmittelbedarfsdeckung einigermaßen aufrecht erhalten werden, und zwar mittels den „Erzeugungsschlachten" und der zunehmenden Ausbeutung des eroberten Gebietes. Ab 1942 wurde die Versorgungslage zunehmend kritischer: aus den „Erzeugungsschlachten" wurden „Ablieferungsschlachten".[218] Die Hektarerträge, insbesondere bei Hackfrüchten und im Feldfutterbau gingen stark zurück. Der Mangel an Investitionsgütern und Arbeitskräften (der landwirtschaftliche Arbeitskräftemangel wurde durch Heranziehung von Kriegsgefangenen und Verschleppten bzw. von Zwangsarbeitern aus den eroberten Gebieten zu kompensieren versucht) führte zu einer Extensivierung der Landwirtschaft, was sich im Rückgang der Flächenproduktivität und der Gesamtproduktion ausdrückte.

Der Nationalsozialismus wurde von Teilen der Bauern unterstützt. Diese Unterstützung wurde durch die Schaffung des faschistischen Bauerntums (Erbhofbauern), durch die Entschuldungsaktionen und durch die Perspektive der Eroberung von „neuem Lebensraum" gerade bei den Bauern am längsten aufrechterhalten.[219]

217 R. Beckenbach, Der Staat im Faschismus. Berlin 1974, S. 76.
218 P. Meihsl, Die Landwirtschaft im Wandel der politischen und ökonomischen Faktoren a.a.O., S. 567
219 Vgl. R. Beckenbach, Der Staat a.a.O., S. 77

12. LANDWIRTSCHAFT UND BAUERN IN DER ZWEITEN REPUBLIK[220]

Die weitgehende Integration der Landwirtschaft in das kapitalistische Wirtschaftssystem erfolgte erst nach dem Zweiten Weltkrieg. „Die große Transformation der Landwirtschaft, das Verschwinden der autarken Selbstversorger-Wirtschaften, die Umformung dieses traditionsgebundenen Wirtschaftssektors in einen hochproduktiven Zulieferer für die Agrarindustrie, das Ausscheiden von über einer Million Arbeitskräften aus dem Agrarsektor, begann in Mitteleuropa und so auch in Österreich erst in den frühen Fünfziger-Jahren"[221] des 20. Jahrhunderts. In der gesamten Integrationsphase lassen sich zwei widersprüchliche Ideologie- und Politikstrategien beobachten. Die eine Strategie zielt auf die „Anpassung und Wettbewerbsfähigkeit" der Landwirtschaft und führt zum verstärktem „Wachsen und Weichen". Die andere Strategie zielt auf die Erhaltung bäuerlicher Existenzen und beinhaltet im verstärkten Ausmaß Strategien und Maßnahmen für den „Bauernschutz." Je nach Vorherrschen der einen oder der anderen Strategie, lassen sich sieben unterschiedliche Phasen des politischen Eingriffs auf die Landwirtschaft und der unterschiedlichen Leitideen und ideologischen Erklärungsmuster unterscheiden.

Wiederaufbau- und Stabilisierungsphase nach dem Zweiten Weltkrieg (1945 bis 1953)

Primäres Ziel war es, die Grundversorgung der Bevölkerung sicherzustellen bzw. zu erreichen. Bewerkstelligt wurde dies durch die weitgehend nahtlose Überführung des kriegswirtschaftlichen „Reichsnährstandes" mit seinen Zwangsbewirtschaftungsmaßnahmen in die österreichischen Ernährungsämter. Trotz Ablieferungszwang und rationierter Zuteilung wurde die Selbstversorgung mit Grundnahrungsmittel bei Weitem nicht erreicht.[222] Ohne Nahrungsmittellieferungen der Alliierten, insbesondere der USA und der Vereinten Nationen (UNRRA-Hilfe) hätte die Hungersnot 1945/46 viel länger gedauert

---

220 Dieses Kapitel ist die Zusammenfassung vom Beitrag „Agrarpolitik" von G. Hovorka und J. Hoppichler im Reader: Politik in Österreich. Das Handbuch, herausgegeben von H. Dachs u.a., Wien 2006, S. 701-710
221 Ebenda, S. 702
222 Vgl. G. Poschacher, Entwicklung, Stand und Zukunftsperspektiven der österreichischen Agrarförderungen. Dissertation. Wien 1984

und hätte breitere Bevölkerungsschichten getroffen und nicht nur die verarmten und älteren städtischen Menschen, welche vor allem im Winter 1945/46 zum Teil massiv an Hunger litten. Ab 1949 wurde der Marshall-Plan wirksam, der anfänglich primär aus Lebensmittellieferungen und bald darauf auf Mittel zur landwirtschaftlichen Produktionssteigerung (Saatgut, Futtermittel und Maschinen) umgestellt wurde.

In dieser ersten Phase nach dem Zweiten Weltkrieg war das vorherrschende ideologische Grundmuster zur Rechtfertigung politischen Handelns und zur Begründung und Deutung der Agrarinteressen die traditionelle Bauerntumsideologie. Es wurde unmittelbar an die Sprachbilder und Symbole des autoritären Ständestaates und zum Teil auch an die Blut- und Bodenideologie des Nationalsozialismus angeschlossen. „Das Bauerntum wurde gleichsam ‚aufgewärmt‘, um einerseits die Bauern zu motivieren, möglich schnell wieder produktiv zu werden, und um die Bauern zusammen mit einem übersteigerten Österreichpatriotismus in die Pflicht zu nehmen. Anfänglich wurde auch daran gedacht, gegen Tendenzen zur Bodenreform bzw. gegen kollektivistische Ideen zu immunisieren. Auch versuchte man sich gern als pflichtbewusster ‚Volksernährer‘ darzustellen, was nicht immer voll der Realität entsprach. Der freie Bauer, der Familienbetrieb, auch das kleine bäuerliche Eigentum wurden so zu Leitbildern der landwirtschaftlichen Interessenpolitik und damit der Agrarpolitik. Dieses Grundmuster der Bauerntumsideologie setze sich auch in der folgenden Phase noch fort."[223]

Expansive Intensivierungsphase (1953 bis 1961)

Die allgemeine Wirtschaftsentwicklung war in dieser Zeit durch ein starkes Wachstum mit steigender Beschäftigung geprägt. Dies bewirkte einen Sog auf die Landarbeiter, welche in die scheinbar arbeitsplatzsichere Industrie abwanderten. Zwischen 1951 und 1960 verließen mehr als ein Drittel der unselbstständig Beschäftigten die Landwirtschaft. Die fehlenden Arbeitskräfte wurden durch die einsetzende erste Mechanisierungswelle in der Landwirtschaft ersetzt. Mechanisierung, verbessertes Saatgut und verstärkte Mineraldüngung bewirkten fast eine Verdoppelung der Arbeitsproduktivität. Um 1960 wurde das sozialpartnerschaftliche Agrarmarktregelungssystem mit Marktordnungs- und Landwirtschaftsgesetz etabliert. Das Hauptziel der Agrarpolitik in dieser Phase war weiterhin die Erhöhung der Selbstversorgung durch Produktivi-

---

223 G. Hovorka, J. Hoppichler, Agrarpolitik a.a.O., S.702

tätssteigerung (Rationalisierung, Mechanisierung und bessere Auslastung der Arbeitskräfte). Der damit verbundene Strukturwandel befand sich zwar im Widerspruch zur vorherrschenden Bauerntumsideologie, war aber allgemein „erwünscht". „Bis 1960 standen die Bauerntumsideologie und die auf ihr aufbauenden politischen Forderungen (Förderung und Unterstützung der Bauern beim Umwandlungsprozess hin zu effizienten, rationellen, kapitalintensiven und marktorientierten Produktionen) noch nicht im Widerspruch zu den Produktionsverhältnissen in der Land- und Forstwirtschaft sowie zur allgemeinen wirtschaftlichen Situation. Mit der zunehmenden Produktivitätssteigerung, der zunehmenden Anwendung erster industrieller Techniken (Mechanisierung, Intensivierung, Spezialisierung), den ersten strukturellen Überschüssen und dem daraus resultieren Preis- bzw. Einkommensdruck geriet das Leitbild des traditionellen bäuerlichen Familienbetriebes, seine Autonomie und Autarkie aber in Widerspruch zu den Lebensverhältnissen anderer gesellschaftlicher Gruppierung. Das ökonomische ‚Zurückbleiben' eines wachsenden Teils von Klein- und Mittelbauern wurde offensichtlich. Zwar wurde in den 1950er- und 1960er Jahren die Abwanderung von Arbeitskräften aus dem Sektor als ‚Landflucht' bezeichnet und ideologisch heftig – wenn auch vergebens – bekämpft, doch gab es in der Folge weder ökonomisch noch sozial einen rationalen Grund für Gegensteuerungsmaßnahmen. Die Bauerntumsideologie alter Prägung wurde erst mit der wirtschaftlichen Dynamik der Überschussproduktion und dem daraus resultierenden Strukturwandel, der zunehmend die Bauernwirtschaften selbst betraf, brüchig. Um den Strukturwandel zu erklären und zu rechtfertigen brauchte man neue Erklärungs- und Rechtfertigungsmuster."[224]

Intensivierungsphase unter Angebotsdruck: Unternehmerideologie zur Rechtfertigung des „Wachsens und Weichens" (1961 bis 1971)

Anfang der 1960er Jahre konnte bei den Grundnahrungsmitteln erstmals in Österreich ein dem Inlandsbedarf entsprechendes Produktionsniveau erreicht werden. Die Intensivierung der Produktion wurde fortgesetzt, was zu Überschüssen und einem zunehmenden Angebotsdruck führte. Dies bewirkte trotz staatlicher Marktstützungsmaßnahmen Realpreisverluste, insbesondere bei Getreide und Milch. Die staatlichen Ausgaben für Preisausgleich stiegen sprunghaft an, ohne dass damit die Einkommen der Mehrheit der Bauern und

---

224 Ebenda, S. 702

Bäuerinnen gesteigert werden konnten. „Mit den veränderten politischen Rahmenbedingungen erfolgte auch eine Neuausrichtung der Leitideen der Agrarpolitik. Die Bauerntumsideologie war mit den Entwicklungen und den daraus folgenden Konsequenzen nicht mehr konsistent. Für die Agrarpolitik wurden die technokratischen Ideen, die vorwiegend von Agrarökonomen vertreten wurden, entscheidend. Diese interpretieren den Strukturwandel nicht als Gefahr oder als vorübergehende oberflächliche Erscheinung, sondern als einzige und notwendige Lösung, um dem Problem der strukturellen Überschüsse und nachhinkenden Einkommen gerecht zu werden. Mit einer Politik des ‚Wachsens und Weichens' lassen sich Ungleichgewichte am Markt beseitigen als auch die Einkommensziele der Landwirte erreichen. Dafür benötige man aber Risikobereitschaft, Innovationsfreudigkeit und flexibles Anpassungsvermögen der Betriebsleiter. Zusammen mit den traditionellen Elementen der Bauerntumsideologie von Freiheit, Autonomie und Bauerneinheit ließ sich so eine neue Art von bäuerlicher Unternehmerideologie generieren, die auch weiterhin das Loyalitätspotenzial der Bauern trotz schlechter Rahmenbedingungen erhalten sollte. Auch an Eigeninitiative und Selbsthilfe wurde mit Vorzug appelliert."[225] Mit der Unternehmerideologie konnte weder auf die zunehmenden ökologischen noch auf soziale Probleme der Auseinanderentwicklung von Betrieben und Regionen (z.B.: auf das systematische Zurückbleiben der Berggebiete) eine Antwort gegeben werden.

Versuch einer differenzierten Agrarpolitik (1971 bis 1987)

Es herrschte eine große Unzufriedenheit und Enttäuschung bei den Bauern und Bäuerinnen mit der ÖVP-Alleinregierung, die in ihrer Agrarpolitik von 1966 bis 1970 wenig Rücksicht auf ihr sicheres Stammwählerpotenzial nehmen musste und ernsthaft agrarpolitische Konzepte diskutierte, wie sie den landwirtschaftlichen Strukturwandel beschleunigen könne, um die agrarischen Probleme durch Erhöhung des Einkommens- und Abwanderungsdruckes zu lösen. Diese Unzufriedenheit und Enttäuschung ermöglichte es der SPÖ unter Bruno Kreisky auch am Land jene entscheidenden Prozente zu gewinnen, um die Regierungsmacht zu erobern. Die politische Programmatik der SPÖ-Alleinregierung zielte primär auf eine Differenzierung der Agrarförderungen sowie auf Schaffung außerlandwirtschaftlicher Erwerbsmöglichkeiten. In der

---

225 Ebenda, S. 703

Folge wurde das Bergbauernsonderprogramm[226] initiiert, das neben Infrastruktur- und Investitionsmaßnahmen vor allem eine Direktzahlung für Bergbauernbetriebe in der Form des so genannten „Bergbauernzuschusses" vorsah. Differenziert wurde der direkte Zuschuss nach drei Erschwernisstufen sowie durch eine soziale Komponente, indem Bergbauern mit geringem Einkommen höhere Direktzahlungen erhielten als jene mit höherem Einkommen.[227] Damit wurde ein neues Element in die Agrarpolitik eingeführt, das den ökonomischen Kräften des Strukturwandels und der daraus folgenden sozioökonomischen Erosion gegensteuern sollte.[228]

Die SPÖ-Alleinregierung führte einige Reformen und Neuerungen in der allgemeine Sozial- und Familienpolitik durch, die für Kleinbetriebe und Betriebe in peripheren Regionen ausgleichend wirkten. Es wurden beträchtliche Mittel für die Pensionsversicherung, Überführung der Zuschussrenten in Bauernpensionen, Betriebshilfegesetz, Geburtenbeihilfe, Umgestaltung der Familienbeihilfe sowie für Maßnahmen der Schulpolitik aufgewendet.

„Die wirtschaftliche Entwicklung am Agrarsektor insgesamt lief aber mit ähnlichen Tendenzen der Produktivitätssteigerung sowie Industrialisierung und Rationalisierung linear weiter, so wie vorher in den 1960er Jahren. Dies bedingte, dass sich der Druck auf die Realpreise fortsetzte sowie das Finanzierungserfordernis für die Agrarmärkte und ihrer Überschüsse laufend weiter anwuchs. Doch auch die SPÖ-Alleinregierung konnte und wollte keinen größeren Eingriff vornehmen, denn die sozialpartnerschaftliche Akkordierung war fix verankert, und rebellierende und unzufriedene Bauern wollte sich die Regierung nicht leisten. Das traditionelle Agrarsystem von Marktordnung und Agrarförderung wurde somit ebenfalls fortgesetzt, obwohl man nicht zuletzt aufgrund intensiver wissenschaftlicher Auseinandersetzung mit diesem System wusste, dass es zu einer verstärkten inneragrarischen Disparität beiträgt und für Problemlösungen kontraproduktiv war."[229]

Die differenzierte Agrarpolitik der 1970er Jahre ist aufgrund dieser Beson-

---

226 Im österreichischen Bergbauernsonderprogramm der 1970er Jahre finden sich bereits jene Maßnahmen zur Entwicklung der Berggebiete, wie sie 30 Jahre später in der EU unter Agrarkommissar Franz Fischler als 2. Säule der gemeinsamen Agrarpolitik (GAP) unter dem Stichwort „Programm zur Entwicklung des Ländlichen Raumes" eingeführt wurden. Rückblickend muss dem Bergbauernsonderprogramm die zukunftsweisende Pionierrolle in der Förderung der Entwicklung von benachteiligten Gebieten zuerkannt werden.

227 Vgl. I. Knöbl: Bergbauernförderung in Österreich - Direktzahlungen von Bund und Ländern, Forschungsbericht Nr. 10 der Bundesanstalt für Bergbauernfragen, 3. aktualisierte u. stark erw. Aufl. Wien 1987, S. 17 ff.

228 Vgl. G. Hovorka, J. Hoppichler, Agrarpolitik a.a.O., S.703

229 Ebenda, S. 703

derheiten zwiespältig, denn einerseits wurden die alten Instrumente und Organisationsformen weitgehend beibehalten, aber andererseits auch qualitativ neue hinzugefügt, wie das Bergbauernsonderprogramm. Als zusätzliches neues Element, um in Zeiten abgeschwächten Wirtschaftswachstums dem Zurückfallen von peripheren Räumen entgegenzuwirken, wurde 1979 „die Sonderaktion des Bundeskanzleramtes zur Stärkung entwicklungsschwacher ländlicher Räume in Berggebieten Österreichs" als Instrument für eine „eigenständige Regionalentwicklung"[230] gegründet. Hier wurde erstmals versucht, nicht über die traditionelle Organisationsform der Landwirtschaftskammern zu agieren, sondern möglichst direkt die Wirtschaft insgesamt im ländlichen Raum anzusprechen.[231]

„Während die SPÖ die Agrar- und Regionalpolitik als Diskursraum für Modernisierung und Demokratisierung sah, waren die ÖVP und der Bauernbund darüber hell empört und opponierten öffentlich gegen fast sämtliche Maßnahmen. Vielfach wurde der Regierung Kreisky von konservativer Seite angekreidet, die Bauern „spalten" zu wollen. Während die einen dies als legitimen politischen Wettbewerb um Einfluss im ländlichen Raum sahen und auf die Interessensgegensätze hinwiesen, interpretierten die anderen dies im Lichte einer Standes- und Bauerntumsideologie als unerhörten Angriff auf eine scheinbare Bauerneinheit."[232]

„Ideologisch wurde der bestehenden Mischung aus traditioneller Bauerntumsideologie und technokratischem Ansatz in den 1970er Jahren ein neuer Ansatz in Form der funktionalistischen Agrartheorie hinzugefügt, denn die neuen Elemente der Agrarpolitik mussten begründet werden. Insbesondere das Bergbauernsonderprogramm wurde damit untermauert, dass die Landwirtschaft ‚besonders in extremen Lagen' nicht nur eine Erzeugungsfunktion für Nahrungsmittel erfülle, sondern auch die Kulturlandschaft erhalte, zur Mindestbesiedelung und Aufrechterhaltung der Infrastruktur beitrage und als Produktionsreserve in Krisenzeiten diene. Auch von der ‚Funktionsfähigkeit ländlicher Räume' ist bereits die Rede, ‚damit auch in Zukunft ein wirtschaftlich gesunder, gesellschaftlich und kulturell lebendiger und eine möglichst intakte, naturnahe Umwelt bewahrender Alpenraum …seinen wichtigen Beitrag leisten kann'. Später, in den 1980er Jahren mit der zunehmenden Politisierung der Umweltthematik, wurde neben der Produktionsfunktion und der Raumfunktion

230 Die Grundideen der „eigenständigen Regionalentwicklung" wurden später von der Europäischen Union in Form des „Leader-Programms" übernommen.
231 Vgl. G. Hovorka., J. Hoppichler, Agrarpolitik a.a.O., S.703
232 Ebenda, S. 703

vor allem die ökologische Funktion besonders betont. Damit wurde eine neue agrarpolitische Phase eingeleitet. Diese Form der funktionalistischen Begründung, so stellte es sich heraus, eignete sich besonders gut, viele Forderungen nach verstärkter Agrarförderung, egal ob es sich um Gunst- oder Ungunstlagen handle, je nach technokratischer Ausformulierung der einzelnen Funktionen zu rechtfertigen."[233]

Ökosoziale Agrarpolitik mit Betonung der Multifunktionalität der Landwirtschaft als Vehikel zur EU-Integration (1988 bis 2000)

Mit dem Wiedereintritt der ÖVP in die Regierung im Rahmen einer großen Koalition 1987 übernahm der Bauernbund neuerlich die Alleinverantwortung für die Agrarpolitik. Angesichts der Probleme auf den Agrarmärkten mit explodierenden Überschussverwertungskosten und der beschlossenen EG-Integration wurde nach neuen Konzepten und Ideen gesucht. Aus der funktionalistischen Agrartheorie wurde das Konzept der „ökosozialen Agrarpolitik" entwickelt. Dieses „Konzept propagierte wirtschaftliche Leistungsfähigkeit durch Qualitätsorientierung und effiziente Vermarktung, ökologische Orientierung durch Korrektur der land- und forstwirtschaftlichen Produktionstechnik und soziale Ausgewogenheit durch direkte Hilfe und Förderung benachteiligter Betriebe und Regionen. Ingesamt handelt es sich bei der ökosozialen Programmatik, wie sie sich in den Agrarmedien darstellt, um eine Mischung und Vermischung aus Bauerntumsideologie und funktionalistischer Agrartheorie mit den Inhalten der Ökologiebewegung. Teile der ökosozialen Inhalte wurden vom Landwirtschaftsminister bzw. späteren Agrarkommissar Franz Fischler in den etwas technokratischeren Ansatz der Multifunktionalität integriert. Damit wurden zumindest am Rande die Inhalte der EU-Agrarreformen ab 2000 mitgestaltet, wobei aber in den konkreten EU-Beitrittsverhandlungen Österreichs 1994 die ökosozialen Politikziele kaum eine Rolle spielten."[234]

Zur Vorbereitung der EG-Binnenmarktintegration wurde das österreichische Agrarbudget fast verdoppelt. „Im Zentrum dieses an die GAP angepassten Maßnahmenpaketes stand dabei ein umfangreiches Umweltprogramm, das eine starke Förderung des biologischen Landbaus inkludierte. Die Höhe

233 Ebenda, S. 704
234 Ebenda, S. 704

der Förderungen kaschierte zumindest anfänglich die extrem ungleichgewichtige Verteilung, denn ein Großteil dieser Förderungen und Ausgleiche wurde und wird linear nach der Größe der Betriebe (Flächen, Tieranzahl) vergeben. Das alte Agrarsystem mit all seinen Widersprüchen und Unausgewogenheiten konnte damit sogar weitgehend unbeschadet in das System der GAP übergeführt werden."[235]

„Als ideologisches Instrument war die ökosoziale Agrarpolitik sowohl nach innen gerichtet, um die Bauern zu motivieren und zumindest nicht zu stark ablehnend gegenüber einem EU-Beitritt zu stimmen, als auch nach außen gerichtet, um die zusätzlichen Mittel zur Ruhigstellung des Agrarsektors bei der Teilnahme am EU-Binnenmarkt zu rechtfertigen. Obwohl die gleichzeitige Propagierung von ökologischen Inhalten, bäuerlicher Landwirtschaft und der Wettbewerbsfähigkeit für den EU-Beitritt sich sachlich als extremer Widerspruch darstellt, waren zur damaligen Zeit diese Gegensätze geradezu ideale Ergänzungen. Die ökosoziale Ideologie hätte ohne den EU-Beitritt den Bauern keine zusätzlichen Mittel beschert und wäre als solche gescheitert, und der EU-Beitritt wäre eventuell problematisch geworden, weil man für die Bauern und die Bevölkerung ohne die Betonung ökologischer Ausgleiche kein positiven Angebote gehabt hätte. So wurde die ökosoziale Agrarpolitik gerade durch den EU-Beitritt und die zusätzlichen Fördermittel zu einer vorläufigen Erfolgsstory für die Agrarindustrie und flächenstarke, sowie produktionsorientierte landwirtschaftliche Betriebe."[236]

„Die ökosoziale Agrarpolitik schaffte es zwar in relativ kurzer Zeit ca. 10 % der Betriebe, die aber vorwiegend schon vorher extensive Grünland- und Milchviehbetriebe waren, auf Biolandbau umzustellen; sie war aber gleichzeitig, um die inneren Widersprüche zur EU-Agrarpolitik zuzudecken, eine sehr teure Strategie, die primär wiederum nur der Agrarindustrie und den großen landwirtschaftlichen Betrieben zugute kam. So gesehen ist es auch nicht unlogisch, dass gleichzeitig mit ihrer Umsetzung über 60.000 Bauern in den 90er ihren Betrieb aufgaben, und damit einen ähnlichen Strukturwandel mit sich brachten wie in der strukturpolitischen Phase der 60er Jahre. Es wurde also in der Phase der ökosozialen Agrarpolitik in Kombination mit dem EU-Beitritt das schlechteste Jahrzehnt für die bäuerliche Landwirtschaft initiiert, wenn man die Betriebsaufgabe als Gradmesser anwendet."[237]

235 Ebenda, S. 704
236 Ebenda, S. 704
237 Ebenda, S. 704

Etikettenschwindel mit dem „Programm zur Entwicklung des ländlichen Raums" (2000 bis 2007)

Mit der Agenda 2000 wurden unter Agrarkommissar Fischler die bestehenden und sehr unterschiedlichen Agrarförderungsmaßnahmen zu einem „Programm zur Entwicklung des Ländlichen Raums" zusammengefasst und als 2.Säule der GAP neben den Marktordnungsbereich (1.Säule) etabliert. Die Bezeichnung „Programm zur Entwicklung der ländlichen Raums" ist irreführend, weil damit suggeriert wird, dass es sich um ein Entwicklungsprogramm für alle Wirtschaftssparten und Bereiche des ländlichen Raumes handelt, dies ist aber nicht der Fall, es handelt sich dabei um ein Förderungsprogramm mit fast ausschließlich Maßnahmen für die Landwirtschaft. Dies ist ein Etikettenschwindel, um bei Steuerzahlern und nicht agrarischer Bevölkerung eine positive Stimmung und Bereitschaft für die Agrarförderung zu erzeugen bzw. die positive Einstellung der Gesellschaft für die hohen Förderungsausgaben zu erhalten.

Der Gestaltungsspielraum der EU-Mitgliedsstaaten in der 2.Säule der GAP („Förderung zur Entwicklung des ländlichen Raums") ist unvergleichlich größer als bei der 1.Säule („Marktordung"). Österreich hat dies auch zur Abfederung der negativen Auswirkungen des EU-Beitrittes genutzt. Vor allem das agrarische Umweltprogramm ÖPUL und die Ausgleichszulage für benachteiligte Gebiete sind hier zu nennen. Beide Maßnahmen tragen seit dem EU-Beitritt ganz wesentlich zum Einkommen der Bauern und Bäuerinnen bei.[238] Sie sind allerdings hinsichtlich ihrer Verteilungswirkung zu kritisieren, da vor allem größere Betriebe im Vergleich zur Fördersituation vor dem EU-Beitritt besser gestellt wurden. Beispielsweise hatte der frühere Bergbauernzuschuss des Bundes eine wesentlich höhere soziale Treffsicherheit als die Ausgleichszulage.[239]

Landwirtschaft als Business (ab 2007)

In den vergangenen Jahren kommt es zusehends wieder zur Betonung und Förderung der Integration der Landwirtschaft in die kapitalistische Entwicklung. Dies kommt unter anderem in der verstärkten Investitionsförderung entwicklungsfähiger Betriebe zum Ausdruck. Der landwirtschaftliche Betrieb wird als Business wie jedes andere gesehen. Neuerdings werden vom Landwirtschaftsministerium Businesspläne propagiert und gefördert. Die kleinen und mit-

---

238 Vgl. ebenda, S.708
239 Vgl. G. Hovorka, Das Direktzahlungssystem in Österreich nach dem EU-Beitritt, Forschungsbericht der Bundesanstalt für Bergbauernfragen Nr. 37. Wien 1996, S. 192ff. und 238ff.

telbäuerlichen Betriebe und ihre Zukunft sind kein Thema der herrschenden Agrarpolitik. Im Gegenteil: sie werden mit gezielten bürokratischen Schikanen in der Umweltförderung und zum Teil mit praxisfremden Auflagen beim Tierschutz zur Aufgabe ihres Betriebes motiviert bzw. gezwungen.

Der Strukturwandel und damit das „Wachsen und Weichen" wird sich in der kommenden Jahren verstärkt fortsetzen. Die Integration der österreichischen Landwirtschaft in die EU und damit die Intensivierung des Wettbewerbs wird noch weiter zunehmen, sofern man nicht bewusst gegensteuert. Die Globalisierung hat auch die Landwirtschaft erfasst.

Soll die österreichische Landwirtschaft mit ihrer trotz Strukturwandels vergleichsweisen klein- bis mittelbäuerlichen Struktur erhalten und ihre Zukunftschancen verbessert werden, ist eine adäquate Agrarpolitik auf EU-Ebene und auf nationaler Ebene unumgänglich. Die zweite Säule der EU-Agrarpolitik wird wesentlich die zukünftigen Entwicklungen in der österreichischen Landwirtschaft mitbestimmen. Es ist davon auszugehen, dass die öffentlichen Mittel in Summe nicht mehr zunehmen werden. Und es ist auch längerfristig zu erwarten, dass die Verteilungswirkung dieser Programme, die größere Betriebe bevorzugen, verstärkt in Diskussion geraten.[240]

Längerfristig wird die Gesellschaft nur dann bereit sein, für die Bauern und Bäuerinnen die erforderlichen Budgetmittel zur Verfügung zu stellen, wenn nachvollziehbar ökologische, soziale und wirtschaftliche Ziele damit erreicht werden. Entscheidend könnte auch die Frage werden, ob es gelingt, die Agrarpolitik in eine allgemeine Politik für den ländlichen Raum zu integrieren und nicht umgekehrt; und ob es gelingt, einen Ausgleich mit anderen gesellschaftlichen Gruppen zu finden. Jedenfalls wird der bisher enge Kreis der Akteure andere gesellschaftliche Gruppen bei der Entscheidungsfindung mit einbeziehen müssen. Darin liegt die Herausforderung, aber auch die Chance für die Agrarpolitik und für Bauern und Bäuerinnen in der Zukunft.[241]

---

240 Vgl. G. Hovorka, J. Hoppichler, Agrarpolitik a.a.O., S.709
241 Ebenda, S. 710

13. ZUSAMMENFASSUNG

In der Entwicklung der kapitalistischen Landwirtschaft lassen sich in Österreich drei Phasen unterscheiden:

- Die liberalkapitalistische Phase (ca. 1848 bis ca. 1890)
- Die Schutzphase (ca. 1919 bis 1938)
- Die Integrationsphase (ca. 1950 bis heute)

Die liberalkapitalistische Phase ist durch die beginnende Integration des landwirtschaftlichen Sektors in die kapitalistische Entwicklung gekennzeichnet. Diese Phase beginnt mit der bürgerlichen Revolution und die durch sie politisch durchgesetzte Grundentlastung. Die Grundentlastung und die ihr folgende Regelung und Ablösung der Wald- und Weideservitute bewirkte eine Polarisierung der ökonomischen und sozialen Verhältnisse in der Landwirtschaft, sie führte zur Pauperisierung und Proletarisierung eines Teils der agrarischen Bevölkerung. Die endgültige Beseitigung der feudalen Verhältnisse (in rechtlicher Hinsicht) und die Verarmung der unteren Schichten der agrarischen Bevölkerung setzten Arbeitskräfte für die industriell-kapitalistische Produktion frei. Diese Entwicklung verstärkte sich nach 1868, vor allem durch die Liberalisierung des Bodenverkehrs (Neuregelung des Erbrechts, Einführung der Freiteilbarkeit von Bauerngütern). Es war die immer stärker auftretende Arbeiterbewegung, die der Integration der Landwirtschaft in die kapitalistische Produktionsweise – indirekt – ihre Grenzen setzte. Die Bourgeoisie erkannte, dass der drohenden Gefahr einer revolutionären Umwälzung der bestehenden kapitalistischen Verhältnisse nur durch die Erhaltung einer großen Zahl bäuerlicher Existenzen begegnet werden konnte. Der Erhalt der bäuerlichen Strukturen erforderte aber ihren Schutz vor den zerstörenden Einflüssen der kapitalistischen Produktionsweise. Dieser Schutz wurde mit der intensiven Förderung und Entwicklung des Genossenschaftswesens gewährt, das ab ca. 1890 aufgebaut wurde, aber erst nach dem Ersten Weltkrieg seine volle Wirkung entfalten konnte.

Die Hauptleidtragenden des Elends, das der Erste Weltkrieg mit sich brachte, waren die Arbeiter und die Bauern. Damit rückte ein Bündnis beider in den Bereich des Möglichen. In dieser für das Weiterbestehen der kapitalistischen Gesellschaftsform gefährlichen Situation, kam dem Schutz des landwirtschaftlichen Sektors entscheidende politische Bedeutung zu.

Die wichtigsten Instrumente des Bauernschutzes waren:

- Förderung des landwirtschaftlichen Genossenschafts- und Kreditwesens
- protektionistische Zollpolitik[242]
- ab 1931: landwirtschaftliche Marktordnungen
- seit dem EU-Beitritt 1995 verstärkte Direktzahlungen

Die protektionistische Politik wirkte selektiv. Als Folge davon kam es in der Ersten Republik zur Verschuldung der kleinen und mittleren Bauern. Dies bildete die Grundlage für die Hinwendung dieser Schichten zum Astrofaschismus und Nationalsozialismus.

Schutzpolitik war widersprüchlich. Da die staatlichen Maßnahmen der Marktordnungen zum großen Teil über den Genossenschaftsapparat abgewickelt wurden, verloren die Kleinbauern, als die weithin überwiegende Mehrheit, in zunehmendem Ausmaß den Einfluss auf „ihre" Genossenschaften. Die bürokratische Gestaltung der Direktzahlungen und deren Auflagen machten die Bauern und Bäuerinnen im zunehmenden Ausmaß von der Landwirtschaftskammer und den politischen Vertretungen, insbesondere vom „Österreichischen Bauernbund", abhängig.

Zusammenfassend kann festgestellt werden, dass die Ursachen der Verspätung kapitalistischer Entwicklungstendenzen in der Landwirtschaft primär nicht technisch-organisatorischer, sondern politisch-ökonomischer Natur sind. Die Bourgeoisie benötigt die Bauern in ökonomischen und politischen Krisensituationen primär als Loyalitätspotenzial, und sie trachtete aus diesem Grund, die Zahl der Bauern und ihre vorkapitalistischen Werte zu erhalten (Schutzphase). In krisenfreien Aufschwungphasen benötigt der Kapitalismus die Landwirtschaft (die Bauern) primär als industrielle Reservearmee (liberalkapitalistische und Integrationsphase).

Die Analyse der Bauernbewegungen in Österreich und Deutschland zeigt, dass die Bauern seit den Bauernaufständen und den Bauernkriegen immer nur die Objekte der Politik anderer waren. Dies zeigt sich darin, dass:

- die österreichischen Bauern die Fessel des Feudalismus nicht in aktiver Weise (wie etwa in Frankreich)[243] abgeschüttelt haben, sondern sie ihnen

---

242 Die Schutzpolitik in Form der Schutzzölle kam in verstärktem Ausmaß den Großagrariern zugute, aber nicht sosehr, wie jene vor dem Ersten Weltkrieg.

243 Vgl. dazu: B. Moore, Soziale Ursprünge von Diktatur und Demokratie. Frankfurt/Main 1974, S. 95ff., insbesondere S. 103.

vom absolutistischen Staat aus ökonomischen und politischen Motiven abgenommen wurden.[244]

- die Selbstorganisationsversuche der Bauern im Zuge der Agrarkrisen des 19. Jahrhunderts unterdrückt werden konnten.

- die schließlich erfolgte Organisierung weitgehend im Vorfeld politischer Parteien (Kräfte) erfolgte, die mit dieser Organisierung nicht primär die Interessen der Bauern verfolgten.

- die Arbeiterbewegung in ihrer Bauernpolitik kaum über Stimmenfang und Agitation für die eigene Organisation hinausging.[245]

- mit verstärktem Einbruch der kapitalistischen Produktionsweise in die Landwirtschaft sich die Bauern nicht selbst schützen konnten, sondern von der durch das Stärkerwerden der Arbeiterbewegung bedrängten Bourgeoisie Schutz gegen Loyalität erhielten.

- mit der trotz Bauernschutz eintretenden Pauperisierung die Bauern ein wesentlicher Teil der faschistischen Massenbasis wurden, ohne aber eine eigenständige Rolle im Faschismus zu spielen. Insbesondere im deutschen Faschismus wurden die Interessen der Bauern (nach Liquidierung der antikapitalistischen Stoßrichtung 1934) jenen des Industriekapitals untergeordnet (Agrarkartellierung, Reichserbhofgesetz).

- nach dem Zweiten Weltkrieg die Lage der Bauern (insbesondere ab 1955) durch zunehmende Proletarisierung gekennzeichnet war, was weder eine größere politische Bewegung noch den Versuch der Emanzipation von den sie bevormundenden Partei-, Verbands- und Genossenschaftsbürokratien bewirkte, sofern von der in den vergangenen Jahren entstandene Bauernbewegung um die Interessensgemeinschaft Milch (IG-Milch) abgesehen wird.

---

244 Für Deutschland vgl. unter anderem: G. Armanski, Nachwort zur historisch-politischen Bewegung der Bauern in Deutschland, in: Probleme des Klassenkampfs, Nr. 3. Berlin 1972, S. 100

245 Auch in der russischen Revolution spielten die Bauern nur sehr begrenzt eine eigenständige Rolle. Das anfänglich gleichwertig scheinende Bündnis zwischen Arbeitern und Bauern wurde recht bald zu Gunsten der Arbeiter verschoben, d. h. die Bauern wurden zum Objekt autoritärer proletarischer Politik. Auch in der Sowjetunion erfolgte die Industrialisierung zum Teil auf Kosten der Landwirtschaft, indem mit massiven, autoritären, die Bedürfnisse der Bauern gänzlich missachtenden Maßnahmen die Freisetzung von Arbeitskräften aus der Landwirtschaft erzwungen wurde und die landwirtschaftliche Produktion den Erfordernissen der industriellen Produktion bzw. der Industrialisierung untergeordnet wurde. Dieser autoritäre Führungsanspruch der Kommunistischen Partei gegenüber den Bauern lässt sich schon in relativ frühen Stadien der Revolution an der Negierung der Interessen, der Bedürfnisse und der Eigeninitiative der Bauern erkennen. Die Bauern wurden in der Revolution relativ bald zum bloßen Objekt kommunistisch-proletarischer Politik.

3.TEIL
KAMPF DER BAUERN UND BÄUERINNEN
UM SELBSTBESTIMMUNG

1. DAS SITTENBILD DER AGRARPOLITIK

Der große Hut symbolisiert Scheineinheit.
In der Realität sind die Bauern gespalten.

Das Doppelgesicht symbolisiert den
existenziellen Gegner in der eigenen
Berufsvertretung.

Der demokratische Interessenausgleich
erstickt in der autoritären Organisation.
Es ist ein Zustand mit struktureller Gewalt.[1]

---

1   Brigitte, Rohrmoser, Karikaturen zum Sittenbild der Agrarpolitik. Wien 2001

Bestandsaufnahme

Im September 1973 reiste Franz Rohrmoser vom Salzburgischen nach Wien und besuchte Franz Stummer in der „Präsidentenkonferenz der Landwirtschaftskammern" (PRÄKO). Stummer war dort Leiter der Bergbauernabteilung und somit für die Politik bzw. die Förderung der Bergbauern, also für benachteiligte Bauern und Bäuerinnen in Österreich, zuständig. Es ging bei diesem Gespräch um die Gründungsvorbereitung der „Österreichischen Bergbauernvereinigung" (ÖBV). Franz Rohrmoser war damals 30 Jahre alt und Sekretär der „Katholischen Jugend Land" in Salzburg. Vorher hatte er als Entwicklungshelfer bei der indigenen Bevölkerung in Brasilien gearbeitet. Im Gespräch kam Franz Stummer gleich zur Sache und brachte sein Problem bei der Bergbauernarbeit in der PRÄKO auf den Punkt:

„Es wird zwar viel über die Probleme der Bergbauern geredet und über spezielle Förderungen für sie diskutiert, aber wenn es drauf ankommt, dominiert eine Gruppe von Großagrariern die Politik und sorgt dafür, dass der Großteil der Fördergelder den großen Bauern in Gunstlagen zugute kommt."

Was hier Franz Stummer als Problem bei der Arbeit mit benachteiligten Bauern und Bäuerinnen in der dafür zuständigen obersten Bauernkammer und Berufsvertretung erlebt, weist sehr treffend auf das Sittenbild der Korruption in der Agrarpolitik hin. So sah es in den 1970er Jahren aus. Und daran hat sich seit 40 Jahren im Wesentlichen nichts geändert: Es gibt in der Agrarpolitik eine mächtige Gruppe, die es sich richtet und sich Zugang zu den Fördertöpfen verschafft. Die große Mehrheit der Bäuerinnen und Bauern hat nichts von dieser Art Politik. Um etwas für sie, insbesondere für die Bergbäuerinnen und Bergbauern, zu verändern, gründeten wir damals im Januar 1974 die „Österreichische Bergbauernvereinigung" (ÖBV).

Als Sekretär der „Katholischen Jugend Land" lud Franz Rohrmoser den Gründer deutscher Maschinenringe, Erich Geiersberger, zu Vorträgen im Land Salzburg ein. Geiersberger arbeitete im Bayrischen Fernsehen, war zudem agrarpolitischer Kommentator im ARD und sprach 1972 in St. Johann im Pongau vor 300 Bauern und Bäuerinnen ganz offen und direkt von Korruption in der Agrarpolitik:

„Die Agrarpolitik des Freistaates Bayern, die Agrarpolitik der Bundesrepublik Deutschland und die Agrarpolitik aller westlichen Industrienationen bezeichne ich als Massenkorruption und Stimmfang, das liebe Stimmvieh Landvolk soll bei der Stange gehalten werden. Verzeihen Sie diese offene Sprache."

Solch deutliche Worte über den korrumpierten Zustand der Agrarpolitik waren wir in Österreich nicht gewohnt. Weil auch Bauernbundfunktionäre im Raum waren, bekam Franz Rohrmoser prompt Schwierigkeiten: Der Kammeramtsdirektor beschwerte sich beim Bischof von Salzburg, weil Rohrmoser damals kirchlicher Angestellter war.

Agrarsoziologen schreiben seit Jahrzehnten darüber, dass die kleineren und mittleren Bauern und Bäuerinnen den Interessen der Großagrarier vorgespannt werden. So auch Josef Krammer 1976 in seinem Buch „Geschichte der Bauern" über die Zeit der Jahrhundertwende um 1900 über die Großagrarier Ungarns:

„Die Mehrheit der Vieh züchtenden Alpenbauern wurde den Interessen der Getreide anbauenden Großgrundbesitzern vorgespannt. Die Dominanz großagrarischer Interessen in der Christlichsozialen Partei hat also eine lange Tradition"[2]

Über dieses Vorspannen der kleineren und mittleren Bauern und Bäuerinnen in Deutschland hat sich auch Hermann Priebe 1985 in seinem Buch „Die subventionierte Unvernunft" geäußert:

„In allen agrarpolitischen Machtkämpfen der letzten 100 Jahre wurde der Bauer vorgeschoben, um bestimmte Hilfen für die Landwirtschaft durchzusetzen, von der Osthilfe der zwanziger Jahre bis zu den Subventionen von heute. Diese kommen aber der Masse kleinerer und mittlerer Bauern am wenigsten zugute. Sie vergrößern vielmehr die Gewinne in Handel, Genossenschaften, Banken und Agrarindustrie, schaffen Differentialrenten für die ohnehin wohlhabenden, größeren Landwirte. Der Bauer wird praktisch betrogen, gerade noch am Tropf gehalten, bis dann mit seiner miserablen Lage wieder neue Hilfen gefordert werden können ..."[3]

Priebe spricht hier sehr deutlich von Betrug am Bauern, es geht ihm hierbei um ein 100 Jahre andauerndes Missbrauchsystem, das wir den „Vorspannmechanismus" nennen. Der Bauer und die Bäuerin werden praktisch betrogen, gerade noch am Tropf gehalten, bis dann mit seiner/ihrer miserablen Lage wieder neue Hilfen gefordert werden können, sagt Priebe. Dieser Vorspannmechanismus ist von grundlegender Bedeutung in der Agrarpolitik und bedarf daher einer genaueren Analyse.

Wie sieht es heute damit aus? Deutlich sichtbar werden die Strukturen des Agrarsystems immer dort, wo aktuell Widerstand geleistet wird. Ein solcher Widerstand kam seit 2004 von der IG Milch (Interessengemeinschaft Milch).

---

2   J. Krammer, Analyse einer Ausbeutung, Geschichte der Bauern in Österreich. In Sachen. Wien 1976, Heft 2. Wien 1976, S. 68
3   H. Priebe, Die subventionierte Unvernunft, 3.Auflage. Berlin 1985, S. 209

Ihr Vorsitzender Ewald Grünzweil schreibt in der IG-Milch Zeitung[4]: „Frust und Enttäuschung über sinnlose und Existenz bedrohende ‚Aktionitis' mit Milch und Milchprodukten von den Handelsketten. Das Versagen, ja sogar der Verrat unserer ‚Standesvertretung' und seiner Funktionäre an den Milchbauern, die dem zerstörenden Preiskampf des Handels hilflos zusahen. Dieser Verrat zieht sich ja wie ein ‚schwarzer' Faden durch ganz Europa. Durch massive Fehlentscheidungen wurde ein beispielloses Bauernsterben in Gang gesetzt. Allein in Österreich fiel die Zahl der Milchbäuerinnen und Milchbauern von über 83.000 im Jahr 1995 auf gut 30.000 im Jahr 2009."

Das Versagen und der Verrat der Standesvertretung stehen bei Grünzweil im Mittelpunkt. Der Verrat an den Bauern und Bäuerinnen durch die Standesvertretung zieht sich wie ein schwarzer Faden durch ganz Europa, so Grünzweil. Er spricht die Existenzbedrohung der Milchbauern an und die Zahl der verdrängten Bauern und Bäuerinnen bestätigt dies. Bei der Beantwortung der Frage, welches die Hauptursachen am heutigen, aktuellen Bauernsterben seien, wird der Hinweis von Ewald Grünzweil auf den Verrat der Standesvertretung von Bedeutung sein. Zum Begriff Verrat sollte man den Begriff „Doppelgesichtigkeit" hinzufügen; doch darüber weiter unten mehr.

Nun sehen wir zum Abschluss dieser Bestandsaufnahme nochmals über die Grenze nach Deutschland, wo die Arbeitsgemeinschaft bäuerliche Landwirtschaft (AbL) und der Bundesverband deutscher Milchviehhalter (BDM) ähnlich wie die IG-Milch für die Interessen der Milchbauern kämpfen. IG-Milch kooperiert auch eng mit den beiden deutschen Organisationen vor allem über den europaweiten Zusammenschluss im EMB (Europäisches Milchboard bzw. European Milk Board).

Aus der „Bauernstimme", der Zeitschrift der ABL[5]:

„Der Bauernverband vertritt eben die Interessen der Milchindustrie und nicht die Interessen der Bauern. Er versucht, den öffentlichen Druck, den die Milchviehhalter hart und gegen seinen Willen aufbauen, für seine Ziele zu instrumentalisieren. Wir fordern klare politische Beschlüsse, die es dem Milchbauern ermöglichen, die Menge an den schwankenden Bedarf anzupassen. Das ist die Voraussetzung, damit sich ein fairer Milchpreis einstellt. Der Bauernverband stellt sich dagegen und fordert mehr Staatsgelder für noch mehr Lagerhaltung und Exportdumping... (Maria Heubuch, Graefe zu Baringdorf, ABL-Vorsitzende)"

---

4   Ausgabe November 2010
5   Bauernstimme, Oktober 2009

Der Bauernverband – die deutsche Bruderorganisation des österreichischen Bauernbundes – hält gegen die Interessen seiner eigenen Mitglieder eisern am ruinösen, alten Konzept der Milchquotenerhöhung mit Exportförderung fest. Was wird hier europaweit für ein Kampf geführt? Viele Bauern und Bäuerinnen nehmen ihre eigenen Interessen in die Hand, wollen sich aus der einseitig abhängigen Rolle des einflusslosen Rohproduzenten befreien und kommen in schwere Konflikte mit ihren christlich-sozialen Bauernverbänden. „Wir fordern klare politische Beschlüsse", sagen die beiden Vorsitzenden der AbL. Wie wichtig klare politische Beschlüsse für die Bauern und Bäuerinnen im Angesicht doppelter Botschaften der bäuerlichen Interessenvertreter sind, werden wir noch behandeln.

Begriffsbestimmungen

Wenn in den genannten Beispielen in der Bestandsaufnahme von Massenkorruption und Stimmfang (Geiersberger 1972), Missbrauch und Betrug (Priebe 1985) und von Verrat (Grünzweil 2010) die Rede ist, wollen wir näher definieren, was damit gemeint ist.

Mit dem Begriff „Missbrauch", bezogen auf die Agrarpolitik, wird ein Vorgang angesprochen, der auch „Vorspannmechanismus" genannt wird. Wir definieren den „Vorspannmechanismus" folgendermaßen: „Fördergeld wird öffentlich auf den Namen der ärmeren Bauern vom Staat eingefordert und begründet, dann aber verdeckt für reichere Großagrarier, Handel und die Industrie verwendet".

Der Begriff „Betrug" bedeutet laut Duden „die Erlangung eines (Vermögens)-Vorteils durch die Täuschung anderer". Oder nach Wikipedia: „Wer in der Absicht, sich oder einem Dritten einen rechtswidrigen Vermögensvorteil zu verschaffen, das Vermögen eines anderen dadurch beschädigt, dass er durch Vorspiegelung falscher oder durch Entstellung oder Unterdrückung wahrer Tatsachen einen Irrtum erregt oder unterhält…"

„Korruption" bezeichnet Bestechung und Bestechlichkeit, Vorteilsannahme und Vorteilsgewährung. Im juristischen Sinn ist Korruption Missbrauch einer Vertrauensstellung in einer Funktion in Verwaltung, Justiz, Wirtschaft, Politik oder auch in nichtwirtschaftlichen Vereinigungen oder Organisationen, um einen materiellen oder immateriellen Vorteil zu erlangen, auf den kein rechtlich begründeter Anspruch besteht. „Korrumpieren" heißt, jemanden bestechen, moralisch verderben.

Nun soll versucht werden, eine zusammenfassende Beschreibung und Definition des „Vorspannmechanismus" und den darin enthalten Missbrauch und Betrug am Bauern und an der Bäuerin zu erstellen:

Der „Vorspannmechanismus" trifft zu, wenn Agrarpolitiker gemeinsam mit einer Lobby von Großagrariern die gewachsene Glaubwürdigkeit der bäuerlichen Landwirtschaft und die Armut eines Großteils der Bauern und Bäuerinnen bewusst öffentlich vorschieben und deren gesellschaftliche Akzeptanz und Glaubwürdigkeit dazu benutzen, um Fördergelder vom Staat zu bekommen und zu begründen. In der Folge werden diese Gelder vor allem einer kleinen Gruppe ohnehin begünstigter Großagrarier und deren Freunden in Industrie und Handel zugeleitet.

Fazit: Müssten die Großagrarier und die Agrarindustrie ihre hohen Förderungen mit ihrer eigenen gesellschaftlichen Leistung begründen, würden sie keinesfalls so viel Fördergeld bekommen, also begründen sie ihre Habgier mit dem an Not leidenden und glaubwürdigen Bauern. Dies ist ein sich laufend wiederholender, unerträglicher Missbrauch und Betrug am Bauern und er bäuerlichen Struktur sowie eine Täuschung der Steuerzahlenden.

Zur Definitionsmacht über die Förderungskriterien sei angemerkt:

Der Zugriff durch die Großagrarier- und Agrarindustrielobby erfolgt in der Agrarpolitik immer auf zwei Ebenen:

1. Unter dem Begriff „Definitionsmacht" verstehen wir den entscheidenden Vorgang in der Agrarpolitik. Wir fragen: Wer hat den letztgültigen Einfluss auf die Förderkriterien, die als Basis für die Geldzuteilung entscheidend sind? Unterschieden wird hier zwischen Vorschlagsrechten zur Bildung von Förderkriterien und der tatsächlichen Festlegung dieser Kriterien. Es zeigte sich, ein Prozedere der Vorschlagseinbringung und Diskussion über Kriterien wird zugelassen, etwa die Diskussionen über den „notwendigen Arbeitseinsatz" als zusätzliches Kriterium bei der Bemessung der Höhe von Direktzahlungen. Aber letztendlich hat bisher immer noch die Großagrarier- und Agrarindustrielobby entschieden welche Verteilungskriterien verwendet werden. Sie besitzen die uneingeschränkte Definitionsmacht.

2. Am Beispiel Milch ist der Zugrifff der Lobby auf die Definitionsmacht der Produktionsmenge seit Jahrzehnten deutlich sichtbar. Die Bauern und Bäuerinnen sollen als Rohproduzenten ohne Mitbestimmung in einseitiger Abhängigkeit gehalten werden. Die mächtige Milchindustrie hatte immer Interesse an einer Überlieferung der Menge, um damit den Erzeuger-

preis der Bauern und Bäuerinnen zu drücken und den Überschuss dann auf Staatskosten am Weltmarkt abzusetzen, wobei wieder die Milchlobby verdient. Außerdem werden dabei auch die Bauern und Bäuerinnen in Entwicklungsländern geschädigt. Solche sinnlose, schädliche Exportförderungen werden dann wieder mit den armen Milchbauern begründet. Auf diese Weise werden diese vorgespannt und missbraucht.

Bauernspaltung durch den „Vorspannmechanismus"

Der Begriff Mechanismus steht für gesetzmäßige, selbsttätige Abläufe. Wir sprechen hier vom so genannten „Vorspannmechanismus", der genauer betrachtet aus zwei Spaltungsvorgängen besteht.

1. In einem täuschenden Trick wird das Fördergeld anders begründet als verwendet. Das erfolgt durch Spaltung das Abwicklungsverfahren.
2. Als Folge der Spaltung des Verfahrens werden die Bauern und Bäuerinnen selber gespalten und zwar in eine untere Klasse zwei und in eine obere Klasse eins. Die Bauern der unteren Klasse – hier befinden sich die kleineren und mittleren Bauern und Bäuerinnen der bäuerlichen Landwirtschaft – werden finanziell benachteiligt und gerade diese Benachteiligung führt wieder dazu, dass sie zur Finanzierungsbegründung vorgeschoben werden. Ganz im Gegenteil zu den Bauern und Bäuerinnen in der oberen Klasse: Sie werden finanziell begünstigt, obwohl sie infolge ihrer ökonomischen Bedingungen bereits längst begünstigt sind. Der ganze Vorgang zeigt und bedeutet eine massive Bauernspaltung mit Hilfe der eigenen Berufsvertreter.

Über beide Spaltungen herrscht strenge Schweigepflicht. Diese Schweigepflicht gehört zum reibungslosen Funktionieren des Mechanismus dazu.

Die Begründung und die Anwendung der Fördermittel muss normalerweise ein zusammengehörender Vorgang in einem einheitlichen Verfahren sein, in dem beide Elemente übereinstimmen. Sehen wir uns daher diese Spaltung des Verfahrens in zwei getrennte Vorgänge noch genauer an:

1. Zunächst geht es um die Aufbringung von Fördermitteln und die Begründung gegenüber den Steuerzahlenden. Dies erfolgt in vielen Diskussionen, unter anderen bei der Agrardebatte im Parlament. Hier wird von

den Bauern und Bäuerinnen als Einheit geredet, von den Bauern als einer einheitlichen Berufsgruppe in der Gesellschaft. Ihr Einkommen wird im Vergleich zu vorangegangenen Jahren dargestellt. Die spezifische Situation in der Landwirtschaft wird besprochen und die wirtschaftlichen Engpässe werden im Vergleich zu ihren öffentlichen Leistungen dargestellt. Diese ganze Diskussion wird auf der Basis der Einheit der Bauern geführt. Und basierend darauf werden die nächsten Fördermittel bzw. das Agrarbudget gefordert und mit der allgemein angespannten Lage der Bauern und Bäuerinnen begründet. Die offene Diskussion über Ungleichheiten der Einkommen, vor allem die Ungleichheit der Förderungen wird verhindert, schon gar nicht wird über die hier ersichtliche Spaltung der Bauern in zwei Klassen gesprochen. Darüber herrscht in der laufenden Debatte strenge Schweigepflicht. Diese Schweigepflicht schafft die Basis dafür, dass der gängige Missbrach sich wiederholen kann: Die Agrardebatte wird einseitig auf die Mittelbegründung beschränkt.

2. Kommen wir nun zum abgespaltenen zweiten Teil des Vorganges, nämlich der Definition der Förderkriterien und darauf basierend die Mittelverteilung. Bei diesem zweiten Vorgang ändern sich verdeckt sowohl die Prioritäten als auch die Zielgruppe: Hier tritt die Klasse eins der Bauern mit ihrer Lobby auf den Plan, die genannte Elite und Agrarlobby hat mit Hilfe der von ihr korrumpierten Agrarpolitiker und Berufsvertreter die Definitionsmacht der Förderkriterien in ihren Händen und verschafft sich somit den Zugriff auf den Fördertopf bzw. bereichert sich selbst.

Im diesem Vorgang der Spaltung zwischen Mittelaufbringung und Mittelverteilung liegt der Betrug, denn die Fördermittel werden anders vergeben als begründet. Öffentlich wird die Spaltung der Bauern in eine benachteiligte und in eine begünstigte Klasse verschwiegen. Im Vorschieben und Benutzen der unteren Klasse der Bauern sowie deren Armut liegt der Missbrauch der armen Bauern sowie die Täuschung der Steuerzahlenden.

Der Mechanismus einer zweifachen Spaltung mit Schweigepflicht ist politisch eingespielt. Er wiederholt sich seit 100 Jahren automatisch. Er ist zu einer politischen Gewohnheit geworden. Besonders eingespielt ist dabei die Schweigepflicht. Wer diese bricht und die Vorgänge anspricht, wird automatisch als Bauernspalter gebrandmarkt. Hier ist nochmals ein bemerkenswerter Vorgang sichtbar, der offenbar auch Teil des gesamten Mechanismus ist: Der Aufdecker des Problems wird zum Verursacher umdefiniert. Diese Abwehrreaktion ist bekannt, denn in allen autoritären Organisationen, in denen Schweigepflichten herrschen, gehört die Beschuldigung der Aufdecker zum System.

Dieser sich bereits 100 Jahre lang wiederholende Vorspannmechanismus spiegelt das Sittenbild der christlich-sozialen Agrarpolitik perfekt wider. Er ist Teil einer Vorherrschaft von Großagrariern. Dass dieser Missbrauch fast selbstverständlich akzeptiert wird, hat mehrere Gründe, die näher erläutert werden müssen.

Dieser Mechanismus als System ist eine Erfindung und ein Relikt aus einer vordemokratischen Sozialverfassung, einer Verfassung, in der den Herrschenden die „Verwendung" der unteren Klasse der Landbevölkerung für ihre Zwecke als selbstverständlich galt. Bis heute kann eine Vorherrschaft von Großagrariern noch mit einer hohen Akzeptanz rechnen. Es ist da wohl auch eine unbewusste Identifikation mit dem Großen vorhanden, man möchte bewusst oder unbewusst eigentlich selber ein Großer sein und so ist eine innere Orientierung am Großagrarier für diese hohe Akzeptanz mitverantwortlich. Auch konkrete wirtschaftliche Abhängigkeiten der Kleineren von den Großen spielen dabei eine Rolle.

Die Opfer

Betrachten wir zunächst die Opferseite, die Betroffenen und Geschädigten des Missbrauchs: Betroffen ist der Großteil der kleineren und mittleren Bauern und Bäuerinnen, die eine bäuerliche Landwirtschaft betreiben, in Abgrenzung zu Bauern, die eine industrielle Produktion führen oder anstreben. Die vielseitige, bäuerliche Landwirtschaft in lebendigen, ländlichen Räumen ist jene Wirtschaftsform, die höchste Akzeptanz in der Gesellschaft hat. Ganze Netzwerke aus der Zivilgesellschaft vom Naturschutz bis zur Entwicklungspolitik setzen sich für die bäuerliche Landwirtschaft ein. Als Abgrenzung gegenüber dem industriellen Modell mit betrieblichem Wachstum, wenig Beschäftigung und leeren ländlichen Räumen. Genau an diesem Punkt beginnt die Betroffenheit. Nicht nur alle Bäuerinnen und Bauern der bäuerlichen Landwirtschaft sind betroffen, sondern auch alle Beteiligten der Netzwerke der Zivilgesellschaft, die dahinter stehen.

Betroffen sind weiters die Steuerzahlenden allgemein. Das Wissen über diese Missbrauchsvorgänge ist nicht fundiert genug, um sich aus dieser Rolle heraus zu verweigern. Es bedarf mehr Bewusstseinbildung, um öffentlich hinter die Tabus und die Schweigepflichten des eingespielten Missbrauchssystems zu blicken, obwohl ein Grundwissen über diesen Missbrauch bei vielen Menschen schon Jahrzehnte lang vorhanden ist. Als wir zum Beispiel im Jahr 1979 mitten in Wien, am Platz am Hof, als „Österreichische Bergbauernvereinigung" eine große Bauernausstellung durchführten, da bedankten sich viele Besucher und Besucherinnen für die differenzierte Darstellung der Situation der Bauern und Bäuerinnen. Der Bauernbund, so wurde uns gesagt, verwende bei seinen Demonstrationen nur die kleineren Bauern, damit sich die Großen bereichern können. Der Vorspannmechanismus war also bekannt, aber irgendwie wurde er gleichzeitig auch akzeptiert.

Die Täter

Es geht hier um die vielgenannte Agrarelite bestehend aus rationalisierten Großagrariern als oberste Gruppe der Förderbegünstigten, Vertreter der Agrarindustrie, Wissenschaft, Genossenschaften und Handel in vor- und nachgelagerten Bereichen der Landwirtschaft. Gemeinsam mit Berufsvertretern der Bauern und Bäuerinnen, Agrarpolitikern in höheren Positionen bilden sie eine einflussreiche Lobby.

Als Beispiel dafür sehen wir uns die „Deutsche Landwirtschaftsgesellschaft" (DLG) näher an. Die DLG gilt als Speerspitze einer Elitebildung zur politischen Einführung einer industriellen Landwirtschaft. Ihre Zusammensetzung macht dies deutlich:

- Ein Drittel der 85 Mitglieder sind Landwirte mit über 1000 Hektar aus Ost- und Westdeutschland.
- Ein weiters Drittel kommt vom Landhandel, Agrarindustrie, Banken etc.
- Das letzte Drittel stellen die Vertreter aus dem Bauernverband, aus den Kammern, aus der Wissenschaft etc.
- Beachtenswert: Vorstandsmitglied dieser deutschen Agrarlobby ist der österreichische Großgrundbesitzer Graf Hardegg mit 2000 ha im Norden Niederösterreichs (er hat im Jahr 2008 915.000.- Euro EU-Förderungen bezogen).

Dass solche Elite-Gruppen – wie die DLG eine ist – Einfluss und Macht haben, das liegt auf der Hand. Folgendes Beispiel macht dies deutlich: Der ostdeutsche Buch-Autor Jörg Gerke aus der AbL beschreibt 2002 in seinem Buch „Nehmt und euch wird gegeben", wie EU-Kommissar Fischler von der deutschen Agrarlobby in die Knie gezwungen wurde. Fischler wollte die einzelbetriebliche EU-Agrarhilfe auf maximal 300.000 Euro begrenzen und nur mit Nachweis von Lohnkosten könnte diese Grenze erhöht werden. Zitat: „Auch hier gelang es der ostdeutschen Agrarlobby aus Landesbauernverbänden und Agrarpolitik diese Pläne innerhalb weniger Monate gegen die Interessen von Millionen von Landwirtschaftsbetrieben in der EU und auch gegen die Mehrheit der ostdeutschen Betriebe zum Scheitern zu bringen."[6]

Kommissar Franz Fischler ist damals bei seinem Reformvorschlag auf wichtige Vorschläge der Agraropposition, insbesondere der Arbeitsgemeinschaft für bäuerliche Landwirtschaft in Deutschland eingegangen. Er wollte die bäuerliche Landwirtschaft stützen. Auch er ist von der Lobby – die EU-weit agiert – in die Knie gezwungen worden. Übrigens wurden Fischlers Vorschläge auch von seiner eigenen Hausmacht – vom Bauernbund in Österreich – kritisiert.

Man fragt sich, wieso unsere bäuerlichen Interessenvertreter und Agrarpolitiker der Regierungen so selbstverständlich auf Seite der Großagrarier stehen und ihre eigenen Wähler und Wählerinnen verraten. Auf den Punkt gebracht: sie sind in vielen Bereichen von der Agrarlobby korrumpiert. Die Interessenvertreter kommen dabei in heftigen Widerspruch zu „ihren" Bauern, die ihnen vertrauen, einerseits und den Interessen der Lobby andererseits. Viele von ihnen leben schon lange in diesem Konflikt. Manche wissen dabei genau, was sie tun. Andere sind im blinden Glauben, das Richtige zu machen, Mitläufer im System, ohne die Konsequenzen ihres Handelns zu hinterfragen und zu Ende zu denken. Sie lassen sich von Lobbyinteressen schieben. Wie auch immer: Missbrauch bleibt Missbrach, Verrat bleibt Verrat, ob vorsätzlich oder als Mitläufer, die Verantwortung ist unteilbar.

Der Schaden

Sehen wir uns die Auswirkungen des Missbrauchs auf die Betroffenen näher an. Die hohe Glaubwürdigkeit und damit Förderungswürdigkeit der bäuerlichen Landwirtschaft wird missbraucht. Dieser gute Ruf der Bauern ist ein hoher Wert und Teil der mühsam entwickelten spezifischen Beziehungen zwischen Bauern und Konsumenten. Diese spezifische Beziehung ist zu einer wichtigen Existenzgrundlage geworden. Wenn nun genau dieser gute Ruf zur Bereicherung einiger Großagrarier sowie zur Durchsetzung einer gegenteiligen industriellen Agrarproduktion verwendet wird, geht dies an die Substanz:

---

6   J. Gerke, Nehmt und euch wird gegeben, Das ostdeutsche Agrarkartell. Hamm 2008, S. 32

Die Existenzgrundlage wird damit beschädigt, Konsumenten verunsichert und verärgert.

Die kleineren und mittleren Bauern und Bäuerinnen werden um das in ihrem Namen begründete Fördergeld betrogen. Sie halten den Kopf hin für die Begründung, erbringen dafür Leistungen für die Gesellschaft und bekommen selber nur einen kleinen Teil des ihnen zustehenden Geldes. Einen guten Teil davon kassieren die Großagrarier in Gunstlagen sowie die Agrarindustrie.

Bauern und Bäuerinnen werden um ihren eigenen Einfluss auf die Politik betrogen. Mit jedem erneuten Zugriff auf das Fördergeld baut die Agrarlobby mit Hilfe der Bauernvertretung auch jedes Mal wieder ihren Einfluss weiter aus. Sie stärkt damit wieder ihre Definitionsmacht zur Kriterienbildung bei der nächsten Fördervergabe.

Bauernaufstand entlarvt korrupte Bauernvertreter

Beim Politikbereich Milchwirtschaft setzt die Agrarlobby immer wieder eine Mengenerweiterung gestützt mit Absatzförderungen anstatt einer notwendigen Mengenbegrenzung durch. Die Bauern und Bäuerinnen – vor allem in Österreich und in Deutschland – kämpfen für eine selbstbestimmte, flexible Mengenbegrenzung, sie kämpfen für ihr Recht auf Mitbestimmung und wollen aus der einseitig abhängigen Rolle des Rohproduzenten heraus. Und hier werden sie laufend von der eigenen Bauernvertretung verraten, diese steht auf der Seite der Milchlobby. Ein Höhepunkt dieses Kampfes wurde im Milchlieferstreik im Juni 2008 sichtbar. Hier wird eine neue Art von Bauernaufstand und Bauernprotest erkennbar.

Die Milchlobby und die offizielle Agrarpolitik will Überschüsse, niedrige Bauernmilchpreise und Gewinne mit staatlichen Absatzförderungen nach dem alten Modell. Das ist die grausame, neoliberale Politik des „Wachsens und des Weichens", die Onno Poppinga aus Kassel in der „Bauernstimme" mit dem Begriff „Tretmühle" treffend beschreibt[7]:

„Ziel ist für ständig niedrige Lebensmittelpreise zu sorgen, Mittel ist, die Landwirte so unter Druck zu setzen, dass über Ertragssteigerung und Betriebsvergrößerung eine ständige Rationalisierung der Produktion und eine beständige Auflösung von Bauernhöfen erfolgt. Versüßt wird diese Politik durch einzelbetriebliche Investitionsförderung auf der einen und durch Landabgaberente und Vorruhestandsregelung auf der anderen Seite. Zentraler Treibriemen für die Tretmühle sind die Überschüsse – ohne sie kein Druck auf die Einkommen …"

---

7   Bauernstimme, Januar 2009

Zentraler Treibriemen für die Tretmühle sind die Überschüsse, betont Poppinga. Und genau an diesem Punkt setzen die Milchbauern – vor allem jene, die in der IG-Milch (Interessengemeinschaft Milch) organisiert sind – in ihrem Widerstand an. Im Kampf um die Mengenbegrenzung werden die zugrunde liegenden Systemfragen sichtbar, es wird unter anderem die „Strukturelle Gewalt" – die im System steckt – deutlich, eine Form von Gewalt, in der jeder Bauer gegen den anderen Kollegen um sein Überleben kämpfen muss. Dies ist eine von oben verordnete Ellenbogengesellschaft.

Im Widerstand der IG-Milch wird auch die Haltung des Landwirtschaftsministers sichtbar. Sehen wir uns dazu Auszüge aus einem Artikel in der Zeitung der IG-Milch an[8]:

„ Mit der Entscheidung, die Milchquote um 58.000 Tonnen zu erhöhen, hat sich der Minister abermals gegen die Interessen der österreichischen Milchbauern und Milchbäuerinnen gestellt. (...) Die IG-Milch ist überzeugt, dass alleine diese Entscheidung die Preise unter Druck bringt und eine nachhaltige positive und faire Einkommensentwicklung verhindert. Wenn man nicht die Kompetenz der Betroffenen hat und sich konsequent einem konstruktiven Dialog mit den Milchbäuerinnen und Milchbauern verweigert, werden die Fehlentscheidungen und die akute Gefährdung der bäuerlichen Betriebe fortgeführt werden. Damit wird die Position der Milchindustrie gestärkt und die Abhängigkeit der MilcherzeugerInnen als Rohstofflieferanten erhöht."

Der Minister stellt sich abermals gegen die Interessen der Bauern und Bäuerinnen, betont die IG-Milch. Und: Wer nicht die Kompetenz der Betroffenen hat und sich konsequent einem konstruktiven Dialog mit den Milchbäuerinnen und Milchbauern verweigert, trifft Fehlentscheidungen. Mit dieser Aussage wird ein weiterer, sehr grundsätzlicher Punkt angesprochen: die Dialogverweigerung und damit eine akute Gefährdung der bäuerlichen Betriebe. An solchen Sätzen werden die „modernen", aktuellen Formen des „Bauernlegens" sichtbar. Gegen dieses Bauernlegen wehren sich die Freunde in Deutschland, wie im Beitrag von Georg Janssen, Bundes-Geschäftsführer der AbL in der Zeitschrift „Bauernstimme"[9], deutlich wird:

„Es ist klar geworden, auf wen man sich verlassen kann und auf wen nicht. Wer laviert, herumeiert und hintertreibt. In der Interessenvertretung für die Milchindustrie ist dieser Bauernverband gut – für die Milchbauern ist er eine Katastrophe. In den Tagen des (Milch)Streiks ist ein neues Zusammengehörig-

---

8 Zeitung der IG-Milch vom November 2010
9 Bauernstimme, Juli 2008

keitsgefühl entstanden, gemeinsam sich treffen, beraten und in Aktion treten, sich wehren – auf diese Erfahrungen können wir alle bauen."

Durch das Sichtbarwerden des existenziellen Gegners erwacht bei den widerständigen Bauern und Bäuerinnen ein neues Zusammengehörigkeitsgefühl. Die Milchlobby steuert die Milchpolitik gemeinsam mit korrumpierten Politikern gegen die Interessen der Milchbauern. Dies geschieht europaweit. Kritische Bauern haben sich ebenso europaweit im „Europäischen Milchboard" (EMB) zusammengeschlossen und wollen eine flexible, selbstbestimmte Mengenregelung bei der Milch als Basis für einen besseren Milchpreis für die Bauern. Die Lobby bestehend aus Milchindustrie, Großagrariern und korrumpierten Bauernvertretern will das Gegenteil: eine Erhöhung der Milchquote mit staatlichen Exportförderungen.

Die Widersprüche in der Interessenslage werden deutlich. Bezogen auf die Interessensvertreter der Bauern und Bäuerinnen ist das gemäß der oben genannten Definition von Korruption eine Vorteilsgewährung an die Milchindustrie sowie der Missbrauch einer Vertrauensstellung. Berufsvertreter verraten die Interessen ihrer anvertrauten Pflichtmitglieder der Kammer. Die Bauern und Bäuerinnen kämpfen für eine selbst bestimmte, flexible Mengenbegrenzung, sie kämpfen für ihr Recht auf Mitbestimmung und wollen aus der einseitig abhängigen Rolle des Rohproduzenten heraus.

In der Zeitschrift „Bauernstimme"[10] schreibt die Vorsitzende der AbL, Maria Heubuch:

„ ... bei der Oberallgäuer Bauernverbands-Ortsgruppe Wengen-Kleinweiler ist ihm (dem Bauernverband) das sichtlich schief gegangen. Dort hat jetzt bei der Jahresversammlung die ganze Vorstandschaft mitsamt der beiden Ortsbäuerinnen ihr Amt niedergelegt, unter Zustimmung der Versammlungsmitglieder. 31 der 37 Bauern im Ort erklärten sich solidarisch und unterzeichneten noch am selben Abend ihr Kündigungsschreiben an den Bauernverband. Aus Protest gegen die Politik des Bauerverbandes, von dem sie schon sich seit Jahren im Stich gelassen und nicht ernst genommen fühlen."

Strukturelle Gewalt in der Bauernvertretung

Der Begriff „Strukturelle Gewalt" stammt vom Friedensforscher Johan Galtung. In seinem bekannten Beitrag schreibt er dazu:

„Wird Gewalt in der strukturellen Form ausgeübt, dann kann es sein, dass

---

10   Bauernstimme, Januar 2010

die Opfer sich nicht einmal bewusst sind, was da vor sich geht. Die Opfer können vollkommen unorganisiert, apathisch, vereinzelt oder auf sonst eine Art und Weise außerstande sein, irgendeine Form der Verteidigung aufzubauen. Das Verhältnis ist also grundlegend asymmetrisch."[11]

Galtung beschreibt damit einen Zustand, mit dem wir es beim Missbrauchsystem in der Agrarpolitik zu tun haben. In der Organisation der Berufsvertretung der Bauern und Bäuerinnen herrscht ein struktureller Zustand, indem die Großagrarier und ihre Verbündeten einen unkontrollierten Zugriff zum Fördertopf und zur Defintionsmacht der Förderkriterien haben. Auch hier liegt die Gewalt bereits in der Struktur, im System. Trotz zunehmender, öffentlicher Kritik etwa an der ungleichen Fördergeldverteilung, erhalten die Großagrarier ganz selbstverständlich weiterhin direkten Zugang zu den Fördertöpfen. Das gibt einen Hinweis auf zwei gravierende Probleme: einerseits wird im sich automatisch, bereits Jahrzehnte lang wiederholenden Zugriff der Großagrarier auf die Fördertöpfe nicht nur eine Systematik, sondern auch eine Art von Sucht erkennbar. Andererseits lassen sowohl die Politik als auch die Betroffenen den Zugriff immer von Neuem zu. Sie ändern nicht die strukturellen Bedingungen, die den Zugriff ermöglichen. Im Bezug auf die Betroffenen trifft hier auch der oben zitierte Satz von Galtung bezüglich struktureller Gewalt zu: „Es kann sein, dass die Opfer sich nicht einmal bewusst sind, was da vor sich geht."[12]

Beim sich wiederholenden Übergriff und Zugriff der Agrarlobby auf die Fördertöpfe und die Definitionsmacht in der Politik liegt die Gewalt in der Struktur, sie ist in das Beziehungssystem der Beteiligten eingewoben und Teil des Systems geworden. Sie unterliegt im Bauernbund der Schweigepflicht und fällt vielen Opfern gar nicht auf. Eine Bewusstseinsbildung darüber wäre dringend notwendig.

Exkurs: Das Wesen einer Berufs- und Interessenvertretung

Das Demokratie-Prinzip erfordert nach Peter Pernthaler[13] die Gegnerfreiheit in der eigenen Berufsvertretung. Das Kammerwesen ist nach ihm so organisiert, dass in der Gesellschaft vorhandene Berufsgruppen sich nebeneinander organisieren, um ihre spezifischen Interessen für Politik und Gesetzgebung sichtbar

---

11   J. Galtung, Eine strukturelle Theorie des Imperialismus, in: Dieter Senghaas, Imperialismus und strukturelle Gewalt, Analysen über abhängige Reproduktion. Frankfurt am Main 1972, S. 50
12   Ebenda, S.50
13   P. Pernthaler u.a., Kammern und Pflichtmitgliedschaft in Österreich. Wien 1994, S. 63

zu machen. Gewerbliche Wirtschaft, ArbeiterInnen, Bauern und Bäuerinnen, Ärzte etc. bilden jeweils eine eigene Kammer. Laut Staatsverfassung dürfen nur gleichartige und gleichgerichtete berufsausübende Mitglieder der gleichen Kammer sein. Der soziale bzw. existenzielle Gegner kann nicht Mitglied sein.

Als Beispiel für nicht gleichartig und nicht gleichgerichtet wird von den Verfassungsrechtlern das Verhältnis Unternehmer und ArbeiterIn – Arbeitgeber und ArbeitnehmerInnen genannt – im Verhältnis zwischen den beiden wird ein grundsätzlicher Unterschied in der Machtbefugnis gesehen, der eine kann den anderen kündigen, umgekehrt nicht. Also kann der Arbeitgeber Kraft seiner Position zum existenziellen Gegner des Arbeitnehmers werden. Deshalb sind beide in verschiedenen Kammern zu organisieren.

Die Pflichtmitgliedschaft in der Kammer wird von den Verfassungsrechtlern sehr interessant begründet.

„Die den Kammern aufgetragene Funktion der konsensualen Integration divergierender Interessen und der demokratischen Formulierung eines verbindlichen Gemeinwillens der öffentlich-rechtlichen Vertretung setzt aber organisatorisch die Pflichtmitgliedschaft voraus, da andernfalls mächtige Mitglieder oder qualifizierte Minderheiten der Mitglieder die Berufsvertretung manipulieren könnten."[14]

Da ist von mächtigen und qualifizierten Minderheiten die Rede, genau dies ist schon lange der Fall. Der Gesetzgeber bemüht sich also, Missbrauch und Manipulation strukturell zu verhindern.

Wesentlich ist laut Pernthaler der Maßstab des Gleichheitsgrundsatzes:

„Es müssen die Interessen der in dieselbe Berufsvertretung einbezogenen Personen zumindest soweit übereinstimmen, dass eine – trotz gewisser gegensätzlicher Interessen – gemeinsame Interessenvertretung noch möglich ist."[15]

Umgekehrt formuliert: Wo die gegensätzlichen Interessen entweder zu groß sind oder wo überhaupt unverträgliche Konzepte und Ziele vorhanden sind, ist eine gemeinsame Interessenvertretung nicht möglich. In der Landwirtschaft wird über solche Unverträglichkeiten schlicht gar nicht gesprochen. Bei der ungleichen Förderverteilung mit Aufteilung der Bauern und Bäuerinnen in zwei Klassen, oder bei der laufenden Ausweitung der Milchmenge mit Absatzfinanzierung im Interesse der Industrie gegen die Bauerninteressen sind keine gemeinsamen Interessen sichtbar.

---

14 P. Pernthaler u.a., Kammern und Pflichtmitgliedschaft in Österreich. Wien 1994, S. 37
15 Ebenda, S. 63

„Die verpflichtenden Aufgaben der Berufsvertretung nach Pernthaler sind:

1. Interner Interessenausgleich zwischen Mitgliedern. In der bäuerlichen Realität gibt es viele unterschiedliche Interessen, etwa zwischen Hörndl- und Körndlbauern, Bergbauern etc…Das sind alles Konfliktsituationen, in der die Kammer verpflichtet ist, eine offene, gleichberechtigte Diskussion zu führen, für alle Beteiligten eine faire Lösung zu finden, solange zu verhandeln, bis ein faires Ergebnis für alle herauskommt.
2. Öffentliche Repräsentation der gemeinsamen Interessen. Die intern fair aus zu verhandelden Ergebnisse sollen dann nach außen in der Gesellschaft repräsentiert werden.
3. Die Kammer ist auch ein Dienstleistungsbetrieb für ihre Mitglieder für Förderung, Beratung, Schulung etc."[16]

Existenzieller Gegner in der eigenen Berufsvertretung

Wenn ein existenzieller Gegner nicht Mitglied in der Berufsvertretung sein darf, müssen wir uns also fragen, wer ist bei der Berufsgruppe der Bauern und Bäuerinnen ein solcher Gegner? Wir haben gesehen, wie die Pflichtmitgliedschaft in der Berufsvertretung verhindern soll, dass „mächtige und qualifizierte Minderheiten" die Kammer manipulieren. Genau dies ist mit der Existenz der beschriebenen Agrarlobby aber der Fall. Also ist bereits die Existenz der Lobby in der Kammer, die die Agrarpolitik zu ihren Gunsten manipuliert, gesetzwidrig.

Es werden „existenzielle Gegner" bzw. „Klassengegner" der Bauernfamilien in der bäuerlichen Landwirtschaft in folgenden 4 Punkten sichtbar:

1. Wenn eine kleine Gruppe von rationalisierten Großagrariern mit der Agrarindustrie, der Forschung, den Genossenschaften und dem Handel, verbunden mit führenden Interessenvertretern der Bauern eine Lobby bildet, die die Agrarpolitik zu ihren Gunsten manipuliert, dann ist dies unverträglich mit dem Wesen der Berufsvertretung „Kammer".
2. Wenn diese Elite von Großagrariern die Interessenvertreter der Bauern und Bäuerinnen korrumpiert und damit die Richtung der Agrarpolitik zu ihren Gunsten beeinflusst, und wenn diese elitäre Politik völlig konträr und unverträglich ist mit einer Politik zur Sicherung der bäuerlichen

---

16 Ebenda

Landwirtschaft, dann konterkariert das ebenfalls den Sinn der Kammer.

3. Wenn diese Agrarelite mit Hilfe der korrumpierten Interessenvertreter sich zur eigenen Bereicherung Zugriff auf die Fördergelder verschafft, dabei die kleinen und mittleren Bauern und Bäuerinnen vorschiebt und missbraucht, ist das unvereinbar mit der Berufsvertretung.

4. Wenn in diesem Missbrauchsystem die gesamte Berufsgruppe der Bauern und Bäuerinnen in zwei Klassen geteilt wird: in eine begünstigte 1. Klasse und in eine benachteiligte 2. Klasse und wenn zudem dies unter der Mithilfe der eigenen Berufsvertreter geschieht, dann bestimmt der existenzielle Gegner die eigene Berufsvertretung.

Ist die Kammer eine autoritäre Organisationsform?

Sehen wir uns an dieser Stelle nochmals die Regelung in der Verfassung an. Hier wird sensibel abgegrenzt zwischen autoritärer und demokratischer Organisation. Das wurde vor allem infolge der Erfahrungen mit dem autoritären Ständestaatskonzept von Engelbert Dollfuß ab 1933 erforderlich. Dollfuß hat bekanntlich die politischen Parteien und Gewerkschaften abgeschafften und nur eine autoritäre, ständestaatliche Organisationsform gelten lassen.

Kennzeichen autoritärer Organisationsformen nach Pernthaler sind:

- Ungetrenntheit: Der „existenzielle Gegner" befindet sich in der gleichen Berufsvertretung
- Fehlende innere, demokratische Struktur für eine Konfliktregelung mit Interessenausgleich
- Unterdrückung/Verbot von Widerstand, Kritik und freier Meinungsäußerung

Mangelnde Getrenntheit bildet die Basis für Missbrauch

An dieser Stelle kommen wir zum nächsten grundsätzlichen Punkt: Die Tatsache, dass der „existenzielle Gegner" in der eigenen Berufsvertretung sitzt, bildet die Basis für Missbrauch. Dabei handelt es sich um einen Mangel an organisatorischer Getrenntheit.

Zuwenig oder gar nicht bewusst ist es den meisten, dass mangelnde Getrenntheit die Basis für Missbrauch schafft und Gewalt begünstigt. Das widerspricht zunächst dem gewohnten bäuerlichen Denken, nach dem immer Zusammenhalt und Einheit betont werden. Sehen wir uns den Punkt „mangelnde Getrenntheit" deshalb in verschiedenen Lebens- und Politikbereichen näher an, um besser darlegen zu können, was damit gemeint ist.

Getrenntheit aus psychologischer Sicht

Die Beziehungsforscherin Thea Bauriedl hat 1996 in ihrem Buch „Leben in Beziehungen" das Problem der Ungetrenntheit bzw. der mangelnden psychischen Trennung behandelt. Wo Menschen psychisch ineinander verschmolzen oder verklammert sind, entsteht eine Masse, in der niemand mehr voneinander unterschieden werden kann. Niemand weiß dann, wer er bzw. sie ist und welche Rolle er bzw. sie innehat. In einem solchen Zustand herrschen Gewalt und das Prinzip „Ich oder Du". Jeder kämpft gegen jeden. Nur wo eigenständige, psychisch voneinander getrennte Personen miteinander in Kontakt treten, ist ein wirklicher Kontakt und ein Aufeinander-Zugehen möglich.[17]

Ungetrenntheit in der Familie

Wenn mancherorts auf Bauernhöfen zwei oder mehr Generationen eng in einem Haushalt zusammen leben, sind vielfach alle Beteiligten in ihrer persönlichen Entwicklung gehindert. Die verschiedenen Lebensentwürfe von Generationen prallen ständig aufeinander. Schließlich kann niemand mehr miteinander und man kämpft gegeneinander oder jeder gegen jeden. Durch bewusste Getrenntheit in zwei Haushalten und gegenseitige Anerkennung von verschiedenen Lebensentwürfen (diese Toleranz bedeutet psychische Getrenntheit) findet wieder jede Person ihren Platz und ihre Rolle. Nun können wieder neue, konstruktive Kontakte und eine neue Zusammenarbeit einstehen.

Ungetrenntheit in der Bauerntumsideologie

Die bäuerliche Ideologie ist durchdrungen von einem besonderen Harmoniebedürfnis, anders ausgedrückt: dies ist ein Zeichen von Konfliktvermeidung. Besonders sichtbar wird das Harmoniebedürfnis in der Bauerntumsideologie von Engelbert Dollfuß in den 1930er Jahren. Er träumte vom konfliktfreien Klima, von unrealistischer Harmonie in den Berufständen und hat aus diesem

---

17   Vgl. T. Bauriedl, Leben in Beziehungen, Von der Notwendigkeit Grenzen zu finden. Freiburg, Basel, Wien 1996, S. 16ff.

Stände-Verständnis heraus autoritär Parteien, Gewerkschaften und somit die Demokratie abgeschafft. Dollfuß kam vom bäuerlichen Bereich; wie er dachte, wird aus folgendem Zitat deutlich:

„Im Bauernhaus, wo der Bauer mit seinen Knechten nach gemeinsamer Arbeit abends am gleichen Tisch, aus der gleichen Schüssel seine Suppe isst, da ist berufständische Zusammengehörigkeit und berufständische Auffassung".[18]

Anders formuliert: wo die Unterscheidung von Knecht und Bauer verdrängt wird, herrscht unbegrenzt der Stärkere, in einer solchen Ungetrenntheit liegt der Kern von Gewalt. Auf die Kammerstruktur übertragen haben wir dort genau solche Verhältnisse, in denen sich der Stärkere durchsetzt.

Ungetrenntheit bei gegensätzlichen agrarpolitischen Modellen

In der Agrarpolitik existieren ungetrennt eng nebeneinander zwei widersprüchliche, miteinander unverträgliche Richtungen. Zum einem das bäuerliche, mehrfunktionale Modell, indem die Bauernhöfe als wichtiger Teil eines lebendigen ländlichen Raumes eingebunden sind. In diesem Modell braucht jeder jeden, um gemeinsam mit der Natur zu überleben. Jeder Bauer und jede Bäuerin hat darin seinen und ihren Platz. Parallel dazu existiert zum anderen das neoliberale Modell, das z.B. im Milchkampf zum Ausdruck kommt: Laufende Quotenerhöhungen, Überschüsse, Preisdruck, tödlicher Ausscheidungskampf zwischen den Bauern im „Wachsen und Weichen". Und unsere Agrarpolitik schickt ihre Bauern und Bäuerinnen buchstäblich selber in diesen tödlichen Ausscheidungskampf. Öffentlich propagiert wird mehr das bäuerliche Modell, das neoliberale Modell wird verdeckt parallel dazu forciert. Die Ungetrenntheit der beiden widersprüchlichen Modelle beschädigt auch alle positiven Ansätze. Das bäuerliche Modell wird dabei unterspült und ausgehöhlt.

Ungetrenntheit in politischen Organisationen

Wie selbstverständlich sitzen die bäuerlichen Interessenvertreter in den Vorständen und Aufsichtsräten der Milchindustrie, der Genossenschaften, im Handel etc. Dies geschieht im Glauben und mit der Begründung, dadurch können diese Organisationen im Interesse der Bauern und Bäuerinnen beeinflusst werden. Wie wir sehen, hat sich in der Regel die Richtung der Beeinflussung

---

18   P. Huemer, Sektionschef Robert Hecht und die Zerstörung der Demokratie in Österreich. Wien 1975, S. 242

völlig umgedreht: Am Beispiel Milch kämpfen seit Jahrzehnten die Interessenvertreter gemeinsam mit der Milchindustrie gegen ihre eigenen Bauern und Bäuerinnen.

Es fehlt zunächst auch am Erkennen und Bewusstwerden von Interessengegensätzen. Werden solche Gegensätze erkannt, braucht es organisatorische Getrenntheit der Konfliktparteien, nur so können sich die Interessensgegner zu einer fairen Verhandlung der unterschiedlichen Interessen zusammensetzen.

Doppelgesichtigkeit der Berufsvertreter

Der Januskopf als Symbol der Zwiespältigkeit ist hilfreich, um den Zustand zu beschreiben und zu verstehen, der in der Berufsvertretung der Bauern Rea-lität ist. Das Bild symbolisiert auch zutreffend den Mangel an Getrenntheit – der berufliche Gegner sitzt in der eigenen Interessenvertretung.

Der Konflikt der Zwiespältigkeit wird einfach verdrängt, so als gäbe es keinen Gegner. Real befindet sich die Berufsvertretung im Dilemma der doppelten, widersprüchlichen Botschaften, die da lauten: Bauer du sollst überleben, aber Bauer du sollst sterben. Dies ist das logische Ergebnis, wenn in der Organisation zwei widersprüchliche Richtungen vorhanden sind.

Bei solchen unklaren, doppelten Botschaften kennt sich keiner aus: Bauer wir brauchen dich, weil du hast wichtige Aufgaben, du bewahrst eine wichtige Kultur und wir brauchen dich als Mitglied unserer Organisation ... und gleichzeitig: Bauer du sollst verschwinden, aufgeben denn wir brauchen deinen Grund und Boden, wir brauchen auch das Fördergeld zur Vergrößerung wachstumsfähiger Betriebe für eine rationalisierte Landwirtschaft. In solchen gegensätzlich zwiespältigen Botschaften kennt sich niemand aus.

Wo wird die Zwiespältigkeit sichtbar und wo nicht?

Nicht oder wenig sichtbar wird die Zwiespältigkeit auf der unteren Ebene der Berufsvertretung, insbesondere auf der Orts- und der Bezirksebene. Hier wird eine glaubwürdige Politik und Arbeit im Sinne einer bäuerlichen Landwirtschaft gemacht. Es entsteht somit ein heiles Bild der bäuerlichen Welt sowie ein Bild, das suggeriert, es würde viel für die Überlebensförderung der bäuerlichen Landwirtschaft getan. Und weil die Masse der kleineren und mittleren Bauern und Bäuerinnen über diese Ebene betreut werden, wird für sie die Gespaltenheit bzw. die Zwiespältigkeit der Berufsvertretung kaum sichtbar.

Nicht ohne weiteres sichtbar wird die Zwiespältigkeit auch in der Form der öffentlichen Darstellung der Agrarpolitik durch den dominierenden Bauernbund. Die Darstellung ist dominiert von der ökosozialen, bäuerlichen Landwirtschaft, also von einer Seite des Doppelgesichtes.

Sichtbar wird das Doppelgesicht und die Zwiespältigkeit dort, wo Gruppen von kritischen Bauern/Bäuerinnen, Forschergruppen oder sonstige Akteure einen Widerstand aufbauen. Bereits in den 1970er Jahren wurde durch den Aufbau der „Österreichischen Bergbauernvereinigung" die Gespaltenheit im Doppelgesicht erkennbar. Die Bauernbundfunktionäre beschimpften uns als „Bauernspalter", ohne zu merken, dass sie mit ihrem Missbrauchsystem ja selbst die Bauern spalten.

In den vergangenen Jahren kommt durch die Gründung der IG-Milch (seit April 2004) wieder Bewegung in die Agrarpolitik. Im Widerstand der Milchbauern gegen die Milchlobby erscheint das Doppelgesicht der bäuerlichen Berufsvertreter zeitweise so deutlich, dass es auch viele betroffene Bauern und Bäuerinnen durchschauen. Aktionen wie der Milchlieferstreik im Juni 2008 waren zur Entlarvung der Bauernvertretung in Österreich und Deutschland sehr wirksam. Hier zeigten viele Funktionäre ihr wahres Gesicht, beispielsweise auch der Salzburger Kammerchef. Und dies hatte bei den Salzburger Kammerwahlen im Frühjahr 2010 Auswirkungen: Die Bauernverbandsliste, die inhaltlich weitgehend mit der IG-Milch ident war - bekam auf Anhieb 6 Mandate.

Der Obmann der IG-Milch, Ewald Grünzweil, fasst in der IG-Milchzeitung[19] seine Erfahrungen folgendermaßen zusammen:

• Beschämend fand ich die Auseinandersetzungen mit Behörden und Justiz.

---

19 IG-Milchzeitung, November 2010

- Erschreckend fand ich die primitive Auseinandersetzung mit dem Bauernbund und einigen Molkereien (teilweise auch vor Gericht).
- Enttäuscht haben mich die teilweise beleidigenden Wortwechsel, auch mit Standeskollegen.
- Abstoßend fand ich die Präpotenz und Überheblichkeit aller Bauernbundfunktionäre und einem Großteil der Molkereifunktionäre.
- Ernüchternd fand ich die Feigheit vieler Standeskollegen.

Welch ein Widerstand hat sich hier in den letzten Jahren entwickelt! Das EMB als europäische Interessenorganisation für Milchbauern hat inzwischen einen maßgeblichen Einfluss auf die Milchpolitik, sowohl auf die EU-Kommission als auch auf nationale Organisationen.

Berufsvertretung: unten und oben

Es besteht eine Bruchlinie in der Berufsvertretung der Bauern und Bäuerinnen zwischen der Orts- und Bezirksebene einerseits und der Bundesebene andererseits. Auf der Orts- und Bezirksebene wird glaubhafte, bäuerliche Politik, gute Arbeit der Berufsvertretung geleistet. Hier vertrauen viele Mitglieder ihrer Vertretung, die sie zur Wahrung ihrer Interessen wählen. Auf der oberen, auf der Bundesebene, dominiert die Lobby der Großagrarier und der Raiffeisen- und Agrarindustrievertreter. Hier werden die Fördergelder durch Täuschung und Missbrauch angeeignet.

Klima des Einverständnisses

Viele Bäuerinnen und Bauern auf ihren Bauernhöfen in den Dörfern der ländlichen Regionen wissen tatsächlich nicht, was ihre oberen Agrarpolitiker wirklich tun. Sie wissen und verstehen oft nicht genau, wie sich die Politik auswirkt, die ihre Berufsvertreter öffentlich vertreten, oder jene Politik die in den Bauernzeitungen beschrieben wird. Wenn dort davon die Rede ist, dass die Milchquote wieder erhöht wird und dass der Landwirtschaftsminister neuerlich Exportmittel zur Überschussfinanzierung bereitstellt, dann glauben immer noch viele, die Bauernvertretung würde für ihre Bauerninteressen kämpfen, obwohl das Gegenteil der Fall ist.

Es wird zwar seit Jahrzehnten über die Schädlichkeit von Exportförderungen gesprochen und dass dabei auch die Bauern in Entwicklungsländern zugrunde gehen, aber das dringt in die bauernbundgläubigen Schichten nicht oder zuwenig ein. Längst existiert auch eine Diskussion über die extrem ungleiche Fördergeldverteilung, aber auch diese Information greift zu kurz. Eingespielte Sprechverbote tun ein übriges.

Betroffene unterstützen mit ihrem unkritischen Verständnis des Missbrauchs das System und werden dabei zu Mittätern. Denn die Macht der Agrarlobby beruht auf Unbewusstheit und dem stillen Einverständnis ihrer Mitglieder.

Doppelgesichtigkeit behindert die innovativen Kräfte

Kritische Bauern und Bäuerinnen, die über oppositionelle Listen, wie SPÖ-Bauern, Bauernverband, Grüne Listen etc. in ihrer Landes-Landwirtschaftskammer einen Sitz haben, berichten über Machtherrlichkeit und Arroganz des mehrheitlich dominierenden Bauernbundes. Dies ist kontinuierlich über Jahrzehnte quer durch Österreich zu hören. Freunde in Oberösterreich haben aus Stressfolgen und wegen Mobbing ihr Kammerratsmandat wieder aufgegeben. Auch Missbrauch im Sinne von Vorspannen der Benachteiligten, wird immer wieder sichtbar. So berichtete ein Kammerrat der SPÖ-Bauern aus Oberösterreich folgendes: Die begünstigten Großbauern im Flachland ließen ihre Sonderwünsche beim Zugriff auf den Fördertopf ausgerechnet von einem benachteiligten Bergbauern aus Gmunden begründen. Und der war auch bereit dazu. Hier sieht man wieder wie allgegenwärtig dieser Missbrauchmechanismus ist und wie tief die Bauern in zwei Klassen gespalten sind.

Die Kammer-Funktionäre der oberen Ebene verschleiern diese Konflikte sowie die Gespaltenheit der Bauern, sie breiten einem Mantel der Bauerneinheit darüber. Im Verschweigen dieser Konflikte entwickelt sich ihre Doppelgesichtigkeit. Man will es beiden Seiten recht machen. Die inneren Widersprüche im Doppelgesicht werden verdrängt. Also wird das Verdrängen der Konflikte zum psychischen Überlebenssystem der Funktionäre. Das gibt auch eine Erklärung dafür, warum das so genannte „Unbewusste" in der Landwirtschaft so groß ist.

Ein weiterer Punkt ist wesentlich: Doppelte Gesichter verbreiten widersprüchliche Botschaften im Sinne von „Bauer du sollst überleben, aber Bauer du sollt doch sterben". Solche Botschaften lähmen, denn Unklarheit lähmt. Es kennt sich niemand aus. Dies wird sichtbar, wenn zum Beispiel die Kammerfunktionäre laufend die Interessen der Milchbauern verraten. Die Betroffenen bräuchten aber für ihr Überleben klare Botschaften und Orientierungen.

Aktive Bauern und Bäuerinnen, die mit klarem Programm für eine bäuerliche Landwirtschaft arbeiten, sowie deren Mitstreiter innerhalb und außerhalb der landwirtschaftlichen Organisationen, haben es schwer. Diese Gruppen der so genannten Agraropposition rennen seit Jahrzehnten gegen die Mauern des Machtblocks der Agrarlobby. Am europaweiten Widerstand der Milchbauern wird deutlich, wie beharrlich und brutal die Agrarlobby ihre Privilegien verteidigt.

Einen kontinuierlichen Widerstand seit 30 Jahren gegen die Agrarlobby leistet zum Beispiel die kreative ForscherInnen-Gruppe der Bundesanstalt für Bergbauernfragen. Mehrmals wurde in dieser 30-jährigen Arbeit die Existenz der Anstalt bedroht. Dank ihrer fundierten Forschungserfolge mit gutem internationalen Ruf und nur durch öffentlichen Widerstand konnte die Gruppe ihr Überleben absichern. Es ist unbestritten, dass die Arbeit der Gruppe der Agrarlobby in mehrfacher Hinsicht weh tut. Weil die Macht der Agrarlobby auf Unbewusstheit und auf interner Schweigepflicht beruht, bringt Aufklärung – wie die Bundesanstalt sie betreibt – Unruhe in das System. Die Definition der Förderkriterien, die als Basis zur Fördervergabe gelten, gehören zum innersten Machtbereich der Agrarlobby, daher ist die Kritorienerarbeitung der Bergbaueranstalt bereits an sich ein Ärgernis für das Machtzentrum der Agrarpolitik.

In keinem anderen Berufsbereich wird mit dem eigenen innovativen Potenzial so schlecht, so vernichtend umgegangen wie im Agrarbereich. Zunächst bleibt jenen, die mit dem lobbygesteuerten Agrarsystem nicht einverstanden sind, nur die Wahl zwischen aktiver Arbeit im Widerstand zum Agrarsystem oder dem passiven Rückzug in die Resignation. Es gibt dabei innovative Kämpfer, die ein Berufsleben lang innerhalb der offiziellen Strukturen der Kammer tätig sind und von dort aus vieles bewirken. Viele innovative Kräfte finden ihren Wirkungsbereich in den Fraktionen der Kammer, bei den SPÖ-Bauern, den „grünen" Bauern und Bäuerinnen oder beim Österreichischer Bauernverband, andere gründen eigenständige Organisationen wie die „Österreichische Bergbauern und Bergbäuerinnen Vereinigung" (ÖBV), AbL, La Via Campesina, IG-Milch, Agrarbündnis, Arge Region Kultur, Bäuerinnenkabarett „Miststücke", Agrarattac, Arche Noah, Greenpeace, Global 2000, Vier Pfoten, Verein gegen Tierfabriken, ARGE Schöpfung, FIAN, Südwind, Slow Food Austria und andere mehr.

Eine Grunderfahrung ist dabei vielen innovativen Kräften gemeinsam: Die Vertreter der offiziellen Agrarpolitik gehen sehr destruktiv mit Innovationen um. Auch hier wird ein sich wiederholendes, eingespieltes Missbrauchsystem in drei Merkmalen sichtbar:

- Zunächst werden die innovativen Menschen behindert – oft unter begleitendem Spott –, wenn sie neue Produkte, neue Märkte, neue Verfahren, neue Konzepte etc. unter persönlichen Einsatz und Kosten mühsam erarbeiten.
- Später, wenn sich die neuen Ideen „trotzdem" durchsetzen, werden dann diese innovativen Ergebnisse, Ansätze, Verfahren und Konzepte in das korrupte Agrarsystem vereinnahmt.
- Dabei werden die innovativen Persönlichkeiten nach Möglichkeit ausgegrenzt. Es wird die Idee von seinem Erfinder abgespalten.

2. BAUERN UND BÄUERINNEN IM KAMPF UM SELBSTBESTIMMUNG

Tabus brechen, Schweigepflichten auflösen,
Getrenntheit macht Problembearbeitung möglich.[20]

Tabus brechen, Schweigepflichten auflösen

Es ist wohl eine denkwürdige Sache, dass die Bereicherung der Großagrarier im Namen der „Christlichsozialen Bauernverbände" EU-weit stattfindet. Der „Österreichische Bauernbund" oder der „Deutsche Bauernverband" sind führend mittendrin. Mit Missbrauch und Bereicherung ist der weiter oben beschriebene Vorspannmechanismus gemeint, indem die Großagrarier die kleinen und mittleren Bäuerinnen und Bauern vorschieben, um den Zugriff zu den För-

---

20   B. Rohrmoser, Karikaturen zum Sittenbild der Agrarpolitik. Wien 2001

dertöpfen zu erreichen. Mit diesem Geld wird dann z.B. Grund und Boden in osteuropäischen Ländern gekauft.

Es wäre eine eigene Untersuchung wert, warum dies im Namen der „Christlich-sozialen Bauernverbände" passiert? Jedenfalls wird sichtbar, dass es bei vielen Mitgliedern dieser christlich-sozialen Bauernverbände eine hohe Akzeptanz für die Bereicherung der Großagrarier gibt. Das gehört scheinbar zur Geschichte, gehört zum Wesen des Bauerntums. Ist diese Akzeptanz nicht vorhanden, bleibt immer noch die angesprochene Schweigepflicht wirksam.

Wie wir im vorangegangenen Kapitel gesehen haben, herrschen über das Sittenbild in der Agrarpolitik strenge Schweigepflichten, vor allem bei den betroffenen Bauern und Bäuerinnen, aber auch in der Gesellschaft. Es ist wenig bekannt, dass die Mitglieder der genannten Agrarlobby gemeinsam mit den von ihr korrumpierten Berufsvertretern zum existenziellen Gegner der bäuerlichen Landwirtschaft geworden sind. Nun sitzen diese Gegner in der eigenen Berufsvertretung und diese mangelnde Getrenntheit bildet die Basis für den Missbrauch.

Wie bei anderen Tabus und Schweigepflichten geht auch hier der Weg nur über Information und Aufklärung, um Tabus aufzubrechen und um über Verbotenes zu reden.

Eine offene, direkte Information über Missbrauch sowie den Verrat der Berufsvertreter tut beiden Seiten weh, sowohl den Tätern als auch den Opfern. Den Tätern offensichtlich materiell. Aber auch für die Opfer ist nicht nur die Tatsache, dass sie missbraucht werden, an sich schmerzhaft, sondern auch das Wissen darüber, dass sie Beteiligte eines Unrechtszustandes sind.

Wer spaltet die Bauern?

Jede offene Informationsarbeit wird durch die Bauernführung als Bauernspaltung verteufelt und die Aufdecker werden gebrandmarkt. Aber beginnen wir doch gerade deshalb unsere Information mit der Aufdeckung des Missbrauchs im Vorspannmechanismus: Die Bauernführung spaltet die Bauern und Bäuerinnen selber in eine benachteiligte und in eine begünstigte Gruppe. Es geht hier um eine Umkehrung der Argumente: Die Bauern und Bäuerinnen werden von ihrer Berufsvertretung immer wieder gespalten. Im Schweigen über diese inneren Widersprüche wird ein Hut der Scheineinheit aufgesetzt. Der Aufdecker ist also ausdrücklich nicht der Spalter.

Im Gegenteil: Der Aufdecker der realen Bauernspaltung entfernt den Hut der Scheineinheit vom Januskopf bzw. vom Doppelgesicht der Agrarpolitik, wie es in unserem Bild sichtbar ist. Die schweigenden Gesichter drehen sich nun zueinander um in das Gespräch zu kommen. Diese erforderliche Distanz und Getrenntheit gewährleistet einen neuen Kontakt. Erst damit wird eine konstruktive Problembearbeitung möglich.

Überwinden der Opferrolle

Wir haben gesehen, wie Missbrauch und Verrat an Bauern und Bäuerinnen nur dort sichtbar wird, wo kritische Beteiligte Widerstand leisten. An dieser Stelle sollten wir die Aussage von Johan Galtung reflektieren, der sagte: „Wird Gewalt in der strukturellen Form ausgeübt, dann kann es sein, dass die Opfer sich nicht einmal bewusst sind, was da vor sich geht". In unserem Fall der Agrarpolitik haben wir es mit einem Mechanismus zu tun, der sich bereits 100 Jahre lang wiederholt und diese Wiederholung passiert immer wieder im Einverständnis mit den Missbrauchten: Sie lassen sich missbrauchen. Gleichwohl existieren verschiedenen Stufen des Bewusstseins:

- Die einen erkennen nicht wirklich, was vor sich geht.
- Andere merken, dass etwas faul ist, geben aber dazu ihr Einverständnis.
- Getreue verteidigen das System bis zur Selbstschädigung.
- Kritische Aktive leisten Widerstand und entlarven das System.

Bearbeitung der Opferrolle

Beteiligte der ersten drei genannten Bewusstseinsstufen bekommen oft Gefühle der Ohnmacht und der Resignation: Sie fühlen sich hilflos als Einzelne hilflos in der Komplexität der Politik, sie fühlen sich von den Umständen erdrückt. Auch ist oft eine Haltung vorhanden, die fachlich als „Arroganz der kleinen Bürger" beschrieben wird. Gemeint sind dabei Menschen, die über alles schimpfen, über die Politik generell losziehen, sich an populistische Führer anhängen, sich selber aber immer außerhalb der politischen Bühne positionieren. Sie fühlen sich selber nicht als Teil der Politik, sondern als Zuschauer außerhalb dieser Bühne. Sie übernehmen keine Verantwortung.

Diese so genannte „Arroganz der kleinen Bürger" kann und muss möglichst direkt angesprochen werden. Diese „kleinen Bürger" müssen von ihrer Zuschauerrolle auf die reale politische Bühne zurückgeholt werden. Sie können und müssen damit konfrontiert werden, dass genau jene Zustände – die sie beklagen – mit ihrem eigenen Einverständnis zustande kommen.

Ein Umdenken ist erforderlich: Die Missbrauchsopfer in der Agrarpolitik müssen ihre eigene Beteiligung, ihre eigene Mitproduzentenrolle am Zustandekommen des Problems erkennen. Das ist ein sehr schmerzlicher Vorgang, aber genau hier ist der Ansatz für mögliche Veränderungen: An der Stelle, an der man sich selbst als Mitproduzent des Missbrauchs erkennen kann, kann man auch durch Verweigerung etwas verändern, zum Beispiel sein Einverständnis kündigen. Hier ist der wirkliche Ansatz gegen Ohnmachtsgefühle, gegen eine Resignation, nämlich den eigenen Anteil am Problem zu erkennen und dort etwas tun.

Der Ansatz, die eigene Beteiligung am agrarpolitischen Missbrauchsystem zu erkennen, ist bereits der Beginn einer Veränderung in Richtung Selbstbestimmung. Im zweiten Schritt geht es dann darum, das Einverständnis zu verweigern.

Wir orten zwei wesentliche Möglichkeiten, Veränderungen zu bewirken.
Die erste, bekannte Form:
- Ausübung von Druck, etwa durch Demonstrationen, Aktionen und Öffentlichkeitsarbeit, Probleme bewusst machen.

Die zweite, weniger bekannte Form:
- Kündigung des Einverständnisses, sich missbrauchen zu lassen.

Die weniger bekannte Form der Kündigung des Einverständnisses ist nach Bauriedl[21] eine Veränderung in drei Schritten:
- Zuerst innere Kündigung („Ich mach da nimmer mit")
- Dann die äußere Kündigung durch Zeigen des Widerstandes nach außen
- Neu einsteigen und mittragen von Veränderungsprozessen.

21 Vgl. T. Bauriedl, Leben in Beziehungen, Von der Notwendigkeit Grenzen zu finden. Freiburg, Basel, Wien 1996.

Die Auflösung des Vorspannmechanismus

Auch wenn der Mechanismus bereits seit über 100 Jahren wie ein sozial eingespieltes Uhrwerk funktioniert, heißt das nicht, dass dieses Missbrauchsystem
unauflösbar wäre. Mit den eben behandelten zwei Themen der Auflösung der
Schweigepflichten, sowie zweitens der Kündigung des Einverständnisses wurden bereits wesentliche Bereiche zur Auflösung des Systems angesprochen.

Aber es gibt auch direkte politische Eingriffsmöglichkeiten um Widerstand
zu leisten, etwa bei politischen Aktionen genau dort ansetzen, wo der Missbrauch passiert: zum Beispiel bei der Entwicklung der Förderkriterien:

1. Wir haben festgestellt, dass im Verfahren der Fördergeldabwicklung die
   Begründung von der Verteilung getrennt wird. Seit Ende 2010 läuft in der
   EU diesbezüglich ein spannender Prozess. EU-Kommissar Darcio Ciolos
   diskutiert mit vielen bäuerlichen Organisationen und mit zivilgesellschaft-
   lichen Gruppen konstruktiv über neue Förderkriterien. Wir fragen uns:
   Wann tritt erneut die christlich-soziale Agrarlobby auf den Plan und er-
   presst Darcio Ciolos und die EU-Kommission im Sinne der Bereicherung
   der Großagrarier? Wie könnte die reale Gefahr einer solchen neuerlichen
   Erpressung bewusst gemacht und verhindert werden?
2. Es gibt politische Möglichkeiten auch auf der nationalen österreichischen
   Ebene, die übliche Spaltung der Fördergeldabwicklung in Begründung
   und Verteilung kritisch unter die Lupe zu nehmen. Abgeordnete könnten
   bei der Agrardebatte im Parlament auf den bisherigen Missbrauch auf-
   merksam machen und zum Beispiel einfordern, dass die Großagrarier und
   ihre Freunde aus der Agrarindustrie ihre hohen Förderwünsche selber im
   Parlament und vor dem Steuerzahler begründen müssen. Damit würde ihr
   Versteckspiel hinter den armen Bauern verhindert.

Exkurs: Förderkriterium „Arbeitseinsatz"

Bei der Diskussion um die agrarpolitischen Leitlinien und die Förderkriterien
zeigt die Gruppe der Großagrarier mit ihren Freunden als Lobby seit Jahrzehnten, was sie kann. Beim Politikbereich „Direktzahlungen" setzt die Lobby immer
wieder den Flächenbezug anstelle des Bezuges durch den Arbeitseinsatz durch.
Es gibt hierzu langjährige Diskussionen und Vorschläge von der Bauernopposi-
tion und der kritischen Agrarforschung. So arbeiten etwa die Bundesanstalt für

Bergbauernfragen in Wien, die Bergbauern und Bergbäuerinnenvereinigung in Österreich und die AbL in Deutschland schon jahrlang an einem Modell für Direktzahlungen, bei dem der Arbeitseinsatz der Bauern und Bäuerinnen und die Beschäftigung im Mittelpunkt stehen.

Gerhard Hovorka schreibt in der Zeitschrift der Bergbauern und Bergbäuerinnenvereinigung „Bäuerliche Zukunft"[22], dass die Verteilung der Direktzahlungen im Jahr 2009 neuerlich sehr ungleich war und bringt die Zahlen: 3% der größeren Betriebe erhielt im Schnitt 80.000 Euro je Betrieb und die oberste Gruppe von 565 Betrieben erhielten jeweils im Schnitt 171.000 Euro, während 36 % der Betriebe im unteren Förderbereich im Schnitt nur 2000 Euro je Betrieb erhielten. Hovorka analysiert dann das Kriterien-System:

„Diese ungleiche Verteilung ist vor allem auf die österreichische Ausgestaltung der einheitlichen Betriebsprämie zurückzuführen. Würde bei den Marktordnungszahlungen die notwendige Arbeitskraft anstatt der landwirtschaftlichen Fläche als Bezugsgröße verwendet, käme dies vor allem den Bergbauernbetrieben, den kleineren Betrieben und den Milchviehbetrieben zugute."

Die Bewegung der Milchbauern unterstützen

Wir haben gesehen, wie beim Politikbereich Milchwirtschaft die Agrarlobby mit ihrer Definitionsmacht immer wieder eine Mengenerweiterung anstatt einer notwendigen Mengenbegrenzung durchsetzt. Widerständige Bäuerinnen und Bauern – in Österreich vor allem von der IG-Milch, in Deutschland von der AbL und dem Bundesverband deutscher Milcherzeuger – kämpfen für eine selbst bestimmte, flexible Mengenbegrenzung. Sie kämpfen für das grundsätzliche Recht auf Mitbestimmung und wollen somit aus der einseitig abhängigen Rolle des „Rohstoffproduzenten" entfliehen. Diese „Milch-Bewegung" hat erste Erfolge, sowohl im Bereich der Milchpolitik, als auch im Bereich der eigenständigen Bewegung von Bäuerinnen und Bauern. So manch ein korrumpierter Interessenvertreter wurden dabei entlarvt.

Bereits ab dem Jahr 1978 machte die „Österreichische Bergbauern und Bergbäuerinnen Vereinigung" (ÖBV) eine Informationskampagne zur notwendigen Mengenbegrenzung bei der Milch. Wir organisierten damals diese Kampagne, und kritische Wissenschaftler wie Günter Scheer und Ludwig Löhr reflektierten die Situation mit Betroffenen. Es kam dann unter Landwirtschaftsminister Günter Haiden zu einer Milchkontingentierung. So lange schon kämpft die kri-

---

tische Agraropposition für dieses Thema, und die Agrarlobby verstand es dann immer wieder die jeweiligen Mengenbegrenzungen zu unterlaufen, weil sie an der staatlichen Absatzförderung gut verdiente. Hier wird wieder das Missbrauchsystem in seiner Präsenz sichtbar.

Fazit: Der angesprochene, erforderliche Tabubruch über das Missbrauchsystem in der Agrarpolitik, sowie das Aufbrechen der üblichen Schweigepflichten ist auch für die Milch-Bewegung ein existenzielles Thema.

Kreislauf der Gewalt erkennen und bearbeiten

Die Berufsvertreter in den Landwirtschaftskammern machen auf der unteren Ebene glaubwürdige, gute Arbeit zum Überleben der bäuerlichen Landwirtschaft. Auf der oberen Ebene sind sie der Agrarlobby verpflichtet und werden damit doppelgesichtig: Auf der oberen Ebene machen sie das Gegenteil, also Sterbehilfe. Und diese „Sterbehelfer" sitzen strukturell ungetrennt in der Kammer der Bäuerinnen und Bauern. Diese Ungetrenntheit erzeugt Gewalt in der Struktur und bildet somit die Basis für den Missbrauch. Wir haben es hier also mit einer ganzen Verkettung von schädlichen Umständen zu tun, oder anders gesagt: es ist ein „Kreislauf der Gewalt".

Der wichtigste Schlüssel zur Bearbeitung dieses Kreislaufes ist die bereits angesprochene, schonungslose Offenlegung der Tabus und die Beendigung der Schweigepflichten. Zudem ist es erforderlich, dass eine Sensibilisierung und Bewusstseinsbildung über unvereinbare, widersprüchliche Strukturen erfolgt.

Konflikte sind unvermeidbar

Allein das Ansprechen von Missbrauch und das Brechen von Schweigepflichten bewirken einen massiven Konflikt. Konflikte sind also unvermeidbar. Wir müssen uns mit der Frage beschäftigen, wie kann die Konfliktfähigkeit gestärkt werden?

Konfliktfähig ist jener bzw. jene, der oder die mit „Spannungssituationen" gut und konstruktiv umgehen kann. Nach Bauriedl[23] haben wir in uns selber Wünsche und Interessen, den Missbrauch anzusprechen. Es gibt aber gleichzeitig auf der anderen Seite Ängste vor den Konsequenzen, wenn ich den Missbrauch anspreche (Diffamierung, Ausgrenzung, etc.) Hier wird ein Spannungsfeld zwischen Wünschen einerseits und Ängsten andererseits sichtbar. Konfliktfä-

---

23   Vgl. T. Bauriedl, Leben in Beziehungen. Freiburg 1996

hig ist also jemand, der diese Spannung zwischen Wünschen und Ängsten in sich aufnehmen und aushalten kann, um dann gute, durchdachte, realistische Kompromisse zu finden.

Konfliktvermeidende und konfliktscheue Menschen reagieren ganz anderes: Sie verdrängen und verharmlosen die Konflikte, sie verleugnen dabei oft sogar ihre eigenen Wünsche, weil sie Spannung zwischen Wünschen und Ängsten schlecht aushalten und nicht in der Lage sind, ihre Ängste vor Veränderungen realistisch zu bearbeiten.

Streitlustige Menschen oder auch unüberlegte, unreflektierte Kämpfertypen suchen den Kampf und den Gegner anstatt konstruktiver Lösungen. Sie polarisieren, suchen den Streit und suchen einen Schuldigen, einen Feind. Der Kampf wird dabei rasch selbstzerstörerisch. Auch sie können die Spannung zwischen Wünschen und Ängsten in sich schlecht aushalten und suchen dafür einen Gegner, der an allem die Schuld trägt.

Zusammenfassende Schlussbemerkung

Die Geschichte der Bauern ist nicht nur eine Geschichte der Kämpfe um die Verfügungsmacht über Grund und Boden, sondern auch eine Geschichte des Widerstands und der Kämpfe gegen Ausbeutung und Fremdbestimmung.

1. Bauern im Kampf um die Verfügungsmacht über Grund und Boden

1.1. Bodenbesitzverteilung und ihre Geschichte

Die heutige Verteilung des Besitzes an Grund und Boden ist das Ergebnis der historischen Entwicklung des Kampfes um die Verfügungsmacht über Grund und Boden. Bereits die Art und Weise, wie die Kolonisation unseres Raumes vor mehr als tausend Jahren erfolgte, hat die Besitzverteilung bis heute beeinflusst. Die Aneignung der „Frei-" und der „Hoch- und Schwarzwälder" durch die Landesfürsten („Waldraub der Fürsten") und die Ausdehnung der Eigenwirtschaften der Grundherrn durch „abstiften" („Bodenraub der Grundherrn") im 16. Jahrhundert haben ganz wesentlich zur extrem ungleichen Besitzverteilung beigetragen. Später wurde die Bodenbesitzverteilung durch die Kommerzialisierung des Bodens in der wirtschaftsliberalen Ära ab 1868 bis 1910 durch Schulden aus der Grundentlastung und aus Erblasten und dem Aufkaufen von Bauernwirtschaften durch Großagrarier und Frühkapitalisten („Bauernlegen") noch ungleicher.

Im Wesentlichen geht die heutige Bodenbesitzverteilung auf die gewaltsame Aneignung (Raub) der Hoch- und Schwarzwälder durch die Landesfürsten und das Abstiften (Entziehen des Nutzungsrechtes) von Bauernwirtschaften durch die Grundherren sowie den Aufkauf von verschuldeten Bauernwirtschaften zur Ausdehnung des Großwaldbesitzes und für Jagdzwecke zurück.

1.2. Landgrabbing einst und jetzt

Erstaunlich, wie sich die Methoden des Landgrabbings bei uns vor mehr als 500 Jahren und heute in Afrika, Asien und Südamerika ähneln. Als im 16. Jahrhundert aufgrund der wachsenden Städte agrarische Produkte marktfähig wurden, versuchten die Grundherren, neben der Monopolisierung der Marktbelieferung („Anfailzwang") ihre Eigenwirtschaften durch Abstiften (Entzug des Nutzungsrechtes) auszudehnen. Bauern und Bäuerinnen, die nicht nachweisen konnten, dass sie auf einem „Leibgedingsgut" (lebenslanges Nutzungsrecht) oder „Erbzinsgut" (vererbbares Nutzungsrecht) saßen, wurden abgestiftet. Heute verlieren Zigtausende Kleinbauern und -bäuerinnen in Afrika ihr Land, welches sie seit vielen Generationen bewirtschaften, weil sie kein Papier vorweisen können, das den Besitz bestätigt. Bisher war dies durch Jahrhunderte hindurch auch nicht notwendig. Kleinbauern und -bäuerinnen in Afrika, Asien und Südamerika werden ihres Jahrhunderte alten Rechtes zur Bodennutzung beraubt und von ihrem Land vertrieben.

1.3. Diebstahl am Gemeindegut: Agrargemeinschaften in Tirol

Die Geschichte der Bauern ist vor allem ein Jahrhunderte währender Kampf um die Nutzungsrechte an Wald und Weide. Es ging vor allem um die Nutzungsrechte und nicht um Eigentum. Das alte deutsche Recht kannte gar kein Eigentum an Grund und Boden, so wie wir es heute kennen. Das Eigentum an Grund und Boden wurde im 16. Jahrhundert mit dem römischen Recht zur Legalisierung des „Waldraubes der Fürsten" eingeführt. Die alten Nutzungsrechte wurden eingeschränkt und zu Servituten auf fremdem Grund und Boden erklärt. Bei der Einschränkung („Regulierung") der Nutzungsrechte wurde nach folgendem Prinzip vorgegangen: wer viel eigenen Boden besaß, bekam große Nutzungsrechte, wer wenig besaß, bekam wenig und wer nichts hatte, bekam nichts. Auch das Hutweidenteilungspatent von Maria Theresia, welches die Aufteilung aller im Gemeinschaftsbesitz befindlichen Hutweiden („gmaine Weide") anordnete, folgte diesem Prinzip der Aufteilung nach Grundbesitzgröße der Bauern, wobei allerdings die Grundherrschaft grundsätzlich die Hälfte der „gmainen Weidefläche" bekam und Häusler und Inleute ausgeschlossen wurden.

Eine besonders dreiste Form der „Regulierung" der Nutzungs- und Eigentumsrechte an gemeindeeigenen Grundflächen erfolgte in jüngster Zeit in Tirol. Es wurden in 176 Gemeinden mehr als 200.000 ha gemeindeeigener Grund mit einem Schätzwert von mehr als zwanzig Milliarden Euro auf 399 Agrargemeinschaften und damit auf ca. 25.000 Personen gratis übertragen. Diese Übertragung war nicht rechtens, wie der Verfassungsgerichtshof feststellte, d.h. diese Übertragung kann als Diebstahl am Gemeindegut und damit am öffentlichen Gut bezeichnet werden.[24]

---

24 Alexandra Keller vom Nachrichtenmagazin ECHO hat die Vorkommnisse um die Agrar-

1.4. Räuber und Diebe rufen nach Rechtssicherheit

Die Landesfürsten haben im 16. Jahrhundert ihren Raub an den Hoch- und Schwarzwäldern mit dem Einführen des römischen Rechts abgesichert. Sie haben ihren Raub legalisiert und die alte Tradition der freien Nutzung der Hoch- und Schwarzwälder als Waldfrevel erklärt und unter drakonische Strafen gestellt.

Im Übergang der sozialistischen Länder in den Jahren 1989 bis 1991 haben sich viele am Allgemeingut kriminell bereichert. In der weiteren Folge riefen gerade diese Diebe und Räuber am lautesten nach Rechtssicherheit, um ihr Diebs- und Raubgut abzusichern. Ähnliches hat auch bei den Agrargemeinschaften in Tirol stattgefunden. Eine Rückgabe an die Gemeinden bzw. eine wertmäßige Entschädigung wird mit dem Argument der „notwendigen Rechtssicherheit" abgelehnt.[25]

2. Der Kampf der Bauern und der Bäuerinnen um ihre Rechte

Die Kämpfe der Bauern und Bäuerinnen um ihre Rechte waren nicht immer erfolgreich und haben die Geschichte und das Leben der bäuerlichen Bevölkerung unterschiedlich beeinflusst. Ganz wesentliche Faktoren des Erfolges waren die Wahl und das Gewinnen von Bündnispartnern, die Geschlossenheit und Unterstützung aus den eigenen Reihen sowie der Ausschluss von Interessensgegnern aus dem eigenem Lager. Mit Verspottung, Ausgrenzung und Verbannung wurden innovative, revolutionäre und widerständige Menschen verfolgt.

2.1. Erfolgreicher Kampf braucht Bündnispartner

Die Analyse des Verlaufes der vielen Bauernaufstände und Bauernkriege zeigt, dass der Erfolg unter anderem auch davon abhing, ob es gelang, nichtbäuerliche Bündnispartner zu finden. Erfolgreiche Bauernaufstände waren vor allem jene, bei denen Bergknappen und Bauern gemeinsam gekämpft haben. Waren einst Bergknappen (in den Bauernkriegen), Bürger, Arbeiter und Studenten (in der österreichischen Revolution) die Bündnispartner im Kampf der Bauern

---

gemeinschaften in Tirol über Jahre verfolgt und eine überaus interessante und lesenswerte Analyse geschrieben. Vgl. A. Keller, Schwarzbuch Agrargemeinschaften. Innsbruck 2009

25 Vgl. ebenda

und Bäuerinnen um ihre Rechte, so sind es heute vor allem Konsumenten in den Städten.

2.2. Sozialrebellen können den Lauf der Geschichte nicht beeinflussen

In der Geschichte hat es immer wieder spektakuläre Aktionen von Einzelpersonen gegen Ausbeutung und Unterdrückung gegeben. Allen ist gemeinsam, dass ihre Aktionen ins Kriminelle abgedrängt, sie aber von den ärmeren Schichten der Bevölkerung unterstützt wurden und dass sie den Lauf der Geschichte nicht beeinflussen konnten. Oft wurde die Bekämpfung der Sozialrebellen von den Herrschenden dazu verwendet, die armen bäuerlichen Schichten zu disziplinieren und noch stärker zu unterdrücken.

2.3. Gemäßigte und Radikale – interne Kämpfe schwächen die Bewegung

Richtungsstreit und interne Kämpfe zwischen Gemäßigten und Radikalen haben bei Bauernaufständen, so zum Beispiel in Oberösterreich 1525, wesentlich dazu beigetragen, dass die Revolten rasch niedergeschlagen werden konnten[26]. Uneinigkeit und interne Kämpfe zwischen Gemäßigten und Radikalen haben immer die Bewegung und die Kämpfe der Bauern und Bäuerinnen um ihre Rechte geschwächt. Dies trug bei vielen Kämpfen zu Niederlagen bei.

Ansätze zu einer Bodenreform in Österreich (nach dem Ersten und nach dem Zweiten Weltkrieg) scheiterten unter anderem an der Uneinigkeit der Akteure. Die Sozialdemokratie forderte nach 1918 und 1945 verbalradikal eine Bodenreform durch Enteignung des Großgrundbesitzes. Jedoch konterkarierte sie selbst konkrete Aktionen der Aufteilung von brachliegenden Ländereien des Großgrundbesitzes, wie sie Laurenz Genner im Herbst 1947 in Niederösterreich mit Erfolg durchgeführt hat.[27]

2.4. Interessensgegner in den eigenen Reihen – der Einfluss der Großagrarier hat eine lange Tradition

Die Gründung der obersten Interessensvertretung der Bauern und Bäuerinnen, der „Präsidentenkonferenz der Landwirtschaftskammern Österreichs", erfolgte 1908 unter massivem Einfluss der Großagrarier Niederösterreichs, Un-

---

26   Vgl. H. Hofbauer, A. Komlosy, Das andere Österreich, Der große oberösterreichische Bauernkrieg von 1626. Wien 1987, S. 52

27   Vgl. M. Genner, Mein Vater Laurenz Genner. Ein Sozialist im Dorf. Wien, München, Zürich 1979

garns und Böhmens. Die Präsidentenkonferenz wurde ins Leben gerufen, um die Interessen der großen Ackerbaubetriebe in Außenhandels- und Zollfragen wirkungsvoll bei der Regierung in Wien zu vertreten.

2.5. Verspottung und Ausgrenzung: Umgang mit innovativen, revolutionären Kräften, einst und jetzt

Robotunwillige und aufmüpfige Bauern und Bäuerinnen wurden an den Pranger gestellt oder mussten „Eselreiten".[28] Sie wurden öffentlich verhöhnt und verspottet. Besonders Widerständige wurden von Haus und Hof vertrieben und ins Ödland verbannt.

Mit Verspottung und Ausgrenzung müssen auch heute andersdenkende, aufmüpfige und widerständige Bauern und Bäuerinnen rechnen. Der Spott und die Ausgrenzung sind in einer Gemeinschaft von Gleichgesinnten leichter zu ertragen. Es ist daher besonders wichtig, dass sich andersdenkende, aufmüpfige und widerständige Bauern und Bäuerinnen zusammenschließen.

3. Wiederholt sich die Geschichte?

Ja und nein! Wann wiederholt sich die Geschichte? Wenn nicht hingesehen wird auf politischen Missbrauch, dieser nicht transparent gemacht wird, wenn Tabus nicht gebrochen werden, wenn die Mitverantwortung für den Missbrauch nicht erkannt wird, wenn die Missbrauchsopfer die Täter nicht konfrontieren und damit von der Opferrolle in die Selbstbestimmung wechseln, wenn resigniert wird, dann können die tabuisierten Verstrickungen nicht aufgelöst werden und die Geschichte kann und wird sich solange wiederholen, bis die Blockaden von einer Generation gelöst werden. Dann kann und wird Neues entstehen, und die Geschichte muss sich nicht wiederholen.

---

28 Vgl. H. Hofbauer, A. Komlosy, Das andere Österreich, Die Gföhler Bauernrevolte, Robot-verweigerung im Waldviertel des 18. Jahrhundert. Wien 1987, S. 78ff.

LITERATURVERZEICHNIS

Abel W.: Agrarkrisen und Agrarkonjunktur in Mitteleuropa vom 13. bis zum 19. Jahrhundert. Berlin 1935

Abel W.: Geschichte der deutschen Landwirtschaft vom frühen Mittelalter bis zum 19. Jahrhundert. Stuttgart 1962

Alavi H.: Theorie der Bauernrevolution. Stuttgart 1972

Armanski G.: Nachwort zur historisch-politischen Bewegung der Bauern in Deutschland, in: Probleme des Klassenkampfes. Nr. 3, Berlin 1972

Bauer O.: Der Kampf um Wald und Weide. Wien 1925

Bauer O.: Der Kampf. 14. Bd., Wien 1921

Bauer O .: Klassenkampf und Ständeverfassung. Wirtschaftliche Basis und politischer Überbau, in: Der Kampf. Jg. 27. Nr. 1, Jänner 1934

Bauer O.: Sozialdemokratische Agrarpolitik. Erläuterungen des Agrarprogramms der deutschösterreichischen Sozialdemokratie. Wien 1926

Bauer O.: Die österreichische Revolution. Wien 1923

Baumgartner M.: Die Entwicklungstendenzen in der westdeutschen Landwirtschaft, in: Probleme des Klassenkampfes Nr. 3. O.O o.J.

Bauriedl T.: Leben in Beziehungen, Von der Notwendigkeit Grenzen zu finden. Freiburg, Basel, Wien 1996

Beckenbach R.: Der Staat im Faschismus. Berlin 1974

Berchtold K. (Hg.): Österreichische Parteiprogramme 1868 -1966. Wien 1967

Bergmann Th.: Betrieb oder Scholle? Die landwirtschaftliche Bevölkerung zwischen Strukturwandel und Konservatismus, in: Greiffenhagen M., Scheer H., Die Gegenreform. Reinbek bei Hamburg 1975

Bibel: Die niederösterreichischen Stände im Vormärz. Wien 1911

Brassloff W.: Zum Problem des Übergangs vom Feudalismus zum Kapitalismus in Österreich, in: Studien zur Geschichte der österreichisch-ungarischen Monarchie. Budapest 1961

Bruckmüller E.: Bäuerlicher Konservativismus in Oberösterreich, Sonderdruck aus : Zeitschrift für bayrische Landesgeschichte, Bd. 37, Heft 1, 1974

Bruckmüller E.: Wirtschaftsentwicklung und politisches Verhalten der agrarischen Bevölkerung in Österreich, 1867 - 1914, in: Vierteljahrschrift für Sozial- und Wirtschaftsgeschichte 59/1972

Bruckmüller E. u.a. (Hg.): Geschichte der österreichischen Land- und Forstwirtschaft im 20. Jahrhundert. Wien 2002

Brusatti A.: Österreichische Wirtschaftspolitik vom Josephinismus zum Ständestaat. Wien 1965

Buchinger J .: Der Bauer in der Kultur- und Wirtschaftsgeschichte Österreichs. Wien 1952

Bundesamt für Statistik: Landwirtschaftliche Betriebszählung in der Republik Österreich vom 14. Juni 1930

Bundesministerium für Land- und Forstwirtschaft, Umwelt und Wasserwirtschaft (BMLFUW): Bericht über die Situation der österreichischen Land- und Forstwirtschaft (diverse Jahrgänge). Wien

Danneberg R.: Die Sanierungsgegner. Wien 1923

Danneberg R.: Wiederaufbau? Der Finanzplan der Regierung Seipel, ein Beutezug der Agrarier, ein Anschlag auf die Industrie und die Gemeinden, ein Attentat auf die Arbeiterklasse. Wien 1922

David E.: Socialismus und Landwirtschaft. Berlin 1903

Dax T.: Ländliche Entwicklungspolitik – von einer neuen Bezeichnung der Agrarpolitik zur Integration des Raumbezugs, in: SIR-Mitteilungen und Berichte. Band 31/2004-05, Wien 2004

Dinklage K.: Geschichte der Kärntner Landwirtschaft. Klagenfurt 1966

Dinklage K. : Die landwirtschaftliche Entwicklung, in: Brusatti A. (Hg.). Die Habsburgermonarchie 1848 – 1918. Wien 1973

Dopsch A.: Die wirtschaftliche Entwicklung der Karolingerzeit. Weimar 1912

Düring: Zum Ernährungsproblem in Österreich. Wien, Leipzig 1920

Ergebnisse der landwirtschaftlichen Betriebszählung vom 3.6.1902, in: Österreich-Statistik, 83. Band

Ertl M.: Geschichte der Land- und Forstwirtschaft, in: Grünberg K.(Hg.), Geschichte der Land- und Forstwirtschaft, Bd. I. Wien 1899

Fischer G.: Osterwitz – ain wunderthätig Orth im hohen gepürg – Leben, Freud und Leid einer Gegend und ihrer Bewohner. Osterwitz 2002

Franz G.: Der deutsche Bauernkrieg. München, Berlin 1933

Franz G.: Geschichte des deutschen Bauernstandes. Stuttgart 1970

Galtung J.: Eine strukturelle Theorie des Imperialismus, in: Dieter Senghaas, Imperialismus und strukturelle Gewalt, Analysen über abhängige Reproduktion. Frankfurt am Main 1972

Genner M.: Mein Vater Laurenz Genner, Ein Sozialist im Dorf. Wien, München, Zürich 1979

Gerke J.: Nehmt und euch wird gegeben. Das ostdeutsche Agrarkartell. Hamm 2008

Gerstenberger H.: Zur Theorie der historischen Konstitution des bürgerlichen Staates, in : Probleme des Klassenkampfes Nr. 8/9. O.O.o.J.

Grabmayr K. v.: Schuldnoth und Agrar-Reform. Meran 1894

Grabner K.: Kritische Stimme zur österreichischen Agrarpolitik, Berichte und Informationen, 17. Jhg., 1962, Heft 855

Greil L.: 50 Jahre Präsidentenkonferenz landwirtschaftlicher Hauptkörperschaften in Österreich. Wien 1959

Grüll G.: Die Robot in Oberösterreich. Linz 1952

Grüll G.: Bauer, Herr und Landesfürst. Linz 1963

Grünberg K.: Die Bauernbefreiung in Österreich-Ungarn, in: Handwörterbuch der Staatswissenschaften, 2. Bd., 3. Aufl., Jena 1908

Grünberg K.: Die Bauernbefreiung und die Auflösung des gutsherrlich-bäuerlichen Verhältnisses in Böhmen, Mähren und Schlesien. Leipzig 1894

Grünberg K.: Die Grundentlastung. Wien 1899

Grünberg K.: Studien zur österreichischen Agrargeschichte, Leipzig 1901

Gulick Ch.: Österreich von Habsburg zu Hitler. Wien 1949

Gürtler A.: Verlorenes Bauernland. Graz und Leipzig 1917

Guttenberg: Die Entwicklung des forstlichen Betriebes und seiner Einrichtungen, in: Geschichte der österreichischen Land- und Forstwirtschaft, IV. Bd., Wien 1899

Hainisch M.: Die Landflucht, ihr Wesen und ihre Bekämpfung im Rahmen einer Agrarreform. Jena 1924

Hauptmann L.: Colonus, Barschalk und Freimann, Wirtschaft und Kultur, Festschrift zum 70. Geburtstag von Alfons Dopsch. Wien, Leipzig 1938

Hautmann H., Kropf R.: Die österreichische Arbeiterbewegung vom Vormärz bis 1945. Linz 1974

Hertz F.: Zahlungsbilanz und Lebensfähigkeit Österreichs, Schriften des Vereins für Sozialpolitik, 167. Band. München, Leipzig 1925

Hobsbawm E.: Sozialrebellen. Neuwied/Rhein 1962

Hofbauer H., Komlosy A., Das andere Österreich. Vom Aufbegehren der kleinen Leute. Geschichte aus vier Jahrhunderten. Wien 1987

Hofreither M.: Agrarpolitik, in: Dachs H. u.a. (Hg.): Handbuch des politischen Systems Österreichs. 3. Auflage. Wien 1997

Hoppichler J.: Die Agro-Gentechnik zwischen Gen-Verschmutzung und Gentechnik-Freiheit, Forschungsbericht der Bundesanstalt für Bergbauernfragen Nr. 64. Wien 2010

Hovorka G.: Das Direktzahlungssystem in Österreich nach dem EU-Beitritt, Forschungsbericht der Bundesanstalt für Bergbauernfragen Nr. 37. Wien 1996

Hovorka G., Hoppichler J.: Agrarpolitik, in: Dachs H. u.a.(Hg.), Politik in Österreich. Das Handbuch. Wien 2006

Hubmann T.: Wie wir uns über gute Lebensmittel freuen können, Bauernhöfe keine Fabriken werden und was sich dafür ändern muss. Wien 2010

Huemer P.: Sektionschef Robert Hecht und die Zerstörung der Demokratie in Österreich. Wien 1975

Illyés G. : Pußtavolk, Soziographie einer Landschaft. Stuttgart 1969

Inama-Sternegg K. T. v.: Die landwirtschaftlichen Arbeiter und ihre Löhne, in : Statistische Monatsschrift, 21. Jg. Wien 1895

Innerhofer F.: Schöne Tage. Salzburg 1974

Kallbrunner H.: Der Väter Saat, Die österreichische Landwirtschaftsgesellschaft von 1807 – 1938. Ein Beitrag zur Geschichte der österreichischen Landwirtschaft. Wien 1963

Katholische Sozialakademie: Zur Situation und Zukunft der Bergbauern in Österreich. Wien o. J.

Kautsky K.: Die Agrarfrage. 2. Aufl., Stuttgart 1902

Kellenbenz H.: Der Merkantilismus in Europa und die soziale Mobilität, Institut für europäische Geschichte. Mainz, Wiesbaden 1965

Keller A.: Schwarzbuch Agrargemeinschaften. Innsbruck 2009

Kemper M.: Marxismus und Landwirtschaft. Stuttgart 1973 (als Dissertation an der Landwirtschaftlichen Hochschule Bonn-Poppelsdorf eingereicht 1929)

Klein E.: Geschichte der deutschen Landwirtschaft im Industriezeitalter. Wiesbaden 1973

Knapp G. F.: Die Bauernbefreiung und der Ursprung der freien Landarbeiter in den älteren Teilen Preußens. 2. Bd., Leipzig 1887

Knöbl I.: Bergbauernförderung in Österreich - Direktzahlungen von Bund und Ländern, Forschungsbericht Nr. 10 der Bundesanstalt für Bergbauernfragen, 3. aktualisierte u. stark erw. Aufl., Wien 1987

Kolossa T.: Beiträge zur Verteilung und Zusammensetzung des Agrarproletariats in der österreichisch-ungarischen Monarchie. Studia Historica Academiae Scientiarium Hungaricae 51. Budapest 1961

Kolossa T.: Statistische Untersuchung der sozialen Struktur der Agrarbevölkerung in den Ländern der österreichisch-ungarischen Monarchie (um 1900), in: Die Agrarfrage in der österreichisch-ungarischen Monarchie 1900 – 1918. Bukarest 1965

Krammer J., Scheer G.: Landwirtschaft und Kapitalismus in Österreich, in: Österreichische Zeitschrift für Politikwissenschaft, 4. Jg., Nr. 3, 1975

Krammer J.: Analyse einer Ausbeutung, Geschichte der Bauern in Österreich. In Sachen. Wien 1976

Krammer J., Scheer G., Das österreichische Agrarsystem, 2 Bd. Wien 1978

Krammer J.: Die politische und ökonomische Entwicklung der Landwirtschaft in Österreich seit 1970, in: Fröschl E., Zoitl H. (Hg.). Der österreichische Weg 1970-1985. Wien 1986

Krammer J.: Von „Blut und Boden" zur „Eurofitness" – Die Entwicklung der Landwirtschaft seit 1945, in: Sieder R., Steinert H., Talos E. (Hg.). Österreich 1945-1995. Wien 1995

Kraus T.: Entstehung des Niederösterreichischen Bauernbundes, Diss., Wien 1950

Kreisky E.: Zur Genesis der politischen und sozialen Funktion der Bürokratie, in: Fischer H. (Hg.), Das politische System Österreichs. Wien 1974

Kreissler F.: Von der Revolution zur Annexion. Österreich 1918 bis 1938. Wien, Frankfurt, Zürich 1970

Kröger M.: Die Modernisierung der Landwirtschaft. Eine vergleichende Untersuchung der Agrarpolitik Deutschlands und Österreichs nach 1945. Berlin 2006

Krzymowski R.: Geschichte der deutschen Landwirtschaft. 3 .Auflage. Berlin 1961

Lambert B.: Bauern im Klassenkampf. Berlin 1971

Lehmann H. G.: Die Agrarfrage in der Theorie und Praxis der deutschen und internationalen Sozialdemokratie. Tübingen 1970

Leser N.: Zwischen Reformismus und Bolschewismus. Der Austromarxismus als Theorie und Praxis. Wien, Frankfurt, Zürich 1968

Linsberger I.: War es eine Bodenreform? Das Wiederbesiedlungsgesetz und seine Umsetzung in Niederösterreich. Dissertation an der Universität Wien. Wien 2010

Loibl E., Krammer J.: Das Politische ist persönlich, das Persönliche ist politisch. Zeitzeugen der Agrarpolitik, Forschungsbericht der Bundesanstalt für Bergbauernfragen Nr. 58, Wien 2007

Lütge P.: Geschichte der deutschen Agrarverfassung vom frühen Mittelalter bis zum 19. Jahrhundert. Stuttgart 1963

Macék J.: Der Tiroler Bauernkrieg und Michael Gaismair. Berlin 1965

Marx K., Engels P.: Manifest der kommunistischen Partei. Berlin 1968

Matis H.: Österreichs Wirtschaft 1848 – 1913. Wien 1972

Mayerl B. J.: Ausrichtung und Problematik der Agrarpolitik in Österreich seit 1945. Diss., Wien 1966

Meihsl P.: Die Landwirtschaft im Wandel der politischen und ökonomischen Faktoren, in: Weber W. (Hg.), Österreichs Wirtschaftsstruktur gestern-heute-morgen, 2. Bd., Berlin 1961

Meihsl P.: Kammern und freie Verbände in der Landwirtschaft, in: Pütz T., Verbände und Wirtschaftspolitik in Österreich. Berlin 1966

Moore B.: Soziale Ursprünge von Diktatur und Demokratie. Frankfurt/Main 1974

Niessler R., Zoklits M.: Agrarpolitik 1 – Theoretischer Diskurs, Forschungsbericht der Bundesanstalt für Bergbauernfragen Nr. 19. Wien 1989

Oberleitner W.: Politisches Handbuch der Republik Österreich 1945 – 1960. Wien 1960

Oberleitner W.: Politisches Handbuch Österreichs 1945-1972. Wien 1972

Oedl-Wieser Th.: Frauen und Politik am Land, Forschungsbericht der Bundesanstalt für Bergbauernfragen Nr. 56, Wien 2006

Offe C.: Politische Herrschaft und Klassenstrukturen. Zur Analyse spätkapitalistischer Gesellschaftssysteme, in: Kress G., Senghaas D., Politikwissenschaft. Frankfurt/Main 1973

Ostermayer A.: Untersuchungen über das Preisinteresse typischer Landgutsbetriebe, in: Starkosch S. v., Die Grundlagen der Agrarwirtschaft in Österreich. Wien 1916

Österreichischer Bauernbund (Hg.): Fortschritt durch Einigkeit, Bauernbundarbeit gestern, heute, morgen. Wien, o.J.

Österreichischer Raiffeisenverband: Jahresbericht (diverse Jahrgänge)

Österreichisches Agrar-Handbuch 1964, 3. Auflage

Österreichisches Statistisches Zentralamt: Land- und forstwirtschaftliche Betriebszählung 1951, 1960, 1970, 1980, 1990, 2000 und 2010

Österreichisches Statistisches Zentralamt: Statistisches Handbuch der Republik Österreich (diverse Jahrgänge)

Pantz F. R. v.: Die Bauernlegung in den Alpentälern Niederösterreichs. Wien 1905

Pantz F. R. v.: Die Hochschutzzollpolitik Hohenblums und der Österreichische Bauernstand. Wien 1910

Pascu S., Giurescu C., Kovacs J., Vajda L.: Einige Fragen der landwirtschaftlichen Entwicklung in der österreichisch-ungarischen Monarchie, in: Die Agrarfrage in der österreichisch-ungarischen Monarchie 1900 – 1918. Bukarest 1965

Pernthaler P. u. a.: Kammern und Pflichtmitgliedschaft in Österreich. Wien 1994

Pevetz W.: Stand und Entwicklungstendenzen der ländlichen Sozialforschung in Österreich 1960 - 1972, Schriftenreihe des Agrarwirtschaftlichen Instituts Nr. 20. Wien 1974

Poppinga O.: Zur Agrarfrage in der Bundesrepublik, in: Lambert B., Bauern im Klassenkampf. Berlin 1971

Poppinga O.: Arbeiterbauern im Industriebetrieb, in: Jacobi O., Müller-Jentsch W., Schmidt E.: Gewerkschaft und Klassenkampf, Kritisches Jahrbuch 1975. Frankfurt/Main 1975

Poppinga O.: Bauern und Politik, Frankfurt/Main, Köln 1975

Poschacher G.: Entwicklung, Stand und Zukunftsperspektiven der österreichischen Agrarförderungen. Wien 1984

Poulantzas N.: Politische Macht und gesellschaftliche Klassen. Frankfurt/Main 1974

Präsidentenkonferenz der Landwirtschaftskammern Österreichs (Hg.): Zahlen aus der österreichischen Land- und Forstwirtschaft (diverse Jahrgänge)

Priebe H.: Die subventionierte Unvernunft. 3.Auflage. Berlin 1985

Ramoser J.: Beitrag zur Frage der Einkommensdisparität innerhalb der Landwirtschaft unter besonderer Berücksichtigung der Betriebsgröße. Wien 1964

Rapaport A.: Neue Linke und Machtelite, in: Atomzeitalter 2/1967

Rechtziegler E.: Westdeutsche Landwirtschaft im Spätkapitalismus. Stuttgart 1972

Riegler J.: Zukunft für die Bauern – Manifest für eine ökosoziale Agrarpolitik in Österreich, in: Der Förderungsdienst, Sonderausgabe Nr. 5a, hg. BMLF, Wien 1988

Riepl H. F.: Die propagandistische Tätigkeit des Bauernorganisators Josef Steininger. Ein Beitrag zur Erforschung der bäuerlichen Standespresse Österreichs in der 2. Hälfte des 19. Jahrhunderts. Diss., Wien 1962

Rohrmoser B.: Karikaturen zum Sittenbild der Agrarpolitik. Wien 2001

Rohrmoser F.: Konfliktbearbeitung in bäuerlichen Strukturfragen. Projektbericht. Kuchl 2001

Rosdolsky R.: Studien über revolutionäre Taktik. Berlin 1973

Rosdolsky R.: Die Bauernabgeordneten im konstituierenden österreichischen Reichstag 1848-1849. Wien 1976

Rosenberg H.: Probleme der deutschen Sozialgeschichte. Frankfurt/Main 1969

Rosegger P.: Jakob der Letzte

Rothschild K. W.: Wurzel und Triebkräfte der Entwicklung der österreichischen Wirtschaftsstruktur, in: Weber W. (Hg.): Österreichs Wirtschaftsstruktur gestern-heute-morgen. Berlin 1961

Ruppe H. G.: Das Genossenschaftswesen in Österreich. Frankfurt/Main 1970

Schaaf F.: Der Kampf der deutschen Arbeiterbewegung um die Landarbeiter und werktätigen Bauern 1848 – 1890. Berlin 1962

Schäffle A. E.: Die Aussichtslosigkeit der Socialdemokratie. Tübingen 1885

Scheer G.: Entwicklung des österreichischen Agrarsystems, Manuskript, Institut für Höhere Studien und Wissenschaftliche Forschung. Wien 1974

Schiff W.: Geschichte der österreichischen Land- und Forstwirtschaft und ihrer Industrien 1848 – 1898. Jena 1901

Schiff W.: Bericht über die Tätigkeit des statistischen Seminars an der k. k. Universität Wien während des Wintersemesters 1894/5, in: Statistische Monatsschrift, XXI. Jahrg., 1895

Schiff W.: Die großen Agrarreformen seit dem Kriege. Wien, 1926

Schiff W.: Die Regulierung und Ablöse der Wald- und Weideservituten, in: Geschichte der Österreichischen Land- und Forstwirtschaft. I. Bd., Wien 1899

Schneider M.: Chancen und Risken der Landwirtschaft im EU-Binnenmarkt, in: WIFO Monatsberichte: Österreich in der Europäischen Union. Sonderheft. Wien 1994

Schöffel J.: Erinnerungen aus meinem Leben. Wien 1905

Schullern-Schrattenhofen H. v.: Die Bewegung im bäuerlichen Grundbesitze Niederösterreichs, in: Statistische Monatsschrift, XXI. Jahrg., Wien 1695

Schullern-Schrattenhofen H. v.: Die Lohnarbeit in der Österreichischen Landwirtschaft und ihre Verhältnisse, in: Zeitschrift für Volkswirtschaft, Socialpolitik und Verwaltung. 5. Bd., Prag, Wien, Leipzig 1896

Schwarzböck R.: Die Zukunft machbar gestalten, in: Ökosoziales Forum Österreich: Wintertagung 2003. Neue Herausforderungen – neue Antworten. Wien 2003

Siegl G., Steiner G.: Ja, jetzt geht es mir gut. Entwicklung der bäuerlichen Sozialversicherung in Österreich. Wien 2010

Sohn-Rethel A.: Ökonomie und Klassenstruktur des deutschen Faschismus. Frankfurt/Main 1973

Sommeregger F.: Die Wege und Ziele der österreichischen Agrarpolitik seit der Grundentlastung. Wien 1912

Steger G. (Hg): Grünbuch. Krise und Perspektiven der österreichischen Landwirtschaft. Wien 1988

Stirnemann A.: Interessensgegensätze und Gruppenbildung innerhalb der Österreichischen Volkspartei, Empirische Studie, Institut für Höhere Studien und Wissenschaftliche Forschung Wien. Wien 1969

Stolper G.: Deutschösterreich als Sozial- und Wirtschaftsproblem. München 1921

Starkosch S. v.: Ackerwirtschaft in Deutsch-Österreich, in: Wirtschaftliche Verhältnisse Deutsch-Österreichs, Schriften des Vereins für Sozialpolitik, 158. Bd., München/Leipzig 1919

Starkosch S. v.: Grundlagen der Agrarwirtschaft in Österreich. 2. Aufl., Wien 1917

Tätigkeitsbericht des Bundesministeriums für Land- und Forstwirtschaft (diverse Jahrgänge)

VIII. Tätigkeitsbericht der Niederösterreichischen Landes-Landwirtschaftskammer für die Berichtsjahre 1934/35, Wien 1936

Teifen T. W.: Soziales Elend und besitzende Klassen in Österreich. Wien 1894

Tremel F.: Die Entwicklung der Österreichischen Wirtschaft in der ersten und zweiten Republik, in: 100 Jahre im Dienste der Wirtschaft. 1. Bd., Wien 1961

Tremel F.: Sozioökonomische Probleme nach dem Ausgleich, in: Österreich - Ungarn 1867 – 1967. Wien 1970

Tremel F.: Wirtschafts- und Sozialgeschichte Österreichs. Wien 1969

Uitz K.: Der Rückgang des bäuerlichen Besitztums in den Alpenländern, seine wichtigsten Ursachen und die Mittel zu seiner Bekämpfung, in: Zeitschrift für Volkswirtschaft, Sozialpolitik und Verwaltung, 24. Bd., 1915, Wien 1915

Vodopivec A.: Wer regiert in Österreich? Wien 1962

Vogel St., Wiesinger G.: Der Familienbetrieb in der agrarsoziologischen Debatte, Diskussionspapier Nr. 97 des Instituts für Wirtschaft, Politik und Recht der Universität für Bodenkultur. Wien 2003

Wallerstein I., Das moderne Weltsystem II – Der Merkantilismus. Europa zwischen 1600 und 1750. Wien 1998

Weiss H.: Schwarzbuch Landwirtschaft. Die Machenschaften der Agrarpolitik. Wien 2010

Winter E. K.: Ignaz Seipel als dialektisches Problem. Wien, Frankfurt, Zürich 1966

Wirtschafts- und sozialstatistisches Handbuch 1945 – 1969. Wien 1970

Wittschieben O.: Die Bauernlegungen in der Steiermark 1903 - 1912, in: Statistische Mitteilungen über Steiermark. Heft 27, Graz 1916

Wohlmeyer H.: Globales Schafe Scheren – Gegen die Politik des Niederganges. Wien, Klosterneuburg 2006

Zauner A., Frei von Robot und Zehent, Hans Kudlich und die Bauernbefreiung 1848, in: Oberösterreichische Heimatblätter. Jg. 32/1978

Martin Balluch

Tierschützer. Staatsfeind

In den Fängen von Polizei und Justiz

ISBN 978-3-85371-331-0, br.,
272 Seiten, 15,90 €

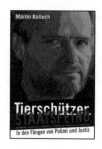

Martin Balluch

Widerstand in der Demokratie

Ziviler Ungehorsam und konfrontative Kampagnen

ISBN 978-3-85371-304-4, br.,
160 Seiten, 9,90 €

PR⌀MEDIA

Gesamtkatalog: Wickenburgg. 5/12, A-1080 Wien
Fax: +43 1 405 27 02-22,
www.mediashop.at, promedia@mediashop.at

Bücher von Martin Balluch

im
Promedia
Verlag

Die großen Gewerkschaftsverbände stehen den Veränderungen auf den Arbeitsmärkten immer hilfloser gegenüber. Doch eine wachsende Anzahl von Belegschaften ist nicht mehr bereit, die sozial verheerenden Auswirkungen der Konzernpolitiken hinzunehmen. Sie beginnen, sich selbst zu ermächtigen und einen Ausweg aus ihrer oft existenziell bedrohlichen Situation zu suchen.

Anna Leder (Hg.)

Arbeitskämpfe im Zeichen der Selbstermächtigung

Kollektive Gegenwehr in Frankreich, Deutschland, der Schweiz, Österreich und Serbien

ISBN 978-3-85371-333-4, br.,
224 Seiten, 17,90 €